自然资源经济与管理研究

姜丽华 著

哈尔滨出版社
HARBIN PUBLISHING HOUSE

图书在版编目（CIP）数据

自然资源经济与管理研究 / 姜丽华著. — 哈尔滨：哈尔滨出版社，2022.12

ISBN 978-7-5484-6691-8

Ⅰ. ①自… Ⅱ. ①姜… Ⅲ. ①自然资源－资源经济学－研究②自然资源－资源管理－研究 Ⅳ. ①F062.1 ②X37

中国版本图书馆 CIP 数据核字（2022）第 154555 号

书　　名：**自然资源经济与管理研究**
　　　　　ZIRAN ZIYUAN JINGJI YU GUANLI YANJIU

作　　者：姜丽华　著
责任编辑：韩伟锋
封面设计：张　华
出版发行：哈尔滨出版社（Harbin Publishing House）
社　　址：哈尔滨市香坊区泰山路 82-9 号　邮编：150090
经　　销：全国新华书店
印　　刷：廊坊市广阳区九洲印刷厂
网　　址：www.hrbcbs.com
E - mail：hrbcbs@yeah.net
编辑版权热线：（0451）87900271　87900272
开　　本：787mm×1092mm　1/16　印张：11.75　字数：260 千字
版　　次：2023 年 1 月第 1 版
印　　次：2023 年 1 月第 1 次印刷
书　　号：ISBN 978-7-5484-6691-8
定　　价：68.00 元

凡购本社图书发现印装错误，请与本社印制部联系调换。
服务热线：（0451）87900279

前　言

土地是人类赖以生存根本，是最基本的自然资源。自古以来人类对土地的重要性就有深刻的认识，古代战争也主要由抢夺土地利用资源而引发，我国的土地利用自远古盘古开天地历经原始社会、奴隶社会、封建社会，最终进入我们今天的新时代，新时代的国土资源是生态文明的物质基础、空间载体，是民生之本，是经济社会发展之基。因此新时代国土资源管理工作显得尤为重要，作为新时代自然资源管理工作人员所肩负的历史使命的责任就更为重大。

协调发展是我国经济发展的基本理念，包括经济协调发展和区域协调发展，其中经济与环保的协调发展，是整个经济发展过程中的一个重要问题，也体现了相关政策对自然资源可持续利用的重要性。在我国的环境保护规划中，一些重点工程如南水北调工程、渤海工程、水污染治理工程等开建并纳入自然资源规划和管理，这些项目的实施是我国自然资源规划实施的具体体现。而在我国目前的自然资源规划管理中，由于受传统思想观念的制约，许多相关政策和问题没有得到有效实施，使得自然资源规划过于理想化，缺乏相关的政策保障。因此，加强对自然资源的认识并予以适当的管理方式，保护自然资源有效性及提升自然资源价值便显得十分必要。本书就自然资源的经济发展与其亟须完善的经济管理做了详细的研究和说明，旨在为有需要翻阅该方面资料的读者提供可借鉴的内容。

目 录

第一章 自然资源与经济管理概论 1
第一节 自然资源及其分类 1
第二节 自然资源的基本属性和本质特征 6
第三节 自然资源经济学研究的历史和现状 9
第四节 自然资源经济学研究的目的和任务 12
第五节 自然资源经济学研究的对象和方法 15

第二章 资源评价与资源核算 19
第一节 自然资源概述 19
第二节 资源的自然评价 23
第三节 资源的经济评价 27
第四节 自然资源核算体系 30

第三章 自然资源与经济增长 33
第一节 自然资源经济评价 33
第二节 资源稀缺对经济的影响分析 36
第三节 经济增长与自然资源的关系 39

第四章 资源与伦理及价值 42
第一节 基于伦理观的自然资源 42
第二节 自然资源价值论 47
第三节 影响自然资源价值实现的因素 51

第五章 自然资源价值重建 55
第一节 自然资源价值理论 55
第二节 自然资源价值评价的方法 58

第六章 自然资源研究的原理与方法 64
第一节 自然资源研究的基本原理 64
第二节 自然资源研究的基本方法 68

第七章　自然资源审计内容与方法 ... 79
　第一节　政策法规依据 ... 79
　第二节　地理信息系统技术理论 ... 81
　第三节　总体技术路线 ... 86
　第四节　土地资源审计技术 ... 88
　第五节　水资源审计技术 ... 94
　第六节　林业资源审计技术 ... 98
　第七节　草原资源审计技术 ... 103
　第八节　矿产资源审计技术 ... 105

第八章　自然资源之上权利的关系理顺 ... 108
　第一节　自然资源国家所有权并非单一属性 ... 108
　第二节　自然资源之上负载多层权利 ... 111
　第三节　自然资源多层权利的沟通路径 ... 116
　第四节　理顺自然资源多层权利关系的制度功能 ... 123

第九章　自然资源管理与保护 ... 127
　第一节　自然资源管理 ... 127
　第二节　自然资源可持续管理的途径 ... 133
　第三节　非再生资源 ... 139
　第四节　可再生资源 ... 141
　第五节　水资源 ... 143
　第六节　生物多样性 ... 145

第十章　自然资源利用 ... 148
　第一节　人类对自然资源需求的演进 ... 148
　第二节　自然资源的开发与再开发 ... 154
　第三节　自然资源的可持续利用 ... 157

第十一章　自然资源与经济管理常见问题处理 ... 161
　第一节　自然资源开发对经济增长作用的区域差异 ... 161
　第二节　不同自然资源对经济增长影响的差异性研究 ... 162
　第三节　资源环境约束下经济增长模式的转型研究 ... 164

结　语 ... 177

参考文献 ... 178

第一章　自然资源与经济管理概论

现阶段，我国的自然资源管理模式更加注重协调性与综合性，管理方式也与社会发展与经济建设紧密地联系在一起。本章作为开篇，将率先对自然资源与经济管理进行简要介绍。

第一节　自然资源及其分类

一、自然资源的概念

"资源"的概念源于经济学科，是作为生产实践的自然条件和物质基础提出来的，具有实体性。"资源"已广泛地出现在各种研究领域，其内涵和外延已有明显变化，不同领域各行其是。资源包括人力及其劳动的有形和无形积累，如资金、设备、技术、知识、制度等等，甚至还有"信息资源"的提法。这种资源概念的通用化，反映了自然与社会在某些侧面具有结构和功能的相似性。广义而言，人类在生产、生活和精神上所需求的物质、能量、信息、劳动力、资金和技术等的"初始投入"均可称为资源。对于资源科学研究而言，资源则专指狭义的自然资源。

自然资源是一个庞大的集合名词，它所涉及的内涵较广。作为人类生存与发展的基础，自然资源是一切可供人类利用的自然物质和能量的总体。由于人口的不断增长和生产规模的日益扩大，从而引起物质和能量的加速消耗，一系列与资源、环境和生态有关的社会问题便不断出现。这就促使许多学科将自然资源作为重要的研究对象。由于学科特点和研究目的不同，各个学科研究自然资源的侧重点和方向也不同，使自然资源所规定的科学定义及其内涵也各不相同。

地理学者认为，自然资源是自然环境中可以被人类所利用，并能给人类带来利益的地理要素以及这些要素相互作用的产物。萨乌式金认为，自然资源是自然环境的各个要素，这些要素可以用作动力生产、食物和工业原料。W.伊萨德认为，自然资源是人类用来满足自然需求和改善自身的净福利的自然条件和原料。"对人类可以利用的自然生成物及生成这些成分的源泉的环境的功能，前者如土地、水、大气、岩石、矿物、生物及其群集的森林、草场、矿产、陆地、海洋等，后者如太阳能、地球物理的环境机能（气象、海洋现象、水文地理现象）、生态学的环境机能（植物的光合作用、生物的食物链、微生物的腐蚀分解作用等）、地球化学的循环机能（地热现象、化石燃料、非金属矿物生成作用等）。"该定义从本质上反映了地理学家对自然资源的认识。

"所谓自然资源，是指在一定的时间条件下，能够产生经济价值以提高人类当前和未来福利的自然环境因素的总和。"我国的《辞海》中把自然资源定义为："天然存在的并有利用价值的自然物。"马克思主义认为创造社会财富的源泉是自然资源与劳动力资源，马克思引用威廉·配第的话说："劳动是财富之父，土地是财富之母。"恩格斯在《自然辩证法》一书中也明确地指出：劳动和自然界一起才是财富的源泉。自然界为劳动提供材料，劳动把材料变成财富。由此可见，资源包括自然资源与劳动力资源两个基本要素。显然，经济学家在研究和规定自然资源的定义时，十分重视自然资源的经济价值。

著名生态学家、国际自然保护联合委员会（IUCN）委员F.雷玛德认为："资源可以简单地规定为一种能量或物质的形式，它们对于有机体或种群的生态系统，在功能上具有本质的意义。特别是对于人来说，资源是对于完成生理上的、社会经济上的以及文化上的需要所必备的能量或物质的任何一种形式。"显而易见，生态学家对自然资源的认识特别侧重于它的生态功能。

不同学科对于自然资源概念的文字表达互有区别，但究其实质它们又有共同的脉络。概括起来可以发现，它们都包含三个共同的方面：第一，自然资源不是脱离生产应用而对客观物质的抽象研究的对象，而是在不同的时空组合范围内有可能为人类提供福利的物质和能量；第二，自然资源的范畴并不是一成不变的，随着社会的进步和科学技术的发展，人类对自然资源的理解不断加深，资源开发和保护的范围不断扩大；第三，自然环境是指人类周围所有的外界客观存在物，自然资源则是从人类的需求角度来理解这些因素存在的价值，因此，自然资源和自然环境密不可分，但二者的概念又存在差异。

"人在自然介质中可以认识的、可以萃取的、可以利用的一切要素及其集合体，包含这些要素互相作用的中间产物或最终产物；只要它们在生命建造、生命维系、生命延续中不可缺少，只要它们在社会系统中能带来合理的福祉、愉悦和文明，即称之为自然资源。"这一概念拓宽和加深了人们对自然资源理解。这对于引导人们由自然资源的基本属性出发，对自然资源进行综合研究和探讨自然资源综合开发利用的途径等问题，都有一定的启迪意义。

二、自然资源的类型

由于自然资源的广泛性和多宜性以及人们对自然资源理解的深度和广度的差异，学术界到目前为止还没有一个统一的分类系统。按照不同的目的和要求，自然资源有许多不同的分类方法和分类系统。

（一）按照自然资源的赋存条件及特征进行分类

这种分类方法将自然资源分为两大类。

1. 地下资源。这类资源赋存于地壳中，也可称之为地壳资源，它主要包括矿物原料和矿物质能源等矿产资源。

矿产资源是经过地质成矿作用，使埋藏于地下或出露于地表的矿物或有用元素的含量达到具有工业利用价值的集合体，是社会经济发展的重要物质基础。目前世界上已知的矿产有1600多种，其中80多种应用较广泛。按其特点和用途，矿产资源通常分为金属矿产、非金属矿产和能源矿产三大类。矿产资源的品种、分布、储量决定着采矿工业可能发展的部门、地区及规模；其质量、开采条件及地理位置直接影响着矿产资源的利用价值及采矿工业的建设投资、劳动生产率、生产成本及工艺技术等，并对以矿产资源为原料的初级加工工业（如钢铁、有色金属、基本化工和建材等）乃至整个重工业的发展和布局有着重要的影响。矿产资源的地域组合特点影响区域经济的发展方向与工业结构特点。随着地质勘探、采矿和加工技术的进步，人类对矿产资源利用的广度和深度不断增加。

2. 地表资源。这类资源赋存于生物圈中，也可称之为生物圈资源，主要包括由地貌、土壤和植被等因素构成的土地资源，由地表水、地下水构成的水资源，由各种植物和动物构成的生物资源，以及由光、热、水等因素构成的气候资源等。

土地资源是在目前的社会经济技术条件下可以被人类利用的土地，是由地形、气候、土壤、植被、岩石和水文等因素组成的自然综合体，也是人类过去和现在生产劳动的产物。因此，土地资源既具有自然属性，也具有社会属性。土地资源具有以下特质：位置的固定性；区位的差异性；总量的有限性；利用的可持续性；经济供给的稀缺性；利用方向变更的困难性。

"全部自然界任何形态的水，包括气态水、液态水和固态水。"1977年联合国教科文组织（UNESCO）建议水资源应指可资利用或有可能被利用的水源，这个水源应具有足够的数量和可用的质量，并能在某一地点为满足某种用途而可被利用。在《中国大百科全书·水利卷》中，水资源则被定义为"自然界各种形态（气态、固态或液态）的天然水"，并将可供人类利用的水资源作为供评价的水资源。

地球上的水资源，从广义上来说是指水圈内水量的总体。但通常所说的水资源主要是指陆地上的淡水资源，如河流水、淡水湖泊水、地下水和冰川等。陆地上的淡水资源只占地球上水体总量的2.53%左右，其中近70%是固体冰川，分布在两极地区和中、低纬度地区的高山冰川，很难加以利用。目前人类比较容易利用的淡水资源，主要是河流水、淡水湖泊水以及浅层地下水，储量约占全球淡水总储量的0.3%，只占全球总储水量的十万分之七。从水循环的观点来看，全世界真正有效利用的淡水资源每年约有9000立方千米。水资源的区域分布不均，各地的降水量和径流量差异很大。全球约有1/3的陆地少雨干旱，而一些地区在多雨季节易发生洪涝灾害。例如在中国，长江流域及其以南地区，水资源占全国的82%以上，耕地占36%，水多地少；长江以北地区，耕地占64%，水资源不足18%，其中粮食增产潜力最大的黄淮海流域的耕地占全国的41.8%，而水资源不到5.7%。

生物资源是指生物圈中对人类具有一定价值的动物、植物、微生物以及它们所组成的生物群落，包括动植物资源和微生物资源。从研究和利用角度进行划分，生物资源通常分为森林资源、草场资源、栽培作物资源、水产资源、驯化动物资源、野生动植物资源、遗传基因（种质）资源等。生物资源属于可更新的自然资源，在天然或人工维护下可不断更新、繁衍和增殖；在环境条件恶化或人为破坏及不合理利用下，则会退化、解体、耗竭和衰亡，具有过程不可逆性的特点。生物资源具有相对稳定性和变动性。相对稳定的生物资源系统能较长时间地保持能量流动和物质循环，并对来自内外部的干扰具有反馈机制。但当干扰超过其所能忍受的极限时，资源系统则会崩溃。不同的资源系统的稳定性不同。通常，资源系统的组成种类和结构越复杂，抗干扰能力越强，稳定性也越大；反之亦反。生物资源的分布有很强的地域性，不同地区生物资源的组成种类和结构特点不同。生物资源是农业生产的主要经营对象，并可为工业、医药、交通等部门提供原材料和能源。

气候资源是指有利于人类经济活动的气候条件，是自然资源的一部分，包括太阳辐射、热量、水分、空气、风能等。在各种自然资源中，气候资源最容易发生变化，且变化最为剧烈，具有非常明显的时空分布差异性。

（二）按照自然资源的地理特性进行分类

根据自然资源的形成条件、组合状况、分布规律及与地理环境各圈层的关系等地理特性，常把自然资源划分为矿产资源（岩石圈）、土地资源（地球表层）、水资源（水圈）、生物资源（生物圈）和气候资源（大气圈）五大类。

随着海洋地位的日益突出，海洋资源已开始作为第六类资源进入资源科学的研究领域，且作用日趋重大。海洋资源是指形成和存在于海水或海洋中的有关资源，包括海水中生存的生物，溶解于海水中的化学元素，海水波浪、潮汐及海流所产生的能量、贮存的热量，滨海、大陆架及深海海底所蕴藏的矿产资源，以及海水所形成的压力差、浓度差等。广义的海洋资源还包括海洋提供给人们生产、生活和娱乐的一切空间和设施。按资源的性质或功能进行划分，海洋资源可以划分为海洋生物资源和水域资源。世界水产品中的85%左右产于海洋。以鱼类为主体，占世界海洋水产品总量的80%以上，还有丰富的藻类资源。海水中含有丰富的海水化学资源，已发现的海水化学物质有80多种。其中，11种元素（氯、钠、镁、钾、硫、钙、溴、碳、锶、硼和氟）占海水中溶解物质总量的99.8%以上，可提取的化学物质达50多种。由于海水运动产生的海洋动力资源，主要有潮汐能、波浪能、海流能及海水因温差和盐差而引起的温差能与盐差能等，估计全球海水温差能的可利用功率达100×10^8千瓦，潮汐能、波浪能、河流能及海水盐差能等可再生功率在10×10^8千瓦左右。

（三）按照自然资源在不同产业部门中的作用进行分类

这种分类方法根据自然资源在不同产业部门中所占的主导地位，把自然资源划分为农业自然资源、工业自然资源、医药自然资源等。每种类型又可进行更细致的分类。

农业自然资源是指在农业生产过程中发挥作用的自然物质和能量，其又可分为土地资源、水资源、气候资源、牧地和饲料资源、森林资源、野生动物资源、渔业资源、遗传物质资源等。其基本特性是：

1. 整体性。各农业自然资源要素相互依存、相互制约，构成统一的农业自然资源整体。因此，发展农业生产必须按照各种自然资源优化组合和生态平衡的要求，进行科学合理的配置。

2. 地域性。不同区域农业自然资源的分布和组合特征均有一定的差异，因此发展农业生产必须遵循因地制宜的原则。

3. 动态平衡性。各种农业自然资源及其组合即生态系统，它是不断发展演变的，由平衡到打破平衡再到建立新的平衡，农业生态系统始终处在动态变化之中。

4. 可更新和再生性。如气候的季节更迭、水分的循环补给、土壤肥力的恢复和生物繁衍等，只要坚持开发利用和保护培育相结合，则可实现永续利用的目标。

5. 数量有限性和潜力无限性。农业自然资源的蕴藏量和利用量是有限的，人类利用自然资源的能力、利用范围也是有限的，但是由于农业自然资源具有可更新和再生性，加之随着科学技术的进步，人类可以寻找新的资源和扩大资源利用范围，不断提高资源利用率和生产能力。

工业化的历史实质上是自然资源开发利用的发展变化历史。工业化大体经历了从蒸汽机时代到内燃机、电动机时代，即从煤炭时代发展到石油时代，自然资源的供应和需求状况发生了重大的变化。工业自然资源可以分为：工业原料，一般把采掘与农牧业生产的产品称为原料，如原煤、原油、原木、各种金属和非金属矿石；农业生产的植物或动物性产品，如谷类、原棉、甘蔗、牲畜、鱼类、乳类等；能源是可产生各种能量（如热能、电能、光能和机械能等）或可做功的物质的统称，包括煤炭、原油、天然气、煤层气、水能、核能、风能、太阳能、地热能、生物质能等一次能源和电力、热力、成品油等二次能源，以及其他新能源和可再生能源。迄今为止，世界仍然处于化石矿物能源时代，大多数发达国家仍然处于石油时代，整个世界的发展仍然处在"石油依赖"时期。尽管各国的能源利用效率和节能技术有了很大的提高，GDP 的能耗强度有了显著下降，但除了美、英、法、德等少数美欧国家外，大多数国家仍处于传统能源消耗总量不断增长的状态。因此，整个世界还处于高耗能发展阶段。即使在已经实现了工业化的发达国家，工业化社会的基本特征仍然显著存在。所以，人类还远未离开工业化资源路线所决定的资源开发利用路径。

（四）按照自然资源的性质进行分类

这种分类方法中以按照自然资源的再生性特征的分类方法最为通用。目前，自然资源的分类已逐渐由单一特征的分类走向多因素的综合分类。如我国学者李文华等根据自然资源的数量、变异性、再生性和重新使用性等方面的特征，建立了比较完整的自然资源分类系统。按照自然资源的持续利用性可将其分为耗竭性资源和非耗竭性资源两大类。耗竭性资源又可细分为再生性资源和非再生性资源两类。再生性资源主要是指由各种生物和非生物要素组成的生态系统，如土地资源、森林资源、水产资源等，在正确的管理和维护下，该类资源可以不断地被更新和利用；反之，则会遭到破坏乃至消耗殆尽。非再生性资源主要是指各种矿物和化石燃料。其中一些非消耗性的宝石矿物和贵重金属（如金、铂、银等）多能重复使用；而另一些资源如化石燃料（石油、天然气、煤炭等）、大多数非金属矿物和消耗性金属矿物等，则会由于被大量使用而消耗殆尽，它们属于不可重复使用的资源。非耗竭性资源又可细分为恒定性资源和易误用性资源两类。前者如风能、原子能、潮汐能、降水等，它们不会因人类活动而发生明显变异，故称之为恒定性资源；后者如大气、水能、广义景观等各种资源，当人们对它利用不当时会发生较大变异并污染环境，因此称之为易误用性资源。

自然资源的分类不仅对建立完整的自然资源学科体系具有重要的理论意义，而且对自然资源的利用和保护也具有重要的指导作用。

第二节　自然资源的基本属性和本质特征

自然资源是经济发展必不可缺的条件，研究其基本属性，才能更合理地开发、充分有效地利用，以保证自然资源的开发、利用、保护和管理建立在科学的基础之上。

一、自然资源的有效性

自然资源是人类可以利用其来改善生存质量的自然物质与能量的资源，因此必定具有开发利用价值，能满足人类的需要，否则就不能称其为资源。只有对社会具有普遍效用，能被开发利用并进入社会化生产生活过程、促进区域经济发展的自然资源，才能成为经济要素资源。

自然资源可以通过几种方式来满足人类需要：一是直接消费，如木材、饮用水、食盐；二是作为中间加工原料，如铁矿石、铜矿等；三是中间加工过程的消费性利用，如制造业和运输业中消耗的燃料；四是原位利用，如国家森林公园、河道运输。在这些类型之间，有许多方式是可以兼具的，不同利用方式可以结合成为多种目标的自然资源系统，同时满足若干种用途，形成资源的综合利用。如森林可以生产木材，可以涵养水分，可以提供氧气和动植物栖息地，还可规划发展成生态保护区提供科研实验和生态旅游地。

二、自然资源的稀缺性

稀缺性是人类社会面临的永恒问题，也是经济学的基本概念，是经济学研究资源配置和资源利用问题的出发点。

自然资源的稀缺性首先是相对的，是相对于人类社会无穷的欲望而言的，经济物品，或者说生产这些物品所需要的资源总是不足的。自然资源的稀缺性，一方面指资源的数量相对于人类的需求总是有限的，另一方面这种稀缺性又是普遍存在的，无论是发展中国家还是发达国家，无论贫穷地区还是落后地区，都面临着各种资源约束问题。从这种意义上说，稀缺性又是绝对的。

弗瑞斯特和梅多斯认为，随着世界人口的增长、社会经济的发展，经济活动的总增长将面临限制，一是地球上有限的土地面积，二是资源（不可再生性资源）稀缺的限制，三是环境自净能力的限制。如果把地球面积及其容纳污染物的环境看作是"广义的资源"，那么最终限制经济增长的极限，完全可以归纳为"资源短缺"。

资源稀缺性不仅表现在能源金属资源存量日益减少方面，而且表现在可再生资源压力方面，当社会需求的增长速度超过资源再生能力时，可再生资源同样也表现出稀缺的特征。

三、资源的竞争性与选择性

资源的稀缺性决定了它的竞争性，这种竞争性可以从两方面来理解。其一，资源具有反向选择性。在众多的资源构成中，需要努力选择在其应用上最为合适的、在经济上最为合算的、在时间上最为合宜的那一类资源；其二，对于使用者而言，均不同程度地需要同一类（种）资源。在此条件下，势必出现对于资源占有量、资源利用经济性、资源识别优先性等一系列复杂的竞争现象。这是资源竞争性的第二重含义。

为了更好地理解资源竞争性概念，我们引入竞争效应，假设 r 为在竞争存在时的资源供给量，r_0 为无竞争时存在的资源供给量，E_r 为竞争效应，则有：

$E_r = (r_0 - r)/r_0$

显然：$0 < E_r < 1$

若 $E_r = 0$，表示无竞争存在，则有 $r = r_0$；

若 $E_r = 1$，即竞争达到无限大，则有 $r = 0$。

事实上，竞争者的数目是有限的，因此不可能出现 $E_r = 1$ 的极端情形。

资源稀缺性的另一种表现形式是资源对于人的反向选择性。显然，当资源量较丰富时，人们对资源开发利用时在种类与品位上具有较大的灵活选择性，表现为"资源追逐资金"；而当这种选择优势递减到一定程度时，资源的反向选择性开始出现，出现了"资金追逐资源"的反向选择。因为不同的开发主体、不同利用方式带来的效益结果远不一样，这种反向选择性是当今资源管理的理论依据之一。

四、资源的地域性

就资源的空间分布而言，自然资源不可能均匀地出现于任意空间内，它们总是相对集中于某些区域（浓度显著高于相邻区域）。在这些资源集聚的区域里，自然资源密度大、数量多、质量好，易于开发利用，这种特征又称为资源的集聚性，通常把与资源集聚状态相反的现象，称为资源的分散性。

导致自然资源地域性产生的因素有以下三种：

（一）地带性因素

地球与太阳的相对位置及其运动变化的特点，造成太阳的光热能量在地球表面不同纬度上分配不均和四季不同的变化，进而引起土壤和生物的不同分布。

（二）非地带性因素

地球表面海陆分布及地形地貌、地质条件不同，造成地表各地区不同高度上的阳光、温度、空气、水分的分配不均及土壤类型和生物群落分布上的差异，因此形成了不同的自然资源区域。

由于影响自然资源形成和分布的上述因素基本上是恒定的，在特定条件下必定会形成和分布着相应的自然资源，所以自然资源的区域分布具有一定的规律性；由于影响自然资源分布和成矿条件的非均衡性，决定了自然资源分布的不均衡性。如地球划分为五个地带，各地带之间的资源状况有着巨大差异。赤道带水热资源丰富，植物生长繁茂，动物种类极多。温带次之，寒带最差。苏联学者曾把陆地表面按适合人类生产生活的程度分为四大类。其中最好和较好的占68%，共1亿平方千米，全部在热带和温带，性能较差和最差的占32%，共4700万平方千米。其中60%在寒带，40%在亚热带沙漠区。热带地区集中了世界人口的近1/3，温带地区人口占2/3，寒带地区不足2%。

（三）特定的地质成矿因素

矿产资源的地域性分布规律是极明显的。因为不同矿产有其特有的成矿规律，不同条件下必然分布着不同的矿产。这就造成了世界自然资源分布的严重不均衡。

以石油资源的分布为例，据统计，波斯湾石油沉积盆地面积不过100万平方千米，已探明石油蕴藏量竟占世界石油总储量的65%左右，被称为"油极"；储量丰富的几个国家分别是沙特阿拉伯、伊拉克、阿联酋、科威特、伊朗。中东天然气储量也很丰富，仅海湾地区就有48万亿立方米，约占全球的33%，中东石油产量占全球的1/3，出口量占全球的65%，其地位举足轻重。如果保持现在的开采速度，预计将在85年后被采完。但中东地区石油的可采寿命仍然比世界其他地区的油田平均多了约40年。

煤炭资源主要分布在少数几个国家，美国、中国、俄罗斯、澳大利亚和德国的煤炭储量占世界煤炭储量的76%左右。在我国，接近80%的煤炭储量集中在山西、内蒙古、陕西、新疆、贵州和河南 6 省区。

从稀土金属矿资源中的分布来看，我国是世界稀土资源最丰富的国家，素有"稀土王国"之称，我国的稀土探明储量相当于世界总储量的 43%。白云鄂博稀土矿是世界上最大的稀土矿，约占我国稀土总储量的 90%。全世界 79% 的铂金（又称铂族），45% 的黄金资源集中在南美。97% 的钾盐集中在我国青海，其中青海省的察尔汗盐湖是中国和世界最大的盐湖，钾盐储量占全国的 70%。该盐湖大部分被厚厚的盐壳覆盖，坚硬的盐壳上甚至可以行驶汽车。

五、资源的整体性

资源的整体性有两方面的含义，一是资源系统内部要素之间的整体关联性，二是资源系统与外部环境的整体关联性。

第一，从资源系统本身来看，每一个地区的自然资源要素彼此都有生态上的联系，形成一个整体，触动其中一个要素，可能引起一连串的连锁反应。自然资源的整体性要求对资源综合研究和开发利用。此外，自然资源有一个从无用到有用、从单一用途到多种用途的转化过程，加强对资源的综合研究和开发，可以保护那些现在还没有用处，将来可开发利用的潜在资源。

第二，人类如果改变一种资源或资源生态系统中的一种成分，会同时引起周围的环境或资源发生改变。例如，采伐山地森林，不仅会直接改变林木和植物状况，还会引起土壤和径流的变化。对野生动物甚至对气候都产生一定的影响。同时，生态系统绝不是孤立的，一个系统的变化又不可避免地要涉及别的系统。

第三节　自然资源经济学研究的历史和现状

一、自然资源经济学研究的历史

自然资源经济学是自然资源科学的一个分支。自然资源科学着重研究自然界中可以转化为生产、生存资料来源的物质与能量。它以单项或整体自然资源为对象，是研究其数量、质量、时空变化、发展及其合理开发、利用、保护和分配的一门科学。自然资源经济学作为这门科学的分支，是专门研究自然资源在开发、利用、保护和分配过程中的经济现象和经济规律的一门科学。自然资源经济学，是人们的社会生产和社会生活发展到一定阶段的产物。在工业革命前的漫长岁月中，由于生产力水平低下，自给自足的自然经济占主导地位，人们与自然界进行物质变换的范围还比较狭小，作用的程度还不够深入，自然资源相对于人类的需求来说，还是过剩的。

到了近代，情况就不同了。由于世界人口的增长和机器大工业的产生，使人类的需求及其满足方式与自然资源有限性的矛盾逐渐尖锐和复杂起来。人口的迅速增长，增加了对自然资源的需求；机器大工业的产生，使人类与自然界进行物质交换的手段有了质的飞跃，人类作用于自然界，无论在深度上，还是在广度上都和以前的时代有了明显的区别。这样，就加速了对自然资源的利用和消耗。对于那些地球上本来就有限的并且不能再生的自然资源来说，就会出现短缺，甚至发生危机。只有到了这个时候，自然资源的经济利用问题才能被提出来。

英国被称为工业革命的故乡，是最早进入机器大工业时代的国家。机器大工业时代的基本能源是煤。由于煤的过量开采，在英国出现了工业发展与煤的有限性的矛盾。在机器大工业时代，另一个比较突出的资源问题，就是土地问题。城市的扩大、矿产的开发、人口的增加，使土地有限性的问题突出了。这样，土地资源的合理开发和利用，也自然成为当时经济学家研究的重要问题。像英国古典经济学家威廉·配第、大卫·李嘉图以及德国的屠能等，都对土地问题进行了研究。

从大机器工业时代开始，由于生产规模的不断扩大和生产的高速增长，许多原材料来源已濒于枯竭，世界上的燃料，特别是石油已匮乏，动力问题也日趋突出。20世纪初，在石油开采量居世界首位的美国已不得不依靠进口来满足国内的需要。在英国，曾有过丰富的铁矿资源，该资源在英国大工业发展中起到过重要作用，但像坎伯兰和约克什尔这样丰富的铁矿产地业已枯竭。世界上的有色金属，如铜、铬、锌等以及一些贵重金属日渐匮乏。在许多地方淡水资源已感不足。与此同时，地球上的动物也遇到了灾难。

从20世纪50年代到80年代，是自然资源经济学发展的时期。这期间，人类社会有两点巨大的变化：一个是世界人口激增；另一个是科学技术革命的兴起和发展。"人口爆炸"带来了人类需求的空前膨胀，使许多本来就有限的自然资源越来越显得不足，人类一向认为可以随意使用的空气和淡水也发生了危机；科学技术革命的兴起和发展，使人类与自然界的物质变换能力又发生了一次质的飞跃，人类作用于自然界的深度和广度日趋增加，从基本粒子到外层空间，从陆地、海洋乃至地球的每一个角落，无不打上人类活动的印记。科学技术的广泛应用，促进了社会生产的大幅度增长，但同时又给人类社会带来了新的问题：一是加速了自然资源的消耗，使许多自然资源日趋枯竭；二是把大量的生产废弃物质又遣返给了自然界，造成了环境污染。自然资源日趋枯竭，环境污染日趋严重，会破坏生态系统的平衡，发生生态危机。生态系统的失衡和危机，会导致自然灾害的发生，如山洪暴发、江河泛滥、酸雨、干旱等，如此下去，恶性循环，人类将面临自然界的重度惩罚，在劫难逃。

为了认清这些问题的严重性和提出解决这些问题的途径和方法，许多学者纷纷著书立说，使自然资源经济学的研究进入一个蓬勃发展的时代。生态学应当成为新的扩大的经济学的基础，因为在一个生态不健康的世界里是不可能有财富的，这对于自然资源经济学的研究显然是有启发意义的。

进入21世纪,世界自然资源一方面开启了充分开发利用的阶段;另一方面自然资源已经不能满足人们的长期需求,人们正在寻求能源来替代部分自然资源,以减轻自然的开采压力。

二、自然资源经济学研究的现状

自然资源经济学从创立到目前为止,其研究内容从横断面上看大体有三个方面:一是自然资源经济学的研究对象、任务、一般原理和方法;二是自然资源利用的共性问题、一般原则和资源政策;三是各类资源和环境的保护利用和管理的原则以及若干具体政策问题。从纵向来看,自然资源经济学的研究经历了三个阶段:第一阶段是以研究单项资源的稀缺性以及寻找替代资源的时期;第二阶段是注重自然资源的消耗和合理使用自然资源阶段,这一阶段以石油等自然资源严重短缺的情况相对应;第三阶段与我们目前自然资源经济学的研究相对应,主要是注重自然资源及其环境等方面的综合研究。其主要研究内容除了基本能源与金属矿物的耗用、环境污染、更新资源的开采条件等之外,更强调自然资源开发、利用的社会经济和政治方面,强调效率、公平、合理具有同等的重要性,将生产、利用、保护和分配视为自然资源研究的不可分割的四个方面。

这一时期的自然资源经济学的研究概括起来有以下几个特点:一是具有国际性,即都把自然资源经济学研究的着眼点转向全球范围内,都是为了摆脱"人类困境"而进行的,打破了自然资源经济学研究的地域性;二是从单项的自然资源研究转向了对自然资源整体性的研究,即把自然资源看成一个系统,从各种自然资源的相互联系上,从它们的总体结构上,从它们同社会系统的关联上来研究自然资源经济问题;三是自然资源经济的研究同其他相关学科互相交叉、互相渗透成为主要倾向,其中自然资源经济学与环境经济学、生态经济学的交叉渗透尤为显著。

从国际情况来看,自然资源经济学从广义上可以分为两大派,一派是西方的自然资源经济学,另一派是苏联的自然资源利用经济学。由于不同国家的政治经济背景不同,对资源的占有方式也不同。因此,西方自然资源经济学与苏联的自然资源利用经济学的理论基础和指导原则也是不同的。在西方国家,有国有资源,也有私有资源,既有可以自由买卖的自然资源,也有国家控制不许自由买卖的自然资源。随着社会生产的发展,自然资源的短缺,政府干预发挥着越来越大的作用。自然资源的价格在受市场规律调节的同时,越来越多地为政府制定的政策所左右。与此相适应,自然资源经济学的理论基础是新古典经济学,所采用的方法是宏观经济学或微观经济学的方法,常常把复杂的资源优化利用问题变成可定量计算的数学问题。

在苏联,自然资源是全民所有的国家财富,不是私人占有的对象。处于原始状态和原位形态的资源也不作为商品来买卖。它的自然资源利用及其再生产是受计划经济有关规律制约的。与此相适应,苏联的自然资源利用经济学是以马克思主义政治经济学为理论基础的,力图对自然资源问题给予经济学的说明,它所采用的基本方法是以劳动价值论为基础的分析方法。

由于西方自然资源经济学与苏联的自然资源利用经济学产生在相同的国际背景下,所以又有许多相似之处。不论前者或后者,都把"社会—生产—自然"看成是一个大系统,而自然资源和环境则是这个大系统的组成部分,与其他组成要素相互作用、相互制约而存在。这些学科的任务都是考察社会发展与自然资源的相互关系,研究人类为满足自身的需要而利用自然资源的经济规律,研究本国资源如何合理开发和最经济有效地利用以及资源政策对于未来将产生什么影响,预先发出警告;都承认自然资源的有限性,自然资源负荷能力的有限性,因而社会生产在任何时候都不是无限的;重视生态平衡,重视环境污染对人类生存造成的危害;认为自然资源利用的最大限度不得超过自然资源和环境得以自行恢复和再生能力,在这个前提下讲求经济效益,特别是讲求社会总体效益。为此,不同国家都很重视自然资源开发利用的法规建设,把自然资源和周围环境作为国家或地方政府管理的对象。

西方自然资源经济学和苏联的自然资源利用经济学还有一个共同的特点,都是依靠其他各基础学科所揭示的客观规律,研究社会发展与自然环境相互作用中形成的各种关系和自然资源最佳利用问题,具有综合性和边缘性,但其基本性质都是属于经济科学的。

我国的自然资源经济学的研究是从20世纪30年代开始的。1930年章植先生的《土地经济学》,是中国的第一部自然资源经济学著作。1979年我国公布了第一个环境保护法,从这以后,相继公布了海洋保护法、矿产资源法、土地法等保护自然资源及其环境的法规,对于保护和合理利用我国的自然资源起到了重要的作用。在法规的推动下,在国际自然资源和环境保护大潮的影响下,我国的专家学者也纷纷著书立说,掀起了对自然资源经济学研究的热潮。在翻译介绍国外有关的自然资源经济学的同时,不少专家学者正在着手创立适用于中国实际的自然资源经济学。所有这些,都为我国自然资源经济学的研究和发展,创立适合于中国国情的自然资源经济学提供了重要的文献和丰厚的基础。

第四节 自然资源经济学研究的目的和任务

一、自然资源经济学研究的目的

从自然资源经济学的产生和发展过程中可以看出,人们从事自然资源经济学研究的目的有两个:一是如何经济、合理、有效地开发和利用自然资源;另一个是如何保护自然资源以及它赖以存在的环境,以达到对自然资源永续利用的目的。对此,在不少自然资源经济学著作中都有过类似的表述。在西方,自20世纪70年代中期以来,自然资源经济学的发展一直是围绕着"动态福利经济学"这个核心，即围绕着自然资源生产、利用、保护和分配与社会福利的关系来进行的，其目的是实现长期社会总福利的最大化。在 T.C. 哈恰图洛夫的《自然资源利用经济学》中，对于自然资源经济学研究的目的是这样阐述的："自然资源利用经济学主要论述两个方面的问题，而这两个问题又是互相联系着的。第一个是关于如何寻求发现和有效使用生产和消费中所必需的自然资源；第二个是如何防止和消灭环境污染问题。这一问题只能随着需求的变化（包括个人需求和社会需求、消费需求和生产需求），在生产力的发展和科学技术进步的过程中加以解决。这与我们前面的认识是相似的。"

在我国，"研究资源经济问题的根本目的，是要解决如何经济、合理、有效地开发、利用、保护和管理好资源，防止资源浪费和破坏，保证社会、生产长期稳定发展的需要，并不断取得良好的经济效益、社会效益和生态效益"。其中还对什么是"经济""合理""有效"以及它们之间的相互关系进行了说明，对于我们认清自然资源经济学研究的目的是很有裨益的。

此外，我们认为，研究自然资源经济学还有更深层次的目的需要我们去揭示，这就是要认清自然资源经济运动的规律，最终协调好人类与自然界之间的关系。在对人类与自然关系的认识上，图佩察在《自然利用的生态经济效益》中，提出了"三个时期"理论。他指出，第一个时期，是自然界统治人的时期，人完全服从和崇拜大自然；第二个时期，叫作人统治自然的时期，是人类强化使用其资源的时期；第三个时期，是自然界在新的、更高的层次上重新统治人的时期。并且认为，这种统治是有别于文明发展早期的另一种统治，要我们承认这个事实，并尽可能地缩短这个令人类不愉快的时期，将之变为合作时期，从而过渡到人重新统治自然的时期。他对前两个时期的划分是没有什么疑义的，而对第三个时期的划分和解释是值得商榷的。就目前的情况而言，人类已认识到强制利用自然的错误，并逐渐进入了人与自然合作的时期，并且这种合作将持续到永远，再不会过渡到"自然重新统治人"或"人重新统治自然"的循环之中。

基于这种认识，我们认为，自然资源经济的研究应以促进人与自然的密切合作，协调好人与自然的关系为最终目的来进行。这就是说，合理利用自然资源也好，保护自然资源和自然环境也好，最终目的都是为实现人与自然关系的和谐。为了达到这一目的，自然资源经济学的研究必须在充分认识自然资源自然规律和经济规律的基础上，努力探求其自然规律和经济规律和谐运动的轨道，以实现"自然的人化与人的自然化"的统一，即实现人类社会与自然界的协调发展。只有把自然资源经济学的研究目的提到这样一个高度，才能充分认识和努力开拓自然资源经济学的研究方向和所包含的领域。这样一来，自然资源经济学研究的目的就二重化了，既有直接的目的，又有最终的目的，既要研究和解决现实问题，又要探索其运动的规律。其实，两者是不矛盾的，不研究和解决现实问题，何以发现其运动的规律？不揭示其运动规律，又何以解决好现实的问题？之所以要这样区分，不过是为了全面认识自然资源经济学研究的目的罢了。全面地认识自然资源经济学研究的目的，会使我们在研究过程中不至于偏废于哪一方。

二、自然资源经济学研究的任务

自然资源经济学所担负的研究工作的基本内容，就是自然资源经济学研究的任务。对于任何一门科学来说，其研究任务是研究目的的具体化。确定自然资源经济的研究任务，就是从研究内容上来保证研究目的的实现。概括地说，自然资源经济学的研究任务包括以下几个方面：

（一）协调人类的生产、消费活动与自然资源的关系

在生产和消费系统中，尽管物质、能量的循环转换过程非常复杂，但在物质、能量的输入和输出之间应该保持平衡。生产与消费的增长意味着向自然界索取的资源和排向环境的"废物"的同时增加。从总体上说，地球上的自然资源是丰富的，但相对于人类需求的不断增长来说，毕竟是有限的。盲目地发展生产和增加消费，势必导致自然资源的减少甚至枯竭，导致环境的污染和破坏，从而削弱人类未来生存的基础，破坏环境质量和生活质量。因此，在制定发展战略时，必须把发展经济与合理利用、保护自然资源作为两个不可偏废的目标纳入社会经济发展规划中，使生产和消费的决策与自然资源的状态和要求相协调，以求人类社会与自然界的协调发展。

（二）开发利用自然资源，选择最佳利用方案

人类为了生存，为了创造美好的社会生活条件必然要开发利用自然资源，改变自然环境。但是怎样开发和利用才能做到最经济、最合理呢？主要的是对开发方案从理论上、对策上、规模上进行可行性论证，通过反复比较，再选择最佳方案。所谓最佳方案就是开发自然资源要防止对环境的污染，保护生态平衡，使开发利用与自然资源的再生、换代补给相适应，使开发和节约并重，把开发利用自然资源与有效地保护自然资源有机地统一起来。

（三）研究自然资源开发利用的经济、社会和生态效益，实现三个效益的统一

这是贯穿在自然资源经济研究中的一条基本路线，其具体研究任务有以下几个方面：一是研究自然资源开发利用过程中的三个效益及其评价标准，研究如何在实现三个效益前提下的优化开发和综合利用自然资源的实现途径；二是研究在开发利用自然资源过程中对环境的影响程度以及补偿措施，对为解决环境污染和破坏问题，为治理环境而采取的专门措施的经济效益问题进行分析和提出相应的对策；三是研究在开发利用自然资源的过程中，对生态系统的影响程度和防治措施，以及如何取得开发利用自然资源中的生态经济效益，保护和促进生态系统的良性循环。

（四）研究运用经济手段管理和保护自然资源

运用经济手段管理和保护自然资源，主要是通过税率、信贷、利息、价格等经济杠杆

来实现的。为了运用好经济手段管理自然资源，首先要确立自然资源价值观，即在市场经济体制下，自然资源是商品，是具有价值的；其次，要建立自然资源的经济核算体系和自然资源产业体系，研究环境污染、生态失衡的经济、社会损失和自然资源保护投资效益的计算方法，研究运用经济手段管理好自然资源所必须尊重的自然规律和经济规律，正确处理好与运用行政手段和法律手段管理自然资源的关系。

（五）研究和探讨防治环境污染、保持生态平衡所需要的技术、经济政策和管理措施

防治环境污染，保持生态平衡，可以促进可再生资源的再生能力，是实现自然资源永续利用的关键。为此必须制定正确的政策和管理措施，以保证从行政和法规的角度保护自然资源赖以存在的环境。以工业"三废排放标准"为例，如果定得过严，那么对处理技术的要求就高，投资就大，就会加重企业的负担；如果定得过宽，虽技术简单、投资少，但治理不彻底，达不到净化环境和生态平衡的要求，达不到保护自然资源的目的，就会使人们的生产、生活深受其害。诸如此类的问题，如何确定？达到什么程度才能最符合实际，最经济合理？这都是严肃的社会责任问题。自然资源经济学的研究要为制定合理的政策和管理措施提供理论依据和现实依据。在西方自然资源经济学中，特别强调自然资源政策的社会责任，呼吁制定"负责的"自然资源政策，即不仅要保证所有再生资源系统的再生能力，还要避免环境条件不可逆转的破坏，确保非再生资源长期稳定有效供应等，是值得我们借鉴的。

总而言之，自然资源经济学的任务，就是根据自然规律和经济规律的客观要求，研究人类在开发、利用、保护自然资源的过程中，如何有效地调节、控制人与自然界在物质变换时所发生的一切经济得失，寻找一条经济、合理有效地利用自然资源的最佳途径；综合平衡人与自然的关系，以达到化害为利、变废为宝、永续利用的目的。

第五节 自然资源经济学研究的对象和方法

一、自然资源经济学的研究对象

"对于某一现象的领域所特有的某一种矛盾的研究，就构成某一门科学的对象。"那么，自然资源经济学所研究的特定领域及特殊矛盾，即自然资源经济学的研究对象是什么呢？首先，要确定自然资源经济学所研究的特定领域的界限。自然资源是指地球上一切有生命和无生命资源的总和。但一般特指地球上"在一定时间、地点的条件下能够产生经济价值的，以提高人类当前和将来福利的自然环境因素和条件"（联合国环境规划署定义）。这些资源包括：农用土地、森林用地以及多种林产品和森林为人类提供的服务，江河湖海等水

域以及水资源为人类提供的服务，金属和非金属矿藏，因具有美学价值或科学价值的自然保护区、大气层等等；这就是说，自然资源经济学所研究的是这些自然资源的经济问题，而不是其他事物的经济问题，这样就限定了它的研究范围。其次，要确定自然资源经济学中的"经济"的含义。

"经济"一词的含义非常广泛，《辞海》中对"经济"有如下解释：经世济民，治理国家；节约；社会生产关系的总和；一个国家的国民经济体系。自然资源经济学中的"经济"与这几种解释都有一定的关系。比如，经世济民，治理国家似乎是政治含义，但国家不仅是阶级斗争的工具，同时也是拥有一定疆域和资源的实体，因此，其中也含有对这些资源如何管理和如何使民受益的意思；至于"节约"，本身就是开发、利用自然资源的基本原则之一；再者，自然资源的所有权问题、生产问题、分配问题等都是与一定社会的生产关系密不可分的；"经济"的第四种解释与自然资源的关系就更直接了，国民经济的各生产部门与自然资源的关系是基础和发展的关系。尽管如此，并不等于说，自然资源经济学中的"经济"就是以上几个方面的混合，其仍有待于进一步的归纳和整理。

认识"自然资源经济学中经济"的含义是认清自然资源经济学对象的基础。但反过来我们还可以从已有的关于自然资源经济学研究对象的论述中，进一步认清自然资源经济学中"经济"的含义以及加深对这门学科的研究对象的理解。

以上三个定义各有其特点。第一个定义指出了自然资源经济学所研究的特定领域，但缺点在于没有对自然资源经济的内容加以展开；第二个定义是以马克思主义政治经济学的角度来确定自然资源经济学的研究对象的，只不过不像政治经济学所研究的生产关系那样广泛，指出了自然资源利用经济学所要研究的是一种特定的关系，即社会发展和自然环境相互作用过程中所形成的关系；第三个定义的优点在于明确地指出了自然资源经济学的内容，即自然资源的开发、利用、保护和分配，但这里面所提到的经济学原理基本上属于西方经济学的内容。西方经济学在研究市场条件下的资源配置方面有许多可取之处，但它的出发点是建立在自然资源私有制的基础上的，与我国的实际情况是有很大区别的。总的说来，以上三个定义虽有所不同，但其共同之处则在于：其落脚点在研究自然资源经济规律上面。而与此相关的两个重要问题是：用什么理论作为基础？自然资源经济的内容如何界定？如果这两个问题明确了，那么自然资源经济学的研究对象就会不说自明了。

我国是以公有制为主体的国家，资源配置方式与资本主义国家是不同的；但我国经过经济体制改革，已确立了市场经济体制，资源配置方式在很大程度上又受控于市场。这就决定了我国自然资源经济学的研究既要以马克思主义经济学理论为基础，又要广泛吸收西方市场经济学理论中的有用部分，从而建立起具有中国特色自然资源经济学的理论体系。在确定"自然资源经济"内容时，除了要考虑自然资源的开发、利用、保护、分配等内容之外，还应该吸收其主要相关学科——环境经济学和生态经济学中的有益成分。一般认为，环境经济学是揭示环境与经济发展的内在联系及其运动规律的科学。这里所说的"环境"，除了一部分纯粹的"环境"之外，主要是指自然资源。所以了解环境经济学的研究对象，对于了解自然资源经济学的研究对象还是有启发的。生态经济学是一门从经济学的角度来研究由社会经济和自然复合而成的生态经济系统的结构、功能及其客观规律的科学。生态经济的主要内容是什么呢？正像"资源是核心，稀缺是前提，技术是关键。问题是资源如何在同代人之间和同代人与后代人之间的公平分配，难点是无法确定资源匮乏的程度和这一过程给增长所带来的影响，以及替代产品，阻止资源耗竭的作用和水平。方针是持久发展"。可见生态经济学的主要内容仍然离不开自然资源，这对于确定自然资源经济的内容乃至确定自然资源经济学的研究对象是很有参考价值的。

综上所述，自然资源经济学的研究对象是什么呢？概括地说，自然资源经济学是运用经济学（马克思主义经济学和西方经济学的有益部分）原理来研究由社会经济活动与自然资源条件所结合起来的自然资源经济系统的结构功能、内在矛盾及其运动规律的一门科学。我们知道，社会经济活动纷繁复杂，但始终离不开对自然资源的开发和利用。在现阶段，人类与自然资源的关系日趋密切，社会经济活动与自然资源日趋融合，已形成了具有独特功能的自然资源经济系统。只有这样去认识问题，才能把握自然资源经济学的研究对象，才能把自然资源经济学的研究对象与其研究目的和研究任务有机地统一起来。

二、自然资源经济学的研究方法

自然资源经济学是一门跨度大、广交叉、综合性很强的学科，这就决定了它的研究方法不可能是单一的，而是多种方法的综合。总的来说，我国自然资源经济学的研究，应以马克思主义经济学、唯物辩证法为理论指导，广泛吸收和采纳国际、国内各种先进、有成效的研究方法，这样才能既坚持自然资源经济学研究的方向，又能兼收并蓄，促进我国自然资源经济学的繁荣和发展。其具体的研究方法主要有以下几个：

（一）抽象法

自然资源经济学的研究涉及面广，不仅涉及以经济科学为主的众多的社会科学门类，同时也涉及技术科学、自然科学等方面，但从根本上说，它是一门经济科学。马克思指出："分析经济形式，既不能用显微镜，也不能用化学试剂。二者都必须用抽象力来代替：这就决定了抽象法是研究自然资源经济学的基本方法之一。抽象法是从现象到本质，又用本质来说明事物的方法。"它要求从大量的具体的社会现象出发，通过思维加工，将丰富的感性材料去粗取精、去伪存真、由此及彼、由表及里，上升为理性，找出内在联系，形成范畴，再用范畴来说明现象的一种科学方法。自然资源经济学要揭示自然资源经济系统的结构、功能、内在矛盾及其规律，就必须运用抽象法，从复杂的社会现象中找出其本质，以形成自然资源经济学的基本范畴和概念；从大量的随机变化的事件中找出规律来，以形成自然资源经济学的科学理论体系。舍此是不能完成自然资源经济学的研究任务的。

（二）定性分析

任何事物都有质的规定性和量的规定性。所谓质的规定性是指事物本身所固有的性质特征特点的规定性。所谓定性分析，就是对某一事物的性质、特征、特点等方面进行确定的一种分析方法。自然资源经济学是一门新兴科学，在某些方面还不够成熟，不确定的因素还较多，这样，对它所包含的一些内容进行定性分析是十分必要的。例如，目前迫切要解决的一个最基本的问题就是要对自然资源经济学同它最相近的两个学科——环境经济学、生态经济学进行区分。有人认为，自然资源经济学就是环境经济学；也有人认为，自然资源经济学就是生态经济学，这显然混淆了三者，其根本原因就是没有把握其各自的特征。要想将三者严格地区分开来，就必须运用定性分析的方法。同时，定性分析也是解决各种具体的有争议问题的一种有效的方法。

（三）系统方法

自然资源经济学的客体既然是自然资源经济系统，那系统方法在自然资源经济学的研究中就必然占有重要的地位。系统方法是辩证唯物主义关于普遍联系和矛盾运动学说的具体化和深化。系统方法的主要着眼点是：系统是客观事物存在和表现的一种形式，是由相互作用和相互依赖的若干要素（或子系统）组合而成，并具有特点功能和共同目的的有机结合体；整体性是系统的基本特征，整体由其构成部分有机组合而成，整体大于部分之和，因此须强调整体的优化；分析研究整体的构成要素，要素之间排列组合关系，确定系统的结构，进而确定系统的功能；研究系统中各组成部分的相互作用过程中的动态联系；研究在一个多要素的系统中怎样由无序状态转化为有序状态的转化过程和机理。自然资源经济是一个极其复杂的物质体系，要合理地开发、利用、保护和分配自然资源，就必须将其视为一个整体，用系统论的原理对其进行描述和分析，以求完整、准确，更好地完成自然资源经济学的研究任务。在自然资源经济学中常用的系统方法有系统分析、系统评价、系统优化和系统仿真等。

（四）数学方法

数学方法是利用数学工具对自然资源经济系统进行定量化研究的一种方法。在自然资源经济学的研究过程中，有许多问题，诸如自然资源的经济评价问题，自然资源的市场供求问题，自然资源经济的规模效益问题，自然资源经济系统的要素、结构模型，预测和动态发展等方面的问题，都需要在定性分析的基础上进行定量分析，才能达到预期的研究效果。因此，数学方法也是自然资源经济学研究的主要方法之一。数学方法很多，如数理统计法、边际分析法、线性规划法、动态预测法等都在自然资源经济学的研究中得到了广泛的应用。

第二章　资源评价与资源核算

资源评价不仅包括对自然资源数量、质量和区域分布三方面的评价，这些都是基于资源的自然特征所进行的自然评价，还包括自然资源经济价值的评估与核算，以及自然资源开发方案的成本效益评价，这两方面被称为资源的经济评价。故而，本章就资源评价与资源核算做详细说明。

第一节　自然资源概述

自然资源是人类生产和生活的基本物质来源。经济学所研究的自然资源，是具有稀缺价值的、能够在当前产生经济收益的天然物质，而当前不具有经济开发价值的自然条件或矿藏只能称为潜在资源，因此自然资源的外延是动态可变的。

一、自然资源的内涵

综合国内外关于资源概念的界定，有狭义资源和广义资源两种。狭义的资源仅指自然资源，而广义的资源包括自然资源、社会资源和经济资源，如"资源开发""资源优势"通常就是指自然资源开发、自然资源优势；而经济学的"资源配置"概念，是指生产要素配置，这里的"资源"就是广义的要素资源，包括资本、技术、劳动力、企业家等要素资源，以及其他物质资源、信息资源。

（一）资源与自然资源

《辞海》对资源的解释是"资财之源，一般指天然的财源"，并把自然资源定义为"天然存在的自然物，不包括人类加工制造的原料，如土地资源、水利资源、生物资源和海洋资源等，是生产的原料来源和布局场所"，这一定义强调了资源的非人工性。

联合国环境规划署（UNEP）对资源的定义是："所谓资源，特别是自然资源，是指在一定时间、地点和条件下能够产生经济价值，以提高人类当前和将来福利的自然环境因素和条件。"显然，这是狭义的资源定义，不包括社会资源、经济资源和人力资源。

《英国大百科全书》中把自然资源定义为"人类可以利用的自然生成物及生成这些成分的源泉的环境功能。前者如土地、水、大气、岩石、矿物、生物及其群集的森林、草场、矿产、陆地海洋等，后者如太阳能、地球物理的环境功能（气象海洋现象、水文地理现象），生态学的环境功能（植物的光合作用、生物的食物链、微生物的腐蚀分解作用等）和地球化学的循环功能（地热现象、化石燃料非金属矿石生成作用等）"，这一定义强调了自然资源的环境功能。

自然资源的概念具有动态性，其含义因人们对资源的认识和开发利用程度而不同。只有在某种条件下能产生经济价值的自然条件才是资源，而目前不具备开发利用价值的自然环境条件和因素都不能算作资源；但在将来，只要它们具备经济价值，就可变成资源；因此在什么时间、地点具备这种开发利用条件，它就成为该时该地的资源。

经济学家威廉·配第曾经指出："土地是财富之母，劳动是财富之父。"马克思在论述资本主义剩余价值的产生时指出："劳动力和土地"是"形成财富的两个原始要素"，是一切财富的源泉。恩格斯则进一步明确指出："其实劳动和自然界一起才是一切财富的源泉。自然界为劳动提供材料，劳动把材料变为财富。"在这里，马克思和恩格斯虽然没有专门给资源下定义，但已经把劳动力和土地、劳动和自然界肯定为形成财富的源泉，这是一种广义的资源概念。

随着科技的发展和进步，人类认识和开发利用资源的能力进一步提高，旅游资源、文化资源、环境资源、信息资源、基因资源、核能资源、空间资源、网络资源等提法层出不穷，对资源的科学定义也不断完善和精细。如秦大河、张坤生等把资源概括为："资源即资产的来源，是人类创造社会财富的起点。其组成包括一切可资利用的有形和无形要素。更一般地，人类在生产、生活和精神上所需的所有物质、能量、信息、劳力、资金、技术和机能等'初始投入'和环境要素都是资源。""资源是指一切可被人类利用的物质、能量、信息、劳力、资金、设备以及良好的社会环境等，包括自然资源和社会经济资源两部分。"

综上，目前使用的"资源"一般概念已经超越了自然资源的范畴，关于"资源"概念的定义有很多种，虽表述不同，但其共同点是：

1. 资源是一定时空内可供人类利用或带给人类当前和未来福利的物质或能量。
2. 自然资源是资源的一种重要类别，是人类生存与发展的物质能量基础。
3. 自然资源是与人类社会科学、技术有密切相连的综合动态体；其内涵和外延与人类社会经济和科学技术发展水平互为"正函数"关系。为了区别于"无所不在"的广义资源概念，我们将研究对象集中于狭义的资源，即存在于自然环境中的天赋自然资源。如无特别说明，本书所称资源，均指这种狭义的自然资源或环境资源。

（二）自然条件与自然资源

自然条件又称自然环境，是人们生产和生活所依赖的自然部分，包括生物圈、岩石圈、水圈和大气圈。

自然条件包括两个相互联系的方面：一是未经人类改造、利用的，与人类生活还没有直接联系的纯粹的自然；二是人们改造利用后的自然，如耕作后的土壤、人工运河，这部分即属于自然资源。

因此，自然资源是自然条件中可以利用的部分，是在当前生产力和科技水平下，为了满足人类对生产和生活的需要，可以被利用的自然物质和自然能量。自然条件中目前尚不能利用的部分，一般而言不属于自然资源范围（如泥石流、活火山等）。

自然资源与自然条件的界限是相对的、可以变更的，自然资源的概念具有动态特征。随着社会生产力的提高、科学技术的进步，自然资源的内涵更加丰富，外延也将扩大。例如，空气是人类生活所必需的自然界物质，过去一般不列入资源范围。但今天在人口稠密的地区，新鲜洁净的空气已成为一种自然资源。

二、自然资源的外延

对自然资源外延的认识有不同的角度，表现为对自然资源不同的划分方式。资源分类的目的是进一步分析各类资源的特点、功能或用途，以便更好地开发、利用、保护和管理自然资源。由于具体的目的不同，产生了各种资源分类方法及资源外延系列。

（一）按自然资源的功能属性分类

自然资源按功能可分为六大类，即

1. 气候资源：包括阳光（光照）、温度（热量）降水（水分）、空气等；
2. 水资源：包括地下水、降水或淡水、海水；
3. 生物资源：包括动物、植物、微生物等；
4. 土地资源：包括耕地、林地、草地、荒山等；
5. 矿产资源：包括石油、煤炭、各种金属及稀有金属、非金属矿物；
6. 海洋资源：包括鱼类、石油能源、金属矿。

（二）按自然资源的再生特点分类（哈格特分类法）

这一分类法由地理学家哈格特提出，是按照自然资源再生能力进行的分类。哈格特认为，自然资源可分为恒定性资源、储存性资源和临界性资源，通常也称为可再生资源、不可再生资源和可更新资源。

1. 可再生资源。哈格特称之为恒定性资源，如太阳辐射能、光能、风能、水力、海潮、径流、地热、温泉等。可再生资源在地表空间上的分布虽然有较大差异，但在时间上变化很小，对于同一地区的人们来说，这类资源的数量几乎是恒定的，不会因人类开发利用而耗竭，因此可再生资源也称为非耗竭性资源，但其中一些重要资源易被人类污染和滥用。

2. 不可再生资源。即储存性资源，是指不能运用自然力增加蕴藏量的自然资源。这类资源在地壳中有固定储量，随着人类的大规模开采利用而趋于减少或面临资源耗竭，一些非再生资源的消耗速度大大超过其再生速度，另一些非再生资源则根本不能再生。如石油、煤炭、铁矿等是典型的不可再生资源，这类资源多数是以化石的形式经过漫长地质年代形成的，不具备生物资源那种自我繁殖能力。因此不可再生资源的初始禀赋是固定的，用一点少一点。某一时点的任何使用，就会减少以后时点可供使用的资源，因此这类资源又称为耗竭性资源。

3. 可更新资源。即临界性资源，指在正常情况下可通过自然过程再生的资源，它包括动物资源、植物资源、土壤肥力等。这类资源是能生长繁殖的有生命的有机体，它们的更新速度取决于自身的繁殖能力和外界环境。

4. 可回收资源和不可回收资源。不可再生的储存性资源虽然不能像太阳能、水资源等恒定性资源那样源源不断地供给人类，但其中许多金属矿产资源是可以重复利用的。因此，储存性资源还可进一步分为可回收的非再生资源和不可回收的非再生资源。前者主要包括金属矿物资源，后者主要指石油、煤、天然气等能源资源。

根据热力学第二定律，资源无限再循环是不可能的。因为每次再循环都要产生一定的损失，每次完整的资源重复利用（制造—使用—循环利用）过程，都会使资源产生某种退化，同时还需要投入能量。循环重复利用的成本通常较高，在现实经济中，资源使用者将根据相对成本在开采新资源和重复利用之间进行选择。只有在循环利用资源比新开采的资源更便宜的情况下，才能普遍使用。

虽然水资源在大的时空范围内属于可再生资源，但水能开发的排他性、坝址的稀缺性决定了水能资源具有不可再生资源特征。水能开发改变了河流的自然特性和利益格局，引水式电站形成脱（减）水河段，影响了他人对河流的消费，使被开发河流（段）变成了排他性的非公共物品。同时，开发商一旦拥有一个水能开发点，其他开发商便自然被排斥，发电之外的其他形式商业开发（如漂流、观光）也被排斥或无法进行。坝式电站上游回水形成河道型水库，上游较长距离内也不可能再建水电站。有学者认为，水电资源包括水量资源和坝址资源，坝址资源与地质条件、山体形状密切相关，本身也是稀缺资源，加上流域规划的限定，因此，水电资源的独占性和排他性使其具有不可再生性稀缺资源的特征。

由于自然资源再生能力不同，资源开发中需要区别对待，针对资源再生特性分别制定开发和保护不同类型资源的对策。

（三）按自然资源的存在方式分类

这种分类法将自然资源分为可耗尽资源和流量资源。

可耗尽资源由于其数量随着使用日益减少，并且最终会耗竭，因此对这类资源的利用意味着消耗其储量。在自然状态上，可耗尽资源的数量是有限的，其形成以地质年代的百万年计，因此相对于人类社会短暂的发展历史而言，这类资源数量呈不断下降的趋势。

流量资源的数量可以用单位时间的体积或能量单位等尺度来衡量，对流量资源的当前利用并不妨碍将来利用，因为这类资源在数量上是不断补充的，理论上取之不尽，用之不竭，太阳能就是最典型的流量资源。对流量资源的利用必须是即时的，当时不利用、不储存就自然流失了。流量资源可以储存利用。20世纪后期，人类开始致力于储存太阳能，以便更快地加热、制冷（如太阳能电池）或更方便地传输（如电力）。

生物资源是一种很复杂的资源类别，它吸收了流动的太阳能和流动的水资源，还消耗了土壤的养分。理论上,在太阳能量不变、生物繁殖能力不变,以及人类自我约束等条件下,生物资源存量是不会减少的。但事实上,对生物资源的过度利用,类似于杀鸡取卵,也会危及生物资源的存量。

自然资源的分类方法还有很多。按其循环利用特征分为可循环利用资源和不可循环利用资源;按资源的用途、资源的利用状况分为现实资源、潜在资源;按资源的功能分为替代性资源、不可替代性资源等。

第二节 资源的自然评价

资源评价是按照一定的评价方法,对一个国家或区域的自然资源的数量、质量、地域组合、空间分布、治理保护等进行定量定性的评定和估价。资源评价以自然资源的考察研究工作为基础,是自然资源合理利用的前提条件和依据所在。

对区域自然资源评价的目的是从整体上揭示区域自然资源的优势与劣势,提出合理开发和保护治理的方案,为区域经济发展规划中充分发挥自然资源的多种功能和综合效益提供科学依据。

一、资源评价类型

根据评价对象的不同,资源评价可分为单项自然资源评价和区域自然资源综合评价。

单项自然资源评价是针对土地资源、水资源、气候资源、森林资源、草地资源、海洋资源、矿产资源、能源资源等单一资源进行的评价。目前的自然资源评价主要是这种单项评价。单项资源评价的针对性和适用性强,具有较高的应用价值。单项资源评价包括资源数量评价、资源质量评价和资源空间组合评价;按评价重点的不同,又分为对资源本身自然属性方面的评价,即资源的自然评价,以及对资源开发经济价值方面的评价,后者称为资源的经济评价。

区域资源综合评价是在单项资源评价的基础上,分析区域内自然资源与区域经济结构、产业布局之间的关系,既要看到区域自然资源的优势,又要充分估计其不利因素;既要对自然条件的单项因子进行评价,又要对自然条件的多因子进行综合评价;要认真分析各种自然资源的空间组合和时间组合;从众多资源因素中找出影响区域经济发展的关键制约因素,提出解决资源瓶颈的方案,为进一步优化经济结构、调整产业布局提供科学依据。

任何一种自然资源都有数量、质量和区域空间分布上的差别,这些差别是由自然资源的自然属性所决定的,因此对自然资源数量、质量和空间分布的评价,都属于区域资源自然评价的基本内容。由于自然资源种类繁多,尤其是耗竭资源和可再生资源属性上存在本质区别,不同种类资源无论在资源量的方面还是资源质的方面都难以具有可比性,因此形成了不同的单项资源评价方法，适用于不同的评价指标体系。

二、自然资源数量评价

自然资源数量是指自然资源的蓄积量、可利用量、可开发规模，如矿产资源的储量、水能蕴藏量、森林覆盖率等等，通常用数量多少或大小来表示。对自然资源数量的评价包括绝对量评价和相对量评价，评价指标也相应地分为两类。

（一）自然资源的绝对量

自然资源的绝对量通常用矿产资源的储量、森林资源的蓄积量、地表水资源的径流量、水力资源的装机容量、土地资源的面积等指标表示，天然气和建材石料一般用体积，石油用加仑、吨或桶等资源量指标表示（1 加仑 =3.785 升，1 吨 =7.35 桶）。

矿产资源是天然赋存于地壳内部或表面、由地质作用形成的呈固态、液态的具有经济价值或潜在经济价值的富集物。从地质研究程度来说，矿产资源不仅包括已发现的并经工程控制的矿产储量，还包括目前虽然未发现，但预测（或推断）可能存在的矿物质；从技术经济条件方面来说，矿产资源不仅包括在当前技术经济条件下可以利用的矿物质，还包括根据技术进步和经济发展在可预见的将来能够利用的成矿物质。

矿产资源的数量一般用储量表示。根据我国资源储量套改新分类标准，我国矿产资源储量分为储量、基础储量和资源量三类。储量是查明资源的一部分，能满足目前采矿和生产实践中所要求的最低物理和化学标准（包括矿石品位、矿石质量、开采厚度和深度等），并且在经济上可以开采获利的，划为储量资源；基础储量，除包括属于储量的那部分资源外，还包括在一定条件下具有开采潜力的资源。对于大多数特定矿床来说，一个地区或国家可以根据市场需求情况具体规定不同的品位和吨数，因此，储量基础的下限是可变的，主要取决于最终采用的开采计划和经济技术水平；资源量，是指经济可利用性差或经济意义未确定的那部分地下埋藏量，是当前不能直接利用的潜在矿产资源。

我国矿产资源储量的总量居世界前列，资源储量结构呈"三少三多"的特点：一是储量、基础储量少，资源量多。查明资源储量中，基础储量占 36.3%，资源量占 63.7%，储量占查明资源储量的 18.9%。二是经济可利用的资源储量少，经济可利用性差或经济意义未确定的资源储量多。经济可利用的占 1/3，经济可利用性差和经济意义未确定的占 2/3。三是探明的资源储量少，控制的和推断的资源储量多。我国 148 种固体矿产查明资源储量达到探明程度的仅占 10.63%，达到控制程度的占 43.55%，达到推断程度的占 45.82%。这种现状反映出，我国固体矿产特别是一些重要矿产的勘查工作程度明显偏低，难采选和品位低的矿床没有充分开发和利用，采、选、冶炼技术落后于国际先进水平。但是从另一角度看，也反映出我国具有较大的资源潜力，占有较大比重的资源量是增加经济可利用的基础储量的潜力所在。

（二）自然资源的相对量

表示自然资源相对数量的指标通常有人均资源拥有量、资源密度、资源储采比、矿山保证年限等。

1. 人均资源占有量。人均资源占有量是衡量一个国家或地区的自然资源数量多少的重要指标，一国资源总量大不等于资源丰富，如果人均拥有的资源量小，经济发展中也会面临境内资源数量不足的制约。

2. 资源密度。资源密度是指区域范围内平均每平方千米拥有的自然资源相对量。如每平方千米林地的木材蓄积量；每1000平方千米国土的海岸线长度，也称岸线比等。资源密度是相对指标，可反映某一区域某种资源的富集程度。

3. 资源保证年限和资源储采比。资源保证年限和资源储采比两项指标都是自然资源数量相对于未来的社会需求量保证程度的指标。

资源储采比是指按照目前的开采速度衡量，现有资源储量还能够维持的开采年限，这一指标是以某一基年数据来计算的，但如果有新的资源储量被发现，或者资源开采放慢速度（如为阻止金融危机下原油价格的下跌欧佩克实施限产保价措施），则这种资源的储采比年限将延长；否则，资源储采比将随着时间的推移而缩短。甚至，当资源开采速度加快，新的后备资源又没有发现时，这种资源的储采比将急速下降。因此，资源储采比可以反映自然资源对经济增长的支撑和保障程度。

三、自然资源质量评价

自然资源质量是指资源的种类、成分、含量、性质与用途，如矿产资源的品位、化石燃料的热值、土地资源的适宜性等，通常用质量优劣、级别高低等质量指标表示。

（一）矿石质量

矿石质量主要以矿石品位这一定量指标来衡量，并结合矿石的自然类型、矿石的加工技术特征和综合利用价值等定性分析。

1. 品位。品位是衡量矿石质量的主要指标。金属矿产资源的品位一般用有用元素在矿石中的含量表示，常用％、g/t、g/m³、g/l等单位表示，如金矿品位用克/吨或盎司/吨表示（1盎司=28.35克），铜矿品位用铜元素重量百分比（%Cu）表示，铁矿用铁元素重量百分比（%Fe）表示，稀土矿品位用稀土氧化矿重量百分比表示等。品位5%的铁矿石表示每百吨矿石中含铜5吨。非金属矿物资源的品位表示方法较复杂，如金刚石等宝石一般用克拉/吨表示，钾盐用矿石中含氧化钾重量百分比（%K$_2$O$_3$）表示。

矿石按品位分为富矿和贫矿两类，其标准因矿而异，如品位在50%以上的铁矿石称为富矿，品位在30%左右的铁矿为贫矿。在资源其他条件相同的情况下，矿石品位的高低直接影响着生产成本。如黑色金属矿石的品位相差1倍，其选矿所投入的劳动和吨矿成本会相差5倍以上；有色金属矿石的品位相差更大，其选矿所投入的劳动和吨矿成本一般可高达 10~20 倍。

矿石品位质量是影响其工业利用价值的首要因素。只有在矿石品位符合工业要求的前提下，才考虑矿床的储量规模和开采条件。如金刚石含量要达到 4mg/m³ 才具有工业价值，能够满足最低工业开采价值的矿石品位称为最低工业品位或最低平均品位。最低工业品位的确定与矿床规模、矿石类型的综合利用以及采选冶炼加工技术成本有紧密关系，可以随上述条件而变化。

2. 矿石类型。矿石类型也是矿石质量评价的要素之一，不同的矿石类型有不同的加工技术和不同的工业用途，其经济价值也不同。如铁矿分磁铁矿、硫铁矿等不同类型；一般有工业价值的黑色金属矿主要是氧化物，有工业价值的有色金属矿物主要是硫化物。非金属矿物中，不同类型矿石的硬度、脆性、结晶程度也是决定其质量的主要因素。

3. 伴生共生特性。一种矿石中往往含有多种成分和多种元素，称为伴生矿。如铁与钒、钛、锆伴生，铬与镍、钴、铂伴生，铅、锌与银伴生等。此外，一些平均含量相差不大的若干矿种或元素组合分布，称为共生；矿物的伴生、共生特征影响矿石加工过程的复杂性和成本，决定着矿石的综合利用价值。

对于多组分的伴生、共生型矿产资源，其主矿与伴（共）生矿的开发可以同时进行，综合开发利用，以减少资源浪费，提高资源的开发价值。例如内蒙古白云鄂博铁矿的成分十分复杂，已开发有用元素 20 多种，各种矿物百余种，其中可以综合利用的稀有、稀土矿物达 30 多种；我国最大的甘肃铜镍矿，又是我国目前最大的铂矿产地，同时还伴生有金、银、钴、硒、硫等有用元素；湖南郴州钨矿，是一个以钨、锡、铋、钼为主的综合矿床；四川攀枝花铁矿共生有钒、钛、钴、镓、锰等 13 种主要矿产。这类矿在我国较多，虽然可以一矿多用，但其选冶技术较复杂，综合利用存在较大的难度和较高成本。

（二）能源品质

能源分为一次能源和二次能源。来自自然界的天然能源称为一次能源，而由一次能源加工转换的能源如电能、沼气等称为二次能源。在区域经济研究中，通常我们所要评价的能源资源大多是一次能源。

能源资源可以分为不可再生能源和可再生能源，前者包括化石燃料、核燃料，后者包括太阳能、水能、风能、地热能以及生物能等。可再生能源的品质主要取决于能流密度，也就是在一定时间或面积内所能接受到的能量，或这种能源全部转化成为电力，每 1 平方米面积上的受能功率大小，常用瓦数表示。如水力资源的数量用可开发装机容量表示，太阳能和风能的能流密度较小，而水力的能流密度较大。

不可再生能源是通过燃烧化石燃料转化热能的，因此能源资源品质主要取决于全部燃烧所能转化的热量值大小，通常以焦耳/千克或卡/千克表示。如原煤平均热值约 21000 千焦耳/千克（5024 千卡/千克），石油的平均热值约 42000 千焦耳/千克。因此石油作为能源的品质比原煤要高出 1 倍。不同等级的煤，其含量和热值也不一样，以无烟煤最高，其次为烟煤，再次为褐煤。

1. 煤当量折算。为了便于相互对比和在总量上进行研究，我国把每千克含热值7000千卡（29306焦耳）定为标准煤，也称煤当量。不同品种、不同含量的能源按各自不同的热值可换算成统一的标准煤，如原油折算标准煤系数为1.4286，原煤折算标准煤系数为0.7143，即1吨标准煤按热当量折算约相当于1.4吨原煤等。

2. 可再生能源标煤折算。可再生能源与不可再生能源的折算，也称为一次电力标准煤折算。所谓"一次电力"，是指计入一次能源的电力，即核电、水电、风电以及太阳能发电的电力。因此，一次电力按标准煤的折算实际上就是可再生能源与不可再生能源的折算。

可再生能源标准煤折算的方法有热值当量法和火电煤耗法两种，而热值当量法的折算系数比火电煤耗法折算系数低很多，热值当量折算系数只相当于煤耗折算系数的35%左右。随着火力发电技术装备水平的提高，火电煤耗呈逐步下降趋势，因此两种折算系数的差值会逐步缩小。

（1）热值当量法。热值当量法指一次电力按自身的热功当量换算成标准煤，1度电的热功当量理论值为860大卡即0.1229千克标准煤，折算系数即为：1千瓦时=0.1229千克标准煤。按照热值当量法折算，1亿千瓦时水电（或风电等）相当于1.229万吨标准煤。

（2）火电煤耗法。火电煤耗法指按火电发电煤耗标准进行折算的方法。由于技术水平不同，不同地区、不同年份的发电煤耗会有差异，故业界有"10克煤耗，一代技术"之说。一般将燃煤火电厂的当年平均电度煤耗作为换算标准。

3. 煤炭资源的质量特征。除了热能燃烧值外，判别煤炭资源质量优劣的重要指标还有煤的灰分含量和硫分含量。总体而言，灰分、硫分含量少的煤炭资源质量相对较好，我国北方煤田优于南方煤田，北方煤田多为陆相沉积，其煤炭质量较好，如黑龙江省鸡西、鹤岗、双鸭山等矿区煤炭灰分一般小于20%，含硫量在0.5%以下；而南方煤田多为海陆相沉积，煤炭的质量普遍较差，灰分、硫分等指标一般较高。如湖南的黔阳煤系、湖北的梁山煤系灰分高达15%~25%，广西合山、重庆南桐、华莹山等矿区的含硫量在6%~8%。高硫煤在利用过程中首先要进行脱硫处理，否则不仅污染环境，还腐蚀设备。

中国煤炭灰分普遍较高。据统计，全国灰分小于10%的特低灰煤仅占探明储量的17%左右，大部分煤炭的灰分为10%~30%。硫分小于1%的特低硫煤占探明储量的43.5%以上，大于4%的高硫煤仅占2.28%。

第三节 资源的经济评价

资源经济评价是在资源数量评价、质量评价以及分布组合评价的基础上，对自然资源的经济价值区域开发自然资源方案的经济费用效益等方面进行的综合评估。

一、资源价值评估

在传统的经济价值概念中，或者认为没有劳动参与的东西没有价值，或者认为不能交易的东西没有价值，据此两者都认为天然的自然资源没有价值。由于这种传统观念的影响，在现实中便出现了"产品高价、原料低价、资源无价"。这种资源无价的观念及其在理论、政策上的表现，导致了资源的无偿占有、掠夺性开发和浪费使用，以致造成资源损毁、生态破坏和环境恶化，成为经济社会持续发展的制约因素。事实上，任何自然资源，包括原始森林、地下矿藏等，尽管并未凝聚人类劳动，或者没有进入市场交易，但其价值都是显而易见的。

（一）天然价值评估

1. 地租资本化。地租是土地所有者出租一块土地每年得到的货币额，假定平均利息率为5%，每年20万元的地租就可得到一块土地使用权的话，那么要买到这块土地本身或其所有权，就要至少付出400万元，这就是这块土地的价值。事实上，不仅土地可以资本化产生地租，任何货币收入都可以资本化。也就是说，任何自然资源都可以获得资本化的地租，也就是资源租或矿租。

2. 根据经济理论，资产在未来一定年限内产生的商品和服务价值，即预期的净收益或资源租金，要按一定社会贴现率折现为现值后转化为资产价值。

（二）稀缺价值评估

稀缺价值主要体现在供求关系上。当供给量 Q_s 一定时，需求量越大，会促使价值价格上升，即需求量 Q_d 对价格的影响是正比例关系，在需求量 Q_d 一定时，其价值（价格）与供给量 Q_s 大致成反比关系。考虑到在不同的价格水平下，需求量和供给量都有不同的伸缩性，在相同的价格水平下，Q_d 和 Q_s 也有不同的伸缩性，我们分别用供给量变化率与价格变化率的比值供给弹性系数 E_s，需求量变化率与价格变化率的比值需求弹性系数 E_d 来表示。E_s 表示供给量变化对价格反应的灵敏程度，E_d 表示需求量变化对价格变化反应的灵敏程度。

二、费用效益分析方法

费用效益分析方法主要用于评价资源开发各种方案的经济价值，它通过计算全部预期效益和全部预计成本的现值，借助经济净现值、经济效益费用比、经济内部收益率等指标来评价资源投资方案的经济合理性，因此又称为效益-成本分析方法。其最初由美国的水利部门为评价水资源投资而使用，后来逐渐扩展到资源环境等领域。

（一）经济净现值（ENPV）

经济净现值指计算期内各年度资源开发利用的效益减去成本得出的净效益按一定的贴

现率进行折现后的货币现值之和,是衡量资源开发利用经济效益的绝对指标。经济净现值按下列公式计算:

$$BNPV = \sum_{i=1}^{n}(B-C)_t(1+i_t)^{-t}$$

式中,B 为经济效益流量,C 为经济费用流量,$(B-C)_t$ 为第 t 期(年)的经济净效益流量,i_s 为社会折现率,n 为项目计算期。

如果经济净现值等于或大于0,表明项目可以达到符合社会折现率的效率水平,认为该项资源开发方案从经济资源配置的角度可以被接受。

(二)经济效益费用比(R_{bc})

经济效益费用比指效益流量的现值与费用流量的现值之比,是衡量资源开发利用的社会经济效益的相对指标。计算公式如下:

$$R_{bc} = \sum_{t=1}^{n}\left[B_t(1+i_t)\right]^{-1} / \sum_{t=1}^{n}\left[C_t(1+i_t)\right]^{-1}$$

式中,R_{bc} 表示经济效益费用比,B_t 表示第1年资源开发的经济效益,C_t 表示第1期(年)的经济费用,i_s 为社会贴现率,t 为开发利用的计算期年数。

如果开发方案的经济效益费用比大于1,那么这个方案是经济可行的,指标的值越大,表明方案的效益越好、越可行,如果经济效益费用比值小于1,方案存在不经济性。

(三)经济内部收益率(EIRR)

经济内部收益率指资源开发项目在计算期内经济净效益流量的现值累计等于0时的折现率。如果经济内部收益率等于或者大于社会折现率,表明项目资源配置达到了可以接受的经济效益,EIRR按下列公式计算:

$$\sum_{t=1}^{n}(B-C)_t / (1+EIRR)^t = 0$$

需要强调的是,上述费用效益分析方法中的经济效益和经济费用均应采用影子价格计算。

(四)影子价格(Shadow Price)

影子价格是资源开发项目经济评价中采用的重要参数,通常又称为资源影子价格。当某种资源处于最佳分配状态时,其边际产出价值就是这种资源的影子价格。因此影子价格是人为确定的,是能够反映社会劳动的消耗资源稀缺程度和市场供求的价格。影子价格一般仅用于预测、计划和进行项目国民经济效益分析等方面。广义的影子价格不仅包括一般商品货物的影子价格,而且包括劳动力、土地、资金和外汇等主要要素的影子价格。劳动力、土地、资金和外汇的影子价格分别称为影子工资、土地影子费用、社会折现率和影子汇率。其中,影子汇率是一个单位外汇折合成国内价格的实际经济价值,也称之为外汇的影子价格。在经济评价中,影子汇率用来进行外汇与人民币之间的换算。

对于外贸货物的投入或产出，影子价格根据口岸价格，按下列公式计算：

出口产出的影子价格（出厂价）= 离岸价（FOB）× 影子汇率 – 出口费用

进口投入的影子价格（到厂价）= 到岸价（CIF）× 影子汇率 + 进口费用

影子汇率 = 外汇牌价 × 影子汇率换算系数

对于非外贸货物，其投入或产出的影子价格采用竞争市场的价格作为计算投入或产出的影子价格依据。

第四节 自然资源核算体系

所谓绿色 GDP，是指现行 GDP 中扣除环境资源成本和对环境资源的保护服务费用所剩下的部分，又称为国内生态净产出（EDP）。推行绿色 GDP 指标核算体系的关键，是将自然资源纳入资产化管理，按资源类别设置资源环境账户，从实物量和价值量两方面统计资源资产的收益和负债。

一、GDP 与绿色 GDP 核算体系

GDP 即国内生产总值，是英文 Gross Domestic Product 的首字母缩写。GDP 的通常定义是：一定时期（如一年内），一个国家或地区的经济所生产出的全部最终产品和提供劳务的市场价值总和，它被著名的经济学家萨缪尔森称为"20世纪最伟大的发明之一"。然而，对它的批评也一直存在着。一个典型的案例是：假设有两个母亲各自在家照看孩子，则她们都不会生产 GDP；如果她们交换看孩子，每个母亲向对方付费，则会增加 GDP，但是孩子却因为不是母亲照看而削减幸福感。也就是说，GDP 核算统计方法并不能完全真实、全面地反映经济状况和国民的真实福利。

更为严重的是，现行的 GDP 核算体系由于忽视了资源损耗和环境退化等难以计量的社会经济发展成本，因此得出的经济数据是片面的，不能全面反映一国目前和将来的净福利变化。长期以来，我们一直将 GDP 作为衡量国家和地区经济发展水平以及各级地方政府官员政绩的核心指标，导致片面追求 GDP 无视资源环境成本的高投入、高消耗、高污染、粗放型经济痼疾久治难愈。甚至更荒谬的是，按经济学的"破窗理论"，环境污染和生态破坏导致的灾害也能增加 GDP。在 GDP 高速增长的背后，往往掩盖着资源存量和生态环境的巨大赤字。对此，原国家环境保护部副部长潘岳曾警告说："如果不改变高消耗高污染的增长方式，中国将没有足够的资源和环境容量来支持今后的发展。"

二、自然资源的资产化管理

推行绿色 GDP 核算体系的关键是将自然资源和环境的损耗纳入现行的国民经济核算

体系中，进行资源环境成本核算。因此，建立绿色 GDP 指标体系，首先必须对自然资源实行资产化管理，按资源类别设置资源环境账户，从实物量和价值量两方面统计资源资产的收益和负债。

具备稀缺性、收益性、权属性、有偿性特征的自然资源，具有与固定资产、流动资产完全相同的资产属性，是社会财富的重要组成部分，其损耗必须进行折旧补偿（资源折耗）。如水资源，由于其使用过程中产生污染等原因，水资源的功能不断下降，当污染浓度超出其自净功能后，就需要经过人工净化，才能恢复原来的状态。这种资源折耗补偿与固定资产的折旧补偿区别在于，前者主要是一种功能修复性的补偿，后者是通过价值转移到新产品中。只有对资源资产实行折耗补偿，才能避免国有自然资源资产的流失和资源财富的消减。

在现有的经济核算体系中，资源环境损耗对于企业而言大多只是一种外部成本，尤其是在国有自然资源低价获取甚至无偿取得的状况下，企业很难将其纳入内部成本与经济效益直接挂钩，进而导致对资源开发利用的浪费和低效率。

要将资源环境成本纳入企业内部成本核算，关键是要将自然资源的资产化管理落实到微观层次上，在企业中建立资源资产账户。从微观层次看，自然资源资产化管理对象的主体是资源开发和资源品的使用单位（企业），他们对资源拥有使用权或控制权。应在这类企业中建立以资源耗减及补偿核算为重点的资源资产账户，记录核算报告关于资源资产负债、所有者权益、收入、费用和利润的信息资料，如关于资源取得、耗减、收益、费用等事项，以满足社会管理自然资源、优化资源配置所需要的统计数据，从而为 EDP 核算奠定基础。

三、资源核算的技术难点与案例

对资源环境的价值核算是建立绿色 GDP 核算体系的技术难点。这是一项与可持续发展相关联的世界级课题，各国都在进行不同的尝试和探索。

所谓资源核算，是指对一定空间和时间内的若干类自然资源，在其真实统计和合理评估的基础上，从实物和价值两方面，运用核算账户和比较分析法，来反映其总量和结构以及供需平衡状况的经济活动。这个过程通常可分为三个层次：第一个层次是对每一类自然资源的实物和价值进行核算，即个量核算或分类核算，以反映其在一定统计时段内的增减变化；第二个层次是对自然资源的价值进行综合核算，即总量核算，以反映自然资源总量的增减变化；第三个层次是将自然资源核算纳入国民经济核算体系，全面反映国民财富的变化。

由于不同类资源实物是无法进行加总的，只有借助价格这个相同的测量尺度，才能求得自然资源的总量，因此资源总量核算只能建立在资源分类价值核算的前提下，对自然资源数量、质量和变化的真实、可靠和连续统计，是资源核算的基础。

我国绿色 CDP 核算体系对资源和环境的量化估价，需进行大量基础性的研究工作和建立相关的指标体系与预警体系。目前资源核算主要通过两种手段来实现，一是实物量核算，二是价值量核算，价值量核算要建立在实物量核算的基础上。在价值量核算中，能够进行市场交易的资源用市场交易价格来估价，不能交易的按净现值方法，通过未来收益来估价。

我们以水资源核算的指标设计为例，来说明资源核算的操作步骤：

水资源是一种典型的自然环境资源，即它首先是一种稀缺自然资源，同时也是重要的环境要素，将水资源纳入国民经济核算体系，相应的核算指标设置可从以下两方面进行：

（一）水资源核算的实物量指标

可用地表水和地下淡水资源的储量及其耗减数；淡水资源污染程度；水质下降程度；洪涝灾害。

（二）水资源核算的价值量指标

包括水资源的耗减成本（因生产和生活的消耗及大自然自身因素导致水资源物质总量耗减的价值反映）、水资源的降级成本（由于对水资源人为污染、破坏导致的水质下降对可持续发展造成的直接经济损失和潜在损失）、水资源的恢复成本和再生成本（使水资源恢复到原来的规模和水平应计量的成本和补偿的价值）、水资源的保护成本（江河湖疏浚清淤费用、水资源的污染治理费用、水资源部门的管理费用等）、水资源环境的改善收入（水资源数量的增加和质量的提高所带来的直接经济效益、间接生态效益、国民生活质量提高带来的社会效益）。

需要说明的是，对水资源的物质损耗（改善）价值的计算，既可运用资源功能成本法，也可运用机会成本法。前者是对资源的各种功能（如提供饮用水、养殖水产品、农田灌溉、工业冷却、净化污染等）进行估价，再通过汇总求出总货币值来计量收益或损失。而机会成本法运用较多，在资源经济学中，一般将资源使用方案中能获得的最大经济利益作为该资源的使用成本，这种机会成本，可以作为其经济损失。如某城市工业用水1000吨，可创造GDP100亿元，若因水体污染，城市供水减少20%，则这部分水体污染的经济损失为20亿元，由此可确定水资源的成本价值为20亿元。

第三章 自然资源与经济增长

合理利用自然资源、资本、劳动力、科学技术等生产要素来创造价值，能否处理好经济增长与稀缺资源关系的问题，在资源具有稀缺性的前提下，如何高效使用稀缺性资源来更好地为经济发展提供助力则成了人们关心的内容。本章主要针对自然资源与经济增长展开说明。

第一节 自然资源经济评价

自然资源经济评价是指从经济发展和生产布局出发，在现代科学技术的基础上，根据技术条件对自然资源开发利用的可能性、开发利用的方向，以及开发利用的合理性进行综合论证与经济价值和效益评估。自然资源对社会劳动地域分工以及地区经济发展特点、方向和劳动生产率有很大的影响，不同的自然资源有不同的特性，人类社会在选择经济发展方向时，必然考虑利用不同自然资源的特点，获得最多的社会产品。因此，充分而正确地评价自然资源十分重要。可探明自然资源与生产分布之间的联系，以及自然资源与地区经济发展特点之间的关系，可为发挥地区优势、实现合理生产布局提供科学依据。

一、自然资源经济评价的基础

自然资源是人类生活必不可少的基本条件，是人类生存和社会生产发展的物质基础。任何一种生产发展和生产布局工作，都以自然资源为主要劳动对象。不同的自然资源对生产的意义和作用不同，而不同的生产部门和生产布局对自然资源的要求也不同。因此，自然资源经济评价要建立在经济发展方向和生产布局的要求上。

在开发和利用自然资源，对自然资源的特点做出分析时，各种条件和因素都需要考虑到，对影响一定生产部门或地区经济发展方向和布局的主导因素要进行重点评价、深入分析。在综合分析各种因素后才能对自然资源进行开采和使用。在开发和利用自然资源时，应重点考虑经济合理性。自然资源开发利用的经济合理性，是指在保护或不破坏自然资源与生态环境的前提下，开发利用自然资源所能产生的价值与价值最满意的程度。同一种自然资源在开发利用中有多种可能性，各种可能性的经济合理性又是不同的。自然资源经济评价不仅要对自然资源本身的数量、质量和经济地理条件、国家政策等做出合理的评价，更要对其经济合理性做出评价；否则，即使评定出的资源可以开发利用，在实践中无法实施，其价值也得不到体现。

二、自然资源经济评价的原则

自然资源对人类的生命活动和生产活动都有着不可替代的作用，在评价时需要遵循一些基本原则。

（一）有的放矢，避免一般化

自然资源经济评价应从经济发展方向和具体生产部门布局的实际要求出发。不同的自然资源有不同的特点，经济发展方向不同，对自然资源的要求就不一样，在社会经济发展过程中，不同的生产部门和生产布局对自然资源的要求也不一样。因此，在开发利用自然资源时应该从经济发展方向和具体生产部门布局的实际要求出发，不能对所有的自然资源使用同样的开发和使用方式，要做到有的放矢，避免一般化。

（二）全面综合分析，突出主导因素

自然界有着各种各样的自然资源，这些自然资源之间形成了相互作用、相互协调的一个复杂的有机综合体，开发其中一种自然资源可能会影响其他自然资源。因此，自然资源经济评价应该既看到自然条件的有利方面，又估计到不利方面；既考虑经济效益，又兼顾社会效益和生态效益；既对自然资源的单要素进行评价，又在此基础上根据各类资源相互间的联系和影响、时空分布与组合特点进行多因素综合评价，全面综合地分析自然资源。影响自然资源开发利用的因素很多，包括自然因素、社会因素和经济因素等，其表现形式也有多种，应根据自然资源的特点，找出影响特定的生产部门和地区经济发展与布局的主导因素，并进行重点评价和深入分析。

（三）在技术可能性的基础上论证经济合理性

同一种自然资源在开发利用时有很多种可能性，首先需看技术上是否可能将该自然资源转化为现实可用的，在确定技术可行的基础上再考虑其经济合理性。自然资源开发利用时的各种可能性的经济合理性不相同，达到的经济效果也不相同，因此，需要对各种可利用的方案进行认真考虑，仔细比较和筛选，在不破坏自然资源与生态环境的前提下，选择一种能使自然资源的经济价值得到最大体现的最优方案。

三、自然资源评价的内容

（一）自然资源的数量和质量

不同的数量和质量对生产部门的适合程度和保证程度不同。自然资源数量评价即计算自然资源的绝对量，也可用平均每平方千米资源的拥有量来表示。以矿产资源为例，数量评价包括探明储量、可采储量和远景储量等；质量评价指矿物的品位，如含矿率、所含有

害杂质及有益伴生矿。至于矿层厚度、矿床埋藏深度、可否露天开采、矿物开采的采剥比、水文地质状况等，也属矿产资源质量评价的内容。自然资源数量评价，还应包括自然资源绝对量与社会需要量对比的相对量。相对量可用每人平均拥有的资源量来表示。它可说明一定地区范围内资源的富裕程度。如有些国家土地面积大，资源的绝对量是丰富的，但人口众多，平均每人资源拥有量则是不富裕的。资源富裕程度对确定地区经济部门结构的比例、生产规模和合理布局有着非常重要的参考价值。根据生产的具体情况和科学技术的水平，又可将数量和质量划分成系列指标。

（二）自然资源的地理分布特点、相互之间的结合状况和季节分配变率

自然资源的经济价值不仅取决于资源的数量和质量，还取决于自然资源的分布、相互之间的结合状况和变化情况。仍以矿产资源为例，由于矿产资源的地理分布不同，如意大利的大理石资源丰富、质地优良、分布广泛，当数世界之最，中国的贵金属矿产资源则主要分布在胶东地区。矿产资源不同季节的需求不同，其分配量也不相同。因此，在开发利用矿产资源时，不仅要考虑矿产资源的数量和质量，还要考虑它们的地理分布特点、相互之间的结合状况和季节分配变率等情况。

（三）自然资源开发利用的主导因素和可能方式及方向

影响资源开发利用的自然和社会经济因素很多，评价时要深入分析主导因素。不同的生产部门、范围大小不等的不同地区，其主导因素均不相同，而经济技术条件的变化也会使主导因素发生转变。自然资源经济评价的内容之一，就是分析自然资源的主导因素。在综合分析影响因素并深入分析主导因素及其数量和质量系列指标的基础上，将评价的地区划分成不同等级的自然资源经济评价类型区，标识在地图上，并研究该自然资源可能的利用方式和方向，从中选择满足技术可行性和经济合理性的最有效方式，以获得最大的经济效益，促进人类生产和生活的发展。

（四）自然资源的效益预测

自然资源的效益预测包括自然资源的经济效益预测、社会效益预测和生态效益预测三个方面。经济效益预测是自然资源价值的体现，是评价其经济合理性的具体化，决定着开发利用方式的选择。经济效益包括最佳效益和最差效益。例如，筑坝开发水资源，就应预期在正常水位、最高水位、最低水位时，发电、灌溉、航运等的最佳效益和最差效益。在评价自然资源时，不仅要考虑资源的经济效益，还应考虑开发利用自然资源可能引起的社会效益和自然界的生态变化。因此，自然资源经济评价要兼顾经济效益、社会效益和生态效益，不能只注重经济效益而对社会发展或生态环境带来不良影响。

第二节 资源稀缺对经济的影响分析

随着人口的增长、经济和社会的发展，人类对有效用的资源的需求量不断增长，相对于人类需求而言，资源已经变得越来越稀缺，"稀缺性"成为人类社会与自然资源关系的核心问题。

一、资源稀缺的概念

稀缺性是指在一定的社会发展阶段中，在一定的技术条件下，某种资源相对于人类欲望的有限性。

（一）资源稀缺的类型

根据人们对资源的需求特点以及资源的时空特点，可以把稀缺分为绝对稀缺和相对稀缺。绝对稀缺是指在一定的经济条件和技术条件下，按照经济活动的资源消耗速度，某种资源的存量无法满足总需要且难以被替代的稀缺性。可用资源是有一定限度的，相对于人类无限的欲望和需求，所有的资源都是绝对稀缺的。相对稀缺是指自然资源的总供给能满足需求，但因空间分布不均衡而造成局部的稀缺。某些资源可能在理论上能满足人类的需要，但是由于资源的地理分布不均匀，或者由于人类的过度开采而导致环境恶化、生态结构被破坏等，部分区域资源供给难以满足需求。当需求不断上升时，资源价格不断上升，造成供应极其短缺，资源出现危机，相对稀缺可能转化为绝对稀缺。经济学中通常研究的是相对稀缺。

根据资源的含义，可将稀缺分为广义稀缺和狭义稀缺。广义稀缺是指在整个宏观经济中的稀缺，资源稀缺形成的约束是相对于整个经济总量增长而言的，即相对于一个经济体的潜在生产能力的约束。资源的广义稀缺在短期表现为从价格、成本方面对经济体产生供给冲击，导致经济衰退或经济运行产生剧烈波动；在长期则表现为对一个经济体的潜在产出的约束，决定了经济体生产能力的上限。狭义稀缺是指企业或个人所面临的资源稀缺，资源稀缺所形成的约束是相对于企业的盈利或个人的收益而言的，是指企业或个人可利用资源的有限性，决定了企业盈利的上限或个人收益的最大值。

（二）资源稀缺的原因

资源稀缺是相对于人类需求的无限性而言的。资源在数量上是有限的，而人类的需求不断增长，资源无法满足人类的需求，则被认为是稀缺的。造成资源稀缺的原因很多。

首先，自然资源本身的数量是有限的，存在自然极限。由于资源的新探明储量增加的速度一般低于资源消费量增加的速度，所以随着资源消费量的急剧增长，在技术上和经济上可供开发利用的自然资源越来越少，形成稀缺，甚至造成资源耗竭。

其次，人口的急剧增长也造成了资源的短缺，尤其是发展中国家的人口增长。

再次，全球生态环境的变化造成了资源的稀缺。人类生存的环境中某些要素发生了不利于人类的变化，这使得人与环境的平衡遭到威胁甚至破坏。随着世界各国特别是发展中国家工业化进程的加快，人类大量使用自然资源造成了环境的恶化。比如一些可再生资源，由于其具有可再生性，人们在利用时就不加节制，对其消费的速度远远高于其更新的速度，从而造成生态系统功能上的整体退化。而生态系统功能的退化又使得自然资源的更新能力减弱，因此形成了恶性循环，造成了资源的稀缺。

最后，从国家和区域的层面上看，自然资源的地理分布不均衡、国际经济秩序不合理、科学技术的欠缺、各国经济的发展水平有差异、内部经济-社会体制不适应、资源分配不公平等，都是造成资源稀缺的原因。

二、资源稀缺性的度量

资源稀缺性的度量可以分为物理度量和经济度量两大类。

（一）物理度量

资源稀缺性的物理度量是指通过估计某种资源的现有储量，根据现在和未来的使用水平来推算该种资源可供使用的年限，以此衡量资源的稀缺程度。按照计算方法的不同，资源的物理度量方法有静态和动态之分。静态的物理度量采用当前资源储量与其年利用量的比率来表示资源在一定时期的稀缺程度。计算公式如下：

$$Y = \frac{S_0}{R_0}$$

式中，Y 为静态储藏指数，用年表示；S_0 为当前资源储量；R_0 为当前年开采量或年利用量。

上式中假设 R_0 不变，而实际上，未来的年利用量是不断增长的，并不是一个常数。假设资源每年利用量以 r 的比率增长，则在第 t 年时，资源的利用量为：

$$R_t = R_0 \times e^{rt}$$

式中，R_t 为第 t 年资源的利用量；R_0 的含义同上。则未来 T 年的资源利用总量为：

$$R(T) = \int_0^T R(t)dt = \int_0^T R_0 \times e^{rt}dt = \frac{R_0}{r}(e^{rT} - 1)$$

式中，$R(T)$ 为 T 年的资源利用总量，其余变量含义同上。

因此，储量耗竭的年限计算公式应为：

$$Y = \frac{S_0 r}{R(e^{rT} - 1)}$$

储藏指数具有前瞻性、可比性和可计量性，计算结果也简单易懂，因此被广泛使用。

（二）经济度量

资源稀缺性的经济度量比其物理度量更具有研究意义，稀缺性的经济度量主要从以下几个方面进行：

1. 资源价格。资源价格是资源价值的体现，如果资源价格反映了资源全部的真实的社会成本，那么，市场将保证这些资源是以最有效的方式被利用的。一种同质的储量有限的资源，随着资源不断被开采，其未来的可利用量不断减少，因此稀缺程度不断增加，如果资源市场的功能正常，资源产品的价格就会不断增长，资源价格就能在一定程度上衡量资源的稀缺状况。资源价格具有前瞻性、可比性和可计量性等特点。一般认为资源自身价值越高，其稀缺程度越高。资源的稀缺性通过价格传导机制体现并由市场价格反映出来。

2. 边际开采成本。边际开采成本是开采一单位稀缺资源时所需要牺牲的价值，是生产资源的边际私人成本。随着累积的开采量的不断增加，很多资源的边际开采成本也不断上升。开始是品位较高的资源被开采。随着开采量的增加，开采越来越难，同时随着人类需求的不断上升，在现有的技术水平下，品位较低的资源也被开采，品位较低的资源的开采成本随着开采量的增长而不断增长，边际私人成本不断增加，因此，资源的稀缺程度也不断提高。

3. 边际使用成本。对于储量有限的资源，现在多开采一单位就意味着未来少开采一单位，因此要将未来由于现在的开采而放弃开采的机会成本考虑在内。这种机会成本就是资源的边际使用成本。从收益的角度考虑则用稀缺租金表示，它是指资源的市场交易现价与边际开采成本之间的差额，由资源所有者获得。由于边际开采成本随着累积开采量的增加而不断增加，边际使用成本随时间的发展而增加，即随着边际开采成本不断上升，未来由于保有资源而得到的净收益越来越小，因此，资源的稀缺程度越来越高。

三、资源稀缺对经济的影响

资源稀缺对经济的影响主要体现在对经济发展的影响上。具体而言，是通过影响经济增长、技术进步、社会的经济结构和制度结构来影响经济发展的。具体体现在以下几个方面：

（一）经济增长

资源是经济增长的物质基础，资源的稀缺会导致经济衰退或经济运行的剧烈波动，它决定着一个经济体生产能力的上限，因此，资源的稀缺成为经济增长的客观制约因素。当其他条件不变时，经济活动的规模越大，资源的消耗就越快，资源稀缺和经济发展的关系就越紧张。资源的稀缺也使得人类从以大量的消耗资源换取经济增长的粗放型经济增长方式转向以提高资源的利用效率为主的资源节约型的经济增长方式。

（二）技术进步

资源的稀缺使得人们不断地寻找能高效利用资源的经济发展方式，因此，对技术的要求也越来越高。资源稀缺对技术进步的影响具有双重性。一方面，由于技术进步需要一定的资源作为物质基础，如果没有资源作为物质基础，技术就无法改进，所以资源稀缺会阻碍技术的进步；另一方面，资源稀缺促进了技术进步。随着资源的消耗量不断增长，资源越来越稀缺，这就需要靠技术来改进资源的利用方式，所以资源稀缺对技术进步又有促进作用。

（三）经济结构

经济结构是一个由许多系统构成的多层次、多因素的复合体。影响经济结构形成的因素很多，最主要的是社会对最终产品的需求。经济结构状况是衡量国家和地区经济发展水平的重要尺度。一个国家和地区的经济结构是否合理，主要看它是否合理有效地利用了各种资源。因此资源稀缺影响着一个国家和地区的经济结构，经济结构也同样决定着资源的消耗水平和速度，资源稀缺和经济结构两者相互作用。

（四）社会经济制度

社会经济制度是在社会发展的一定阶段上占主导地位的社会生产关系的总和，一定的社会经济制度构成该社会的经济基础。资源配置就是对资源按照不同的用途进行选择并将其分配到不同的部门或地区。资源配置有市场配置和政府配置两种方式。市场配置是指在市场经济体制下，根据市场供求关系的变化，按利益驱动原理将资源配置于不同的部门和地区。政府配置是指政府通过各种干预手段直接或间接地调节资源配置的格局和规模。资源的稀缺在一定程度上影响着资源的配置情况，从而使得资源的自由流动受到阻碍或者影响着政府的调节手段，进而影响社会经济制度。

第三节　经济增长与自然资源的关系

从历史的角度来看，人类社会的发展与自然资源息息相关，自然资源的利用和人类的起源同在一个起点，其发展也是沿着同一个轨迹。随着社会的发展，人类对自然资源的需求、消耗也越来越多，开发利用的范围也越来越广、程度越来越深，对自然资源的依赖性也越来越明显。自然资源开发对经济发展有着十分重要的作用。纵观人类历史，几乎每一种新产品的出现和使用，都是一些新的自然资源被认识、开发和利用的结果。从不同国家或地区的发展历程和现实状况来看，由于认识和利用自然资源的方式、途径不同，从而形成了社会生产力高低、综合国力强弱的巨大差别。例如，蒸汽动力和它所依赖的煤炭和金属资源的发展，大大提高了某些国家的相对实力。自然资源开发对经济发展具有多方面的积极影响，主要体现在以下几个方面：

第一,自然资源开发为物质资料的生产提供了重要原材料和能源保障。物质资料是人类生存的首要条件,是社会财富的最基本形式,是经济发展的主要载体,物质财富的增长是经济发展的主要表现形式。一切物质资料归根结底均来自自然界,是人类劳动对自然资源进行加工后变换而成的。自然资源开发既是物质生产的一部分,又是对自然资源进行有目的的物质变换过程,是为物质生产提供各种原材料的经济活动。各种资源的开发利用和资源产品的加工制作,是为人类的工业文明和科学技术的发展提供了需求和物质条件。能源是工业的粮食,是国民经济的命脉,而每一种能源都可以说是自然资源开发的产物。自然资源开发不断地把各种自然物变换成符合现代经济发展所需要的能源形式,保证了社会经济的正常运转。

第二,自然资源开发会带动就业和相关产业的发展。自然资源开发需要投入大量劳动力和资本,同时还需要其他相关产业的支持和服务(如交通运输业、金融业和商业等配套服务产业系统),并逐步形成由资源主导产业、衍生产业组成的区域产业集群,带动区域经济的繁荣。中国鄂尔多斯地区的煤炭资源开发不仅直接提供了大量就业机会,而且由于人员的集聚也间接地带动了第二、第三产业的发展。由此可以看出,自然资源开发可以通过带动就业和产业间的关联效应促进地区经济繁荣。

第三,资源收益是工业化资本积累的重要来源。资源的开发为社会积累了巨大的财富,也为工业化资本积累创造了条件。资源的大规模开发必然带来资源收益的快速增长,如果通过完善的制度安排和体制机制对资源收益分配加以约束,避免资源收益被误用或滥用,就能够为工业化资本积累和经济起步提供良好的资金来源。许多发达工业化国家的发展历程和一些新兴经济体的强劲崛起对此给出了很好的证明。对许多国家来说,通过资源输出换取外汇是积累工业化所需资金的重要手段。在经济发展的初期,拥有丰富自然资源的国家可以通过资源出口获得较高的收入,而这些出口收入在一定程度上有助于地区工业化资本的积累。

第四,自然资源开发是制约产业结构和产业布局的重要因素。在某一特定的经济发展阶段,自然资源开发对国家或地区劳动分工、产业结构和产业布局产生了重要影响。产业结构一般是指以社会分工和协作为基础而形成的各产业、各部门之间的关系体系。制约产业结构的因素是多方面的,除了生产力发展状况、科技发展水平以及各产业间的关联效应等因素外,自然资源禀赋及其开发状况也是重要因素之一,不同区域在自然资源的结构和储量方面均有所差异,由此形成的具体劳动的种类就不同,因而最终形成了具有区域色彩的社会分工和产业部门结构。自然资源不仅对产业结构有制约作用,同时对产业布局也有着重要影响。自然资源的开发利用贯穿于区域经济社会发展历程,一些区域的经济结构、产业结构与水平、城市功能与布局无不打上了资源的烙印,在自然资源与区域经济发展两者之间一直存在着复杂交织的紧密关系。

需要说明的是,世界各国的发展历史和我国各区域的发展现状似乎印证了一个道理:自然资源的丰裕与经济发展水平并无绝对的因果关系。一方面,像新加坡、日本、中国香港特别行政区等国家和地区属于典型的资源匮乏地区，但是他们均取得了令人瞩目的经济发展绩效，经济社会实现了现代化。与此形成鲜明对比的是，像尼日利亚、赞比亚、塞拉利昂和委内瑞拉等国家的天赋资源并未能帮助他们摆脱贫困。上述两类地区资源禀赋和经济发展水平两方面的鲜明对比，似乎在印证发展经济学中近年来发展起来的一个著名假说，即"资源诅咒"假说。同时也启迪我们，丰裕的自然资源并非构成经济发展的充分条件，要想把自然资源优势转化为真实的经济优势，还有待于一系列条件的具备和成熟。

第四章 资源与伦理及价值

就自然资源的伦理这一话题而言，我们首先要理解何谓"自然资源"、何谓"伦理"、人与自然资源是否具有伦理关系这样一系列问题。基于此，本章就自然资源与伦理及其价值方面做详细探讨。

第一节 基于伦理观的自然资源

一、关于自然资源的伦理的讨论

关于自然资源的伦理至今并没有形成独立的理论体系，而自然资源在外延上属于生态环境的一部分，所以笔者从生态环境伦理的角度来了解自然资源的伦理。

（一）背景

在自然资源方面，人们清醒地意识到割疮疗毒的办法只能解决一时一地的问题，却并不能使之全面好转。资源环境问题必然潜伏着更深层次的内因，而不仅仅是单一的科技不完善的问题；面对它，任何人想独善其身都是徒劳的。这个内因就是人的生存价值观问题。

不仅人与人之间应该建立平等的伦理关系，人与自然之间也应该建立一种合理的伦理关系。人类应该从道德方面关怀自然环境，因为自然环境拥有人类欲求的价值。自然生态环境的价值尽管多种多样，但从生态环境伦理学的讨论来看，基本分为两种：一是工具价值（自然存在物和生态共同体对人的效用性，它是人类赋予自然界的，是以人为尺度评价自然存在物和生态共同体而使其获得价值的）；二是内在价值（自然存在物和生态共同体以自身为尺度评价自身的价值）。认为自然生态环境对人类具有工具价值而应该受到保护，就形成了人类中心主义生态环境伦理观；认为动物本身拥有权利，自然生态环境本身具有内在价值，因此人类应该尊重自然界，并为自然界承担道德义务，就形成了非人类中心主义生态环境伦理观。

（二）人类中心主义的基本观点

人类中心主义生态环境伦理观认为，人是自然界中唯一拥有理性的存在物，这种理性是人自在的就是一种目的，自在的具有内在价值，因而伦理或道德只是人类社会的专利，是专门调解人与人之间关系的规范。所以人是唯一的道德顾客，也是唯一的道德代理人，只有人才有资格享有道德关怀。自然界中的一切其他存在物由于不具备理性，属于价值客体，是实现人类目的的工具，因而他们根本不具备道德关怀的资格。"伦理关系"作为一个科学概念和范畴，它的产生和存在有两个基本条件：一是不同主体的存在；二是不同主体之间通过一定的中介，实际存在着义务与权利的关系。伦理关系本质上就是一种主体与主体之间的权利与义务的关系，伦理主体应当自觉地、能动地履行道德义务和享受道德权利，必须具备履行道德义务和享受道德权利的能力和资格。

正因为它有着特定的内涵，所以有着特定的应用范围——它只适用于人类社会中的主体即人与人之间的生活领域，而不适用于非人类社会生活领域，也不适用于人与物（包括动物、植物和其他非生物）的关系领域。也就是说，伦理关系的两端都只能是人。因此，人与自然界之间并不存在直接的伦理关系，而人与自然界之间的关系从本质上来讲，从属于人与人之间的关系，且归根结底反映着人与人之间的关系。人们对于自然环境的破坏和污染直接损害了另一些人的利益。离开了人与人的关系，孤立地说人与自然界之间存在着伦理关系是没有任何意义的。自然环境是人类生存的物质基础，是人类可持续发展的资源条件，因而人类应该从道德方面关怀自然生态环境。但是人类保护自然生态环境的根本目的并不是为了自然生态环境本身，而完全是为了人类自身的利益，人类自身的利益才是其出发点和归宿。

我国著名生态伦理学家傅华教授对人类中心生态伦理观进行了概括与总结，其基本观点如下：

1. 立论基础。"人类中心主义"是一种价值论，是人类为了寻找、确立自己在自然界中的优越地位、维护自身利益而在历史上形成和发展起来的一种理论假设。

2. 基本要求。人类的整体利益和长远利益是人类保护自然生态环境的出发点和归宿点，是促进人类保护自然行为的依据，也是评价人与自然关系的根本尺度。

3. 基本原则。在人与自然的关系上，人是主体，自然是客体；人处于主导地位，不仅对自然有开发和利用的权利，而且对自然有管理和维护的责任与义务。

4. 基本信念。人的主体地位，意味着人类拥有运用理性的力量和科技的手段改造自然和保护自然以实现自己的目的与理想的能力。

（三）非人类中心主义的基本观点

20世纪初，西方伦理学开始关注人与自然环境关系的伦理，并构建了较为系统的理论。因为非人类中心主义将道德顾客的资格赋予人之外的自然存在物，超越了传统伦理学研究所规定的视域，因而被认为是伦理学史上的一场革命。非人类中心主义扩展道德关怀的范围首先是从动物开始的，接着发展到所有生命，最后直至整个自然界生态系统。根据道德关怀对象的不同，一般将非人类中心主义分为：动物权利/解放论、生物中心论、生态中心论和深层生态学。

非人类中心主义的新生态伦理观承认并尊重自然环境的价值与权利,从整个生态系统的角度来促进人与自然环境的共生,将人与自然环境的关系视为一种由伦理原则来调节和制约的关系。

(四)自然资源的伦理是披着非人类中心主义外衣的人类中心主义

根据联合国的相关定义,自然资源是指在一定时间、地点的条件下能够产生经济价值的,以提高人类当前和将来福利的自然环境因素和条件的总称。笔者认为,自然资源的伦理是指资源伦理,是指在社会发展中人类和自然资源的伦理关系,是人类在开发和利用自然资源时应该履行的义务和享有的权利,即人类应如何认识、对待和处置自然资源,它反映出的是人与自然、人与人的关系。因为自然资源的伦理首先是以人类需要的满足为前提的,强调生态环境为人类所利用的工具价值,所以,这种伦理是典型的人类中心主义生态环境伦理观的基本信念。它虽然将道德关怀的外延拓展到自然资源,但无论是自然资源的内涵还是外延都是以人类为中心确定的。它也会提出一些我们在开发、利用自然资源时应该注意的问题,但它最终只是着眼于人类自身的利益。无论这里的人是指某一个地区的人群,还是整个人类,乃至整个人类的延续,它都无法为保护自然生态环境提供足够的道德保障。因此,笔者认为自然资源的伦理在本质上仍然是人类中心主义,不提倡以这一伦理为基础与自然共处。原因如下:

1. 在实践操作层面,自然资源的伦理把自然存在物仅仅当作对人有利的资源加以保护,会遇到一些难以克服的问题:第一,人的知识不完备,理性有限,根本不可能确切地知道一个物种的毁灭或一个特定生态系统的破坏究竟会产生哪些长远的影响。有些自然存在物,现代人可能觉得毫无用处,但谁又能保证这些事物不会在未来的某天成为一种新的资源呢?如果我们因一时无法确认其价值而将其毁灭了,那岂不是在对后代犯罪?第二,资源总是有稀缺程度的不同,把自然物仅仅当作资源来加以保护,我们就不得不对它们的稀缺性进行排序,把大自然的各个部分人为地分成不同的等级,从而使大自然与大自然对立起来。第三,如果那些不具有资源价值的自然物的毁灭并未带来灾难性的后果,那么,那些主张保护生物多样性和生态完整性的自然保护措施就再也得不到人们的信任和支持;如果带来了灾难性的后果,这个责任由该谁来承担?又有谁承担得起?

2. 自然资源的伦理和利己主义遵循的是同一逻辑:一个行为主体(作为个体或整体)只应选择那种对它有利的规则,自利是行为主体所行为的唯一动机。然而,如果以个体形式表现出来的利己主义是错误的,那么为什么以人类整体的形式表现出来的利己主义就是合理的呢?开明的自利可以作为道德的出发点,但绝对不是道德的标准和最终目的,道德总是以对义务对象自身的尊重为特征。一个人,只有当他超越了自我中心的世界观时,他在道德上才是成熟的,那么,对作为个人之集合的民族和人类整体呢?

二、第三条路——人为自身立法

笔者不提倡人类中心主义。虽然在批判以"神"为中心的伦理观时，人类中心主义功不可没，但是这也容易导致人们在自然面前任意妄为。因为这是人为自然立法，自然生态环境有它自身的规律，我们应当更多地尊重。笔者也不提倡非人类中心主义，因为这是"自然为人类立法"，其意味着它将人性视为恶，将伦理看作约束人性之恶的道德规范，虽然用自然为人类立法能够克服人类中心主义的"人为自然立法"而导致的人类为所欲为的现象，但它将生态环境伦理构建成与人相对立的法则。这显然也是不可取得的，因为道德更强调的是自律。所以在自然资源的问题上，笔者提倡"人为自身立法"，形成可持续发展的自然资源观。

（一）自然资源的辩证观

1. 自然资源系统是开放的，人类认识、利用自然资源的潜在能力是无限的。因此，要对不同类型的自然资源区别对待，既不能单纯持资源有限的看法而消极悲观，也不能片面地持无限性的看法而盲目乐观。我们应辩证地、具体地分析自然资源的特点，保持谨慎乐观的态度。

2. 要辩证认识自然资源大国与自然资源小国问题。我国"地大物博"，但又"人多物薄"。我们既要看到宏观自然资源潜力大，以坚定发展的信心；又要清醒地认识到在微观上人均可利用的自然资源短缺，以增强忧患意识和节约利用资源的意识。

3. 要辩证认识自然资源的开发和保护问题。不利于开发的保护是无意义的，不做保护的开发是不可持续的。我们应将开发和保护融为一个过程，在开发中保护，在保护中开发。

4. 要辩证认识自然资源的量与质的问题。自然资源的品质既决定于天然禀赋，又决定于技术经济水平。由于自然资源的优劣差异很大，我们不能像以往简单地以各类自然资源总量来反映自然资源国情，而要以一定技术经济尺度对各类资源进行标准统计，真正对自然资源的家底做到心中有数。

5. 要辩证认识自然资源的有用性与有害性问题。河流有效利用后就能发电、开发航运；但如果利用不善，就会出现洪水等自然灾害。因此，我们应该开发资源的有用性，最大限度地防御和转化自然资源的有害性。

（二）自然资源的系统观

常有这样的现象，上游开荒或采矿破坏植被水土流失，导致中游河床淤积，进而危害下游入海口鱼群的生存。不同自然资源之间紧密关联，是资源大系统中的一个子系统。系统观要求我们不能孤立地只就某个自然资源来论及自然资源管理保护。按系统论基本原理，一方面自然资源系统自身的动态平衡是维持该系统可持续存在的基础；另一方面各自然资源系统之间彼此释放的功能要互相耦合，建立良性的互馈机制。在人与自然这个巨系统中，人类社会系统对资源环境系统所施加的影响要适应资源环境自然系统的功能释放、更新与调整的能力；资源环境系统提供给人类社会系统的功能要合于人类社会维持生存发展的基本要求。这条系统间的功能耦合原理，便是人与自然关系的协调原则。系统间的功能耦合，系统内的动态平衡，是经济社会与资源环境协调发展最基本的原理，是可持续发展战略的必然要求。

（三）自然资源的层次观

自然资源系统是可以进行纵横双向划分的矩阵系统，具有重要的层次性。自然资源既可以横向分为土地资源、水资源、海洋资源、矿产资源、物种资源、气候资源等十多种，又可以从纵向上按照人类利用的不同而分为物质资源、能量资源等多个层次。农业社会人对自然资源的认识仅到物体的程度。工业革命通过机械把物质转化为能量，利用煤和石油等新能源，把自然资源利用提高到分子—原子的水平上。工业社会后期人们开始利用原子能，自然资源利用被提高到了原子核的水平上。我们不仅要注意到自然资源各个子系统之间的相互关系建立自然资源系统的良性循环，同时还要注意到自然资源系统利用层次随社会发展和科技进步动态演进。历史证明，每递进一个自然资源利用层次必然带来一次自然资源利用效率的大提高，必然带来一次自然资源利用领域的大拓展。

（四）自然资源的价值观

过去自然资源不被当作资产，资源无价，资源性产品低价，加剧了自然资源的消耗。在可持续发展时代必须进行自然资源更新建设和保护，自然资源的价值属性日益凸显出来。只有树立自然资源的价值观，才能有利于理顺资源产业链的相互关系；才能合理进行自然资源的价值核算并纳入国民经济核算体系；才能科学地建立自然资源租税费体系，依法有序地实现自然资源的各种权益；才能科学地确定资源性资产的运营监管体制，并逐步建立一套在市场配置资源基础上新的宏观调控机制。

（五）自然资源的道德观

规范人类在自然资源上的社会行为，最普遍有效的自律机制是确立适于可持续发展要求的自然资源道德，这也是人为自身立法的落实。可持续发展时代，最主要的自然资源道德原则是公正原则。公正原则也称正义观、公平观，表现为人与人关系层面的人际公正、国与国关系层面的国际公正和人与物关系层面的种际公正。

1. 人际公正。人际公正是指不同时代、不同民族、不同性别的利益群体在利用资源、保护生态、维护发展的过程中取得权利与义务的对应、贡献与索取的对应、机会与风险的对应、恶行与惩罚的对应、善行与奖赏的对应、作用与地位的对应等。它主要包括代内公正和代际公正。代内公正是一个以时间同一性、空间差异性为向度的人与人之间保持正义的概念。其基本含义是，同一代人要公平地享用资源，共同地保护生态，合理地承担责任，合适地取得补偿。代内公正的主要矛盾是发达国家与发展中国家、富人与穷人在利用资源、承担环境问题责任上的公正性，这一点已经基本上得到广泛认同。而代际公正是一个以空间同一性、时间差异性为维度的当代人与后代人间行使公正的概念。其基本要求是，当代人在进行满足自己需要的发展的同时，又要维护支持继续发展的生态系统的负荷能力，以满足后代人的需要。

由于"后代人"是未出生的、看不见的潜存在，因而在代际公正上的争议也颇多。但总的来说，我们有义务留给后代人一个适宜生存的自然空间，因此，代际公正与代内公正其实是一个问题的两个方面，二者互补互济、相协共振，不可孤立而论。一方面，唯有代际公正的关照才能显示人际公正的完整性，代内公正问题也才能真正有效、恰当地解决；另一方面，唯有代内公正问题的真正解决，代际公正的解决才具有实现基础。试想，当代人的生活质量、发展水平和基本诉求的巨大不均衡不能现实地得到公正解决，又何以设想和期待保持代际公正？可见，在实际中二者还存在孰先孰后的矛盾。发达国家由于国内资源环境压力已有所舒缓，他们的资源环境忧虑主要在于国际层面，因而更多强调"代际公正"；发展中国家面临生存发展与保护资源环境的双重压力，加之在不平等的国际环境格局中处于弱势，因而更多关注"代内公正"。显然，主体需求不同，选择的次序也就不同。另外，由于代内公正更具有现实性、敏感性、紧迫性，因而当二者发生冲突时，代际公正向代内公正让步。事实上，不同主体在代际公正上往往能达成一致，而对代内公正则要求苛刻，如对全球二氧化碳减排方案的争议就是如此。

2. 国际公正。国际公正是代内公正与代际公正在时空交织上的现实体现和国家主体范围上的扩展。如果说代内公正尚包含同一时代不同利益主体之间在环境保护中的正义性的话，那么国际公正则首先是指同一时代不同利益个体、群体以及整体代表即国家之间在处理国际环境问题上的公正性。不仅如此，由于国家利益不但关系该国当代人的发展而且关系该国后代人的生存，因此，国际公正也内在地包容着以国家整体形式体现的代际公正。

3. 种际公正。所谓种际公正是指人类与其他动物、植物、微生物及其组成的生态自然等异种之间的公平问题。人际公正、国际公正的形成、发展及履行都是以种际公正为基本内容的。而种际公正并没有赋予自然以神性，并没有否定人的尊严。人类虽然没有占有和主宰自然的权利，却具有享用自然的权利，即在自然中栖息、利用自然的价值满足自己需要的权利。只是与其他生物以本能享用方式不同，人类以实践的方式享用自然。

第二节 自然资源价值论

一、经济价值论的解释

（一）基于劳动价值论的解释

劳动价值论的初步形成开始于经济理论的重心从流通领域（重商）向生产领域（重农）

的转移。

马克思的劳动价值论是在批判地继承古典经济学的劳动价值论的基础上建立起来的。他论述了使用价值和交换价值之间存在的对立统一关系，首创了劳动二重性理论。他指出：价值与使用价值共处于同一商品体内，使用价值是价值的物质承担者，离开使用价值，价值就不存在了；使用价值是商品的自然属性，是由具体劳动创造的，价值是商品的社会属性，是由抽象劳动创造的；"物的有用性使物成为使用价值"，价值"只是无差别的人类劳动的单纯凝结"，是"抽象人类劳动的体现或物化"。这些物现在只是表示，在它们的生产上耗费了人类劳动力，积累了人类劳动，这些物，作为它们共有的这个社会实体的结晶，就是价值，即商品的价值。

运用劳动价值论来考察自然资源的价值，关键在于自然资源是否凝结着人类的劳动。在这方面，目前尚有两种不同解释，在自然资源是否有价值上存在分歧。一种观点认为，处于自然状态下的自然资源，是天然的产物，不是人类创造的劳动产品，没有凝结人类的劳动，因而没有价值。因为马克思说过："如果它（指自然资源）本身不是人类劳动的产品，那么它就不会把任何价值转给产品。它的作用只是形成使用价值，而不形成交换价值，一切未经人的协助就天然存在的生产资料，如土地、风、水、矿脉中的铁、原始森林的树木等，都是这样的。"另一种观点则认为，当今社会已不是马克思所处的年代，人类为了使自然资源和经济发展需求增长相均衡，投入了大量的人力、物力，现在的自然资源已不是纯粹的天然自然资源，它有人类的劳动参与，打上了人类劳动的烙印，具有价值。经济社会发展所面临的自然资源危机早已表明，仅仅依靠自然界的自然再生产已远远不能满足现实的高速经济发展的需求，我们必须付出一定的劳动参与自然资源的再生产，进行生态自然资源的保护。因此这种观点认为，自然资源价值就是人们为使社会经济发展与自然资源保持良性平衡而付出的社会必要劳动。因此，从价值补偿的角度来看，自然资源不再是自然之物，已包含了人类劳动，所以自然资源的价值，其形成是为了补偿自然资源消耗与使用的平衡所投入的劳动。

第一种观点立足于马克思所处的那个时代，因为当时经济尚不发达，资源相对丰富，也没有因为保护资源和自然资源而投入劳动，认为资源、自然资源没有价值是可以理解的；第二种观点立足于经济发达的当代，自然资源问题严峻，资源的供给已难以满足日益增长的经济发展需求，人类必须参与自然资源的再生产，不可避免地投入人的劳动，按照劳动价值论，这时的自然资源便有了价值。但是，事实上，两种观点都没有从根本上解决自然资源被无偿使用的问题。前者认为自然资源没有价值，当然也就没有价格，无偿使用是合理的，从而导致自然资源的掠夺性开发和破坏；而后者尽管论及自然资源的价值，但其所谓的价值，只是对所耗费的劳动进行补偿，同样也没有涉及自然资源本身被耗费的问题，虽然在一定程度上通过经济杠杆的调节作用进行了限制，但最终的结果同前者一样，自然资源本身仍然被无偿占用。

（二）基于效用价值论的解释

效用形成价值的理论认为，价值是由"生产费用"和"边际效用"两个原理共同构成的，两者缺一不可。商品的边际效用可以用买主愿意支付的货币数量即价格加以衡量。在此基础上，他们提出了"消费者剩余"的概念，并引用"需求弹性"概念来描述衡量价格的变化引起需求的变化，他们研究了生产费用是如何转化为供给价格的，即商品的供给价格等于它的生产要素的价格，认为供给的数量随着价格的提高而增多，随着价格的下降而减少，利润就是商品的边际费用。当供求均衡时，每个单位时间内所生产的商品量可称为均衡产量，它的售价可称为均衡价格。均衡价格就是供给和需求价格相一致时的价格。购买货物必须付出价格，是因为人们所需物品的稀缺。价格的功用就是在此种物品稀缺的情况下，限制其消费的需求。整个价格决定程序完全遵从"稀缺"原则。运用效用价值论很容易得出自然资源具有价值的结论，因为自然资源是人类生产和生活不可缺少的，无疑对人类具有巨大的效用。

二、哲学价值论的解释

哲学价值论也就是一般价值论，是关于价值的性质、构成、标准和评价的哲学学说，主要从主体需要能否满足及其如何满足主体需要的角度，考察和评价各种物质的、精神的现象及人们的行为对个人、阶级和社会的意义。

哲学中的价值概念，是各门具体科学和各个具体生活领域所说价值的高度概括。它所肯定的内容，是指客体的存在、作用以及它们的变化对于一定主体的需要及其发展的某种适合、接近或一致。进一步说，价值即客体对主体生存和发展的意义。在人类和自然资源这对关系中，人类是主体，自然资源是客体，自然资源能够提供满足人类生存、发展和享受所需要的物质性商品和舒适性服务，因此，对人类来说，自然资源是有价值的。而且，由于人类的需要大体上是按生存需要、发展需要和享受需要的顺序逐步发展的，所以，自然资源的价值也就会越来越大。随着经济社会发展水平和人民生活水平的不断提高，人们对自然资源及其舒适性服务的需要，或者说对它的认识、重视程度和为其进行支付的意愿会不断增加。据此，自然资源的价值，首先取决于它对人类的有用性，其价值的大小则取决于它的稀缺性和开发利用条件。因此，不同的时间、不同的地区、不同的质量，都会对自然资源价值的大小有所影响。自然资源价值本身就是个动态的概念，是指在一定的前提条件下，自然资源为人类的生存和发展提供必要的物质、能量基础以及精神满足。自然资源向人类提供了空气、生物、淡水、土地等资源，这是自然资源价值在物质性上的体现。自然资源提供的美好景观、广阔空间虽然不能直接进入生产过程，却是另一类可满足人类精神需求以及延长生产过程的资源。

三、自然价值论的解释

自然价值论产生于 20 世纪 70 年代，代表人物是美国学者、科罗拉多州立大学教授霍尔姆斯·罗尔斯顿，其理论体系被认为是自然价值论中最全面、最理论化、最系统化和最具代表性的论述。

罗尔斯顿认为自然中的价值是客观存在的，是不依人的意志为转移的。在人类发现自然的价值之前，价值就存在于自然物之中了，它先于我们的认识而存在。罗尔斯顿是把价值当作事物的某种属性来理解的。虽然自然的属性早在人类发现以前就客观地存在于大自然中了，但是它通过人的主观体验而表现，也就是说，事物的属性是经过主观体验的搜索、整理而传递的。从这个意义上来说，自然属性刺激主体的感官，主体将这种属性翻译成价值，于是自然就显得有价值了。但这并不是说价值完全就是体验。因为主体并没有把任何东西内在地附加在自然中，自然是自在地存在着的，主体只不过是将自然的价值彰显出来而已。价值是自然的属性，是内在地存在于自然中的。主体不是价值的赋予者，只是价值的发现者而已。他认为价值的产生就像是电冰箱里的灯一样，只有当人们打开电冰箱时它才亮。存在于自然中的价值，只有当人类感知到它们时，它们才亮，否则就是灭的。但是，价值是实实在在地存在于自然中的。价值只属于价值的承载者，价值的功用并不取决于人的偏好。因为"某些价值是依赖于那种被意识到了的偏好的，有些价值则不是。在某个特定事件中，价值的某些部分可能受偏好的制约，但其余的部分却不尽然"。他以莴苣为例，他喜欢莴苣，部分取决于他的偏好，部分也取决于他身体的生物化学机制。这种机制先天遗传就决定了必然要高度评价莴苣中的维生素和氨基酸的价值，它与意识的偏好是无关的。

罗尔斯顿认为自然的价值属性最重要的特征就是它的创造性。大自然是生命的源泉，是万物的真正创造者。而价值就是自然物所具有的创造性属性，这些属性使具有价值的万物不仅极力通过对自然资源的适应来求得自己的生存和发展，而且通过彼此间的相互融合、相互竞争、协同进化使自然本身的复杂性和创造性得到发展，使生命的进化呈现多样化和完善化的特点。他明确指出："自然系统的创造性是价值之母；大自然的所有创造物，就它们是自然创造性的实现而言，都是有价值的。凡存在自发创造的地方，都存在着价值。"他进一步指出，自然界是内在价值、工具价值与系统价值的组合。在罗尔斯顿看来，工具价值是指被用来当作某一目的手段的事物，大自然一直被认为对人类具有工具价值，而人类将被视为内在价值的唯一拥有者，具有生态学的意义的人们将修正他们的价值观。

系统价值就是把整个生态系统看成由若干个价值相互依赖、相互作用所构成的立体网络结构。从个体角度来看，每一种事物都具有内在价值，特别是有机体的内在价值，因为每个有机体都是价值的中心，都有其自身的目的。

综上所述，不论用经济价值论、哲学价值论还是自然价值论来考察，都可以肯定自然资源确实拥有价值。哲学价值论和自然价值论可以在哲学和伦理层面肯定自然资源的价值，为尊重与爱护自然、树立可持续发展的生态伦理观提供哲学和伦理依据。但是人类对自然资源的消耗和对自然资源的破坏主要是通过经济的途径间接完成的，如果自然资源的价值不能通过经济的方式得到正确的表达，人类不能充分利用市场机制实现自然资源的合理配置，自然资源耗竭和恶化的态势将很难改变。劳动价值论只承认劳动创造价值，在质和量上都不能很好地表达自然资源的经济价值；效用价值论通过资源稀缺和人的需求能较好地表达和解释自然资源的价值，但在具体的运行机制上提供的方法不多。因此，我们在哲学和伦理上承认自然资源有价值的同时，还必须在经济价值理论上有所创新，建立一种科学可行的机制，将自然资源的经济价值纳入成本，通过交换使自然资源的消耗得到替代和补偿。本书将在第七章详细介绍自然资源的价值评估方法。

第三节　影响自然资源价值实现的因素

人类社会的经济关系是通过交换表现出来的，自然资源的价值也在交换中得以实现，而交换正是建立在相关主体的正式或非正式的价值评估和度量基础上的。经济体系中的价值不是价值主体意念中的存在物，而是各种经济主体在经济活动中对不同物品或资源进行反复比较权衡所揭示出来的。因此，经济体系中的价值应该是交换中所体现的价值，是交换双方所认知的价值，是经济活动中因为能支付而有效的价值部分，只有这种价值才是现实的和被经济体系认可并接受的。交换双方按照这个共同认知的价值进行等价值量的交换，一方获得效用，另一方获得价值补偿。等价值量交换的原则还保证了自然资源的价值量不会在转移让渡的过程中发生折损。

通过以上各种估价方法，可以对自然资源的价值进行估计，但是估算出来的价值能否被市场和各经济主体所接受即完成自然资源价值的最终实现，还是不确定的，会受到各种因素的影响。

一、市场供给与需求因素

自然资源的价格和价值的关系决定了自然资源价值的实现程度，价格的确定和变动受价值规律、竞争规律和供求规律等客观规律的支配，并最终通过供求状况与价格的关系表现出来。

影响资源市场供给量的因素主要有资源自身的价格、资源替代功能收益、资源开发利用的成本、资源企业的数量等。与其他一般商品一样，资源自身的价格对供给量的影响是通过供给曲线表现出来的，而其他因素的影响则表现为供给曲线的变动。

影响市场需求量的因素主要有资源的价格、替代资源的价格、替代资源的数量、替代程度、偏好、预期等。同理，资源的价格对需求量的影响是通过需求曲线表示的，其他因素的影响则通过需求曲线的变动表示。

资源价格与供给之间的关系为：当资源的价格升高时，若其成本一定，资源的供给量就可能会上升。资源的价格与其供给量之间的这种关系见图4-1中的S曲线。

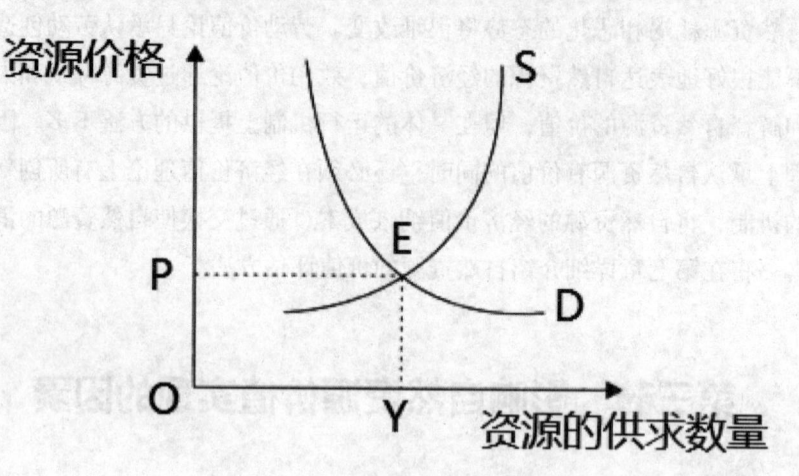

图4-1 资源供求均衡价格和数量

资源价格与需求之间的关系为：当资源的价格升高时，社会对资源的需求就可能会有所减少；当资源的价格降低时，社会对资源的需求就可能会有所增加。资源的价格与其需求量之间的这种关系见图4-1中的D曲线。

正是资源的价格与其供给和需求曲线存在上述关系，所以必定会在某一个价格上，资源的供给量和需求量相同，即实现了资源供需均衡状态，如图4-1中的E点，供给量和需求量都是Y，此时的价格P就是均衡价格。

在现实生活中，不平衡是常见的、绝对的，买卖双方一般都要经过一番讨价还价，如果卖者的要价过高，或者买者的出价太低，则交易是难以形成的。只有当供给者的价格逐步下降，需求者的价格逐步提高，直到双方均可接受的价格趋于一致时，交易才能形成，这就是资源供求数量与价格变化的动态平衡过程，如图4-2所示。

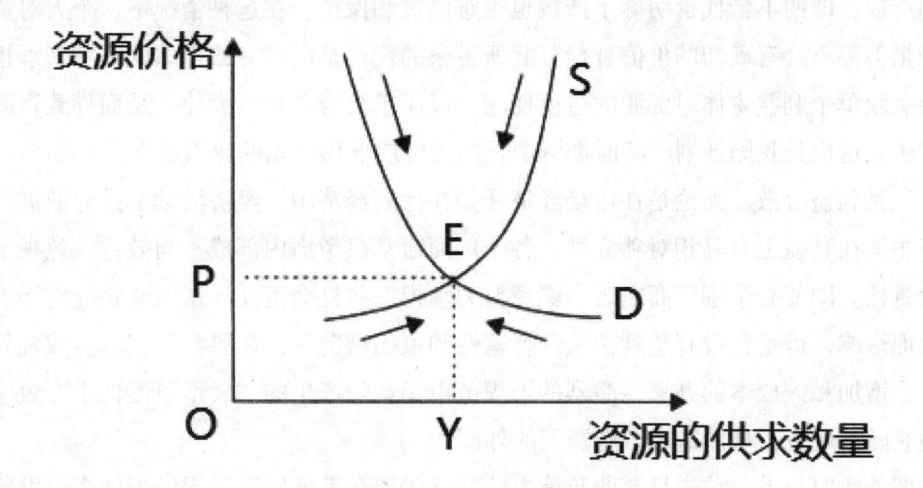

图 4-2 资源供求数量与价格变化的动态平衡

二、自然资源外部性存在

"某种外部性是指在两个当事人缺乏任何相关的经济交易的情况下,由一个当事人向另一个当事人所提供的物品束。"这个定义所要强调的是两个当事人之间的转移是在他们之间缺乏任何经济交易的情况下发生的。分析外部性的定义,其产生的两个条件就是:第一,当某个经济主体(设为 A)的效用或生产函数包括了一些实际(非货币的)变量,其取值由忽略对 A 的福利影响的其他主体(个人、企业、政府)决定时,外部效应就出现了;第二,其活动影响他人效用水平或进入他人生产函数的经济主体,如果没有补偿的形式为其活动获得(支付)等于对他人造成的效益(或费用)的价值量,就会产生外部效应。

外部性有经济(正外部性)与不经济(负外部性)之分。当自然资源具有正外部性的时候,其市场销售价格就低于其应有的水平;当其具有负外部性的时候,其市场价格就会高于其应有的水平。

资源外部性产生的原因有很多,总结起来主要有以下几个方面:

一是市场缺陷导致资源外部性。在古典经济学家的教科书中,市场是一双看不见的手,引导人们在谋取自身利益的同时,客观上促进社会福利。市场的力量是有一定的前提条件的,那就是产权必须明确。这个前提条件不满足的时候,只会有"看不见的脚"在起作用,个人将自己的利益凌驾于社会利益之上,不仅不会促进社会利益的形成,反而会无休止地践踏社会公共利益,在自利心的作用下,"公地悲剧"必然会不断上演,即出现大量的把好处留给自己、把坏处转嫁给别人和社会的"搭便车"现象。在自然资源的开发利用过程中,正是由于一些人通过"看不见的脚"来影响整个社会的福利,才造成了外部性尤其是外部不经济。

二是资源公有或者共有。自然资源有很强的公共性,没有排他性,没有竞争性,无法明确产权，即使不惜代价明确了产权也很难监督和保护。在这种情况下，个人对资源的消耗和损害都不会有确切的价值补偿，其所带来的代价是由部分或全体的人群来承担的，因而会刺激单个利益主体对资源的过度使用，以谋求自身利益最大化，从而导致资源外部性的产生。这也是我国计划经济时期资源长期无价或低价使用的原因所在。

三是利益分散。无论是在市场经济还是在计划经济中，经济活动都是分散进行的，各经济主体在利益上有其相对独立性。各个厂商通常只考虑内部成本与效益，忽视了企业的社会责任。即使有个别厂商主观上愿意努力承担一些社会责任，试图减轻经济活动对社会的负面影响，但是在没有达到执法的普遍性约束的情况下，如果找不到既能减轻外在影响又不会增加私人成本的办法，激烈的不规范市场竞争产生的"劣币驱逐良币"效应还是会迫使它随波逐流，从而造成自然资源的外部性。

四是政府失灵。首先是产业政策失效，有些旨在发展经济、促进当地产业发展的产业政策客观上却给自然资源和环境带来了不利影响，尤其是支柱产业选择与产业扶持政策不当时，就会产生自然资源和环境外部性。其次是公共项目失效，对公共项目的评价一般通过费用—效益分析来完成，它要求考虑社会费用与社会效益。长期以来，中国城市公共项目决策中，大多以此项目所能产生的现期社会效益大小来衡量，尤其注重该项目在政府官员任职期内的影响力，往往忽略其外部影响和长期效应，项目设计阶段很少预见资源与环境影响，忽略项目导致资源损耗和环境恶化的不可逆性，很少将可以预见的资源与环境后果进行量化和评估，因此，项目运动中暴露出来的问题就难以解决了。最后是政府信息的不充分，政府进行必要管制必须建立在信息充分的基础上，但是收集信息需要花费巨大的人力、物力、精力，成本是巨大的，故而信息不充分是一种正常现象，但是这样就会导致政府管制的失灵。即使政府信息充分，也会存在干预时滞问题，从政府的干预政策出台到真正实施甚至见效是需要时间的，不能马上解决问题。另外，政府追求部门利益，追求尽可能多的权利和尽可能少的义务，就会导致出现寻租等不良的非经济活动，使政府的一些环境政策、土地政策等失效，造成资源与环境外部性。

三、资源利用的短视行为

产权不明晰，导致资源利用的外部性出现；市场失灵，资源价值得不到很好实现。在资源产权明确的情况下也可能会导致资源的价格背离价值。

资源开发利用的最佳配置是在长期使用中使资源的总收益现值最大化，但是如果自然资源的利用存在代际不公平性，即资源的所有者或使用者并没有考虑资源的持续利用以及后代子孙的福利，只顾及自己的利益，这就会导致其在利用资源时按照自己有生之年收益最大化的原则行事，不考虑资源的耗竭性问题，资源的价格必定会大大低于其价值。

第五章 自然资源价值重建

由于市场的不完备性，目前市场上自然资源的供给与需求都未涵盖自然资源的外部性价值。为了推进自然资源的可持续利用，需要将外部性"内化"，而"内化"概念的实质是全面认识和度量其价值，尤其是目前市场体系不能涵盖却极其重要的生态系统服务功能价值。所以，本章便对自然资源价值重建的内容展开了具体的说明。

第一节 自然资源价值理论

一、自然资源无价值论的产生

在传统的经济价值观中，一般认为没有劳动参与的东西没有价值，或者认为不能交易的东西没有价值，因此都认为天然的自然资源是没有价值的。资源无价值论的产生，既有思想观念、经济体制和历史传统的因素，也与自然资源本身的性质有关。

（一）劳动价值论的绝对化

根据马克思的劳动价值论，价值取决于物品中所凝结的社会必要劳动量。把这一原理加以极端化，就认为凡是不包含人类劳动的自然物，如自然资源都没有价值。劳动价值论极端化的危害是巨大的，其导致认为自然资源是没有价值和价格的。实际上马克思主义经济学并不主张自然资源无价值论，马克思本人就引用古典经济学家威廉·配第的话说："劳动是财富之父，土地（自然资源）是财富之母。"

（二）确定价格的市场机制不合理

一般采用生产价格定价法（东方）和市场价格定价法（西方）。原料即自然资源产品的价格，都只包括了开发资源的成本和利润等项内容，没有包括自然资源本身的价值。例如，我国曾经在很长时期内，木材的价格只计算采伐和运输成本，不计算营林成本，更不要说地租了，因此造成森林资源无价值的现象。再如水资源，只计算供水成本，不计算排水成本和污水处理成本，更不计算水资源本身的价值；土地资源也曾经长期无偿使用；矿产价格也多只计算开采成本和运输成本，未把资源本身的价值纳入价格中。近年来已经意识到这个问题，开始征收水资源费、土地使用费、矿产资源费等，但仍未从根本上解决问题。

（三）历史因素

传统观念忽视自然资源的价值，还由于历史发展早期，大部分自然资源不具有稀缺性，在经济社会发展水平和人们生活水平比较低下的情况下，对自然资源的开发利用程度也比较低下，自然资源相对于人类需要比较丰富，因而大多为自由财货。人类的需要也是较低层次的，即首先需要解决温饱等基本生存问题。在这种情况下，人们没有认识到自然资源和生态环境的价值是很自然的。

（四）"公共财产"问题

诸如大气圈、江河湖海、荒野等自然资源往往是公共财产，因而谁都可以无偿使用，但谁都不负责任。即使是私有领地，也具有公共性质。例如，一片私有森林的土地和立木的所有权和使用权都属于林场主，但其景观美学价值、固碳释氧等生态服务功能价值却是公共的，这部分"公共财产"的价格难以计算，更难以实现。

现在，资源稀缺已成为经济社会持续、稳定、健康发展的主要制约因素，自然资源的不合理利用又是造成环境污染和生态破坏的直接原因。目前人们已经认识到稳定、充足的自然资源供应的重要性，以及清洁、优美的环境的宝贵。随着经济社会发展和人们生活水平的提高，人口的增加和资源环境的限制日益明显，自然资源的价值和生态环境的价值将会逐渐显现和加大。解决自然资源问题、生态环境问题，应该从体制、政策法规、技术措施等多方面入手，而重建自然源价值则是一项根本性的对策。

二、自然资源无价值论的后果

自然资源无价值的观念及其在理论、政策上的表现，导致了自然资源的无偿占有、掠夺式开发和浪费、生态破坏和环境恶化。

（一）自然资源的破坏和浪费

由于自然资源可以无偿使用，因此，在利用过程中就很容易出现浪费和破坏现象。例如，随意圈地，任意截流引水，矿产资源利用上的"采富弃贫、采厚弃薄、采主弃副、采易弃难"，乱伐林木，大材小用，好材劣用等现象比比皆是。得到自然资源使用权的单位或个人可以无视资源利用的经济效益，没有节约资源、提高资源利用效率的主动性、积极性和约束机制，因而造成自然资源的恶性破坏和浪费。

（二）导致财富分配不公和竞争的不平等

既然自然资源无价值和价格，其所有权和使用权就不是通过市场竞争手段获得的，而可能是通过权力、关系、偶然因素得来的，这样，获得资源的单位或个人比未获得的单位或个人处于有利地位，获得丰饶性好的资源的单位和个人比获得丰饶性差的单位或个人处于有利地位。在这种情况下，资源分配不公平，竞争也不公平，丰饶的自然资源往往掩盖了低劣的经营管理。尤其是采矿、伐木、粮食和蔬菜种植等部门，其劳动生产率与自然资源的丰饶性直接相关。在相同的经营管理和外部条件下，在富铁矿区开采1吨铁矿石所取得的收益可能是贫矿区的5倍。油田的劳动生产率相差更大。由于自然资源的无偿使用，资源丰饶的企业即使经营管理较差，往往也比自然资源欠佳、经营管理较好的企业获得的经济效益高。自然资源带来的财富抵消了经营不善造成的损失，掩盖了经营管理中的种种问题。

（三）国家财政收入的减少

很多自然资源是公共所有，其所产生的价值本来可以成为一项重要的国家财政收入，但是由于自然资源没有价值或价格，其使用者无须付费，因此公共所有或国家所有只是徒有虚名，这项财政收入就不存在。

（四）资源物质补偿和价值补偿不足，导致自然资源财富枯竭

自然资源在被开发利用的同时，应当不断得到保护、改善、补偿和整治，人类开发利用自然资源的历史，也就是不断改善和保护自然资源的历史。但如果从理论上认为自然资源没有价值，实践上自然资源可以无偿使用，那么对自然资源的改善、保护、补偿措施都不会得到应有的重视，都会视作额外负担。即使重视了，也被视为非生产性投资，这种投资是无法收回的，因此常常欠账，无以为继。

（五）国民财富的核算失真

国民财富是反映一个国家经济水平的重要指标，反映一个国家几百年来甚至几千年来劳动积累的成果。自然资源，特别是土地资源，是国民财富的重要组成部分。西方国家的土地资源（不动产）占国民财富的1/4以上。

三、自然资源价值的建立

自然资源无价值论，导致了自然资源的浪费和自然资源利用的负外部性缺陷。要解决这些问题，一般需通过政府干预和市场机制两条途径实现。

（一）政府干预

庇古从福利经济学角度对引起市场失灵的外部性问题进行了系统的研究：外部性问题不能通过市场来解决，而必须依靠政府的介入。依靠增加一个附加税或者发放津贴，来实现对私人决策附加一个影响变量，从而使私人决策的均衡点向社会决策靠近。这样借助政府的干预，重建市场秩序。政府在促进私人达成协议方面的作用，符合当代经济学对政府调节作用的理解。但庇古理论存在着一定的局限性：其一，庇古理论的前提是政府天然代表公共利益，并能自觉按公共利益对外部性活动进行干预。然而，事实上公共决策存在很大的局限性。其二，政府不是万能的，如它不可能拥有足够的信息。其三，政府干预本身也要花费成本。其四，庇古理论使用过程中可能出现寻租行为（寻租是指人们凭借政府保护而进行的寻求财富转移的活动。它包括"旨在通过引入政府干预或者终止它的干预而获

利的活动"。租,即租金,也就是利润、利益、好处。寻租,即对经济利益的追求。有的企业贿赂官员为本企业得到项目特许权或其他稀缺的经济资源。后者被称为寻租。是一些既得利益者对既得利益的维护和对既得利益进行再分配的活动。)

(二)市场机制

"只要产权关系明确地予以界定,私人成本和社会成本就不会发生背离。通过市场的交易活动和权利的买卖,可以实现资源的合理配置。"这实质上是引入市场机制,使外部性在产权界定的基础上,重新回到市场中来。认为产权在治理市场失灵和提高资源配置效率中的主要作用或功能有:产权可以引导人们实现外部性的内化,减少资源浪费,提高资源配置效率;产权可以构建激励机制,减少经济活动中"搭便车"的机会主义行为;产权可以通过减少不确定性来提高资源配置效率。

从理论上来看,无论是市场机制还是政府干预,都有不可克服的固有缺陷。当发现一种途径有缺陷时寻求另一种途径,这在逻辑上并不能保证做出合理的选择。从实践上来看,无论是政府干预还是市场的重建,对于纠正市场失灵问题都不是尽善尽美的。但是,通过将政府干预和市场机制进行配合,弥补市场缺陷,将有助于资源浪费和资源利用的外部性问题的解决。

(三)建立效用价值论

随着社会经济的发展以及人口、资源、环境问题的突出,人类对自然资源功能效用的认识及对这种功能的利用都发生了深刻的改变。自然资源对于人类已不仅仅是单纯的生产要素,它所提供的其他服务功能也越来越受关注,效用价值论逐渐取代了劳动价值论。

效用价值论认为,商品的价值并非由劳动决定的,而是由效用决定的。这一理论后来被进一步完善为边际效用价值论。边际效用价值论认为:价值起源于效用,效用是形成价值的必要条件,又以物品的稀缺性为条件,效用和稀缺性是价值得以出现的充分条件。价值量取决于边际效用量,即满足人的最后欲望的那一单位商品的效用,"价值就是经济人对于财货所具有的意义所下的判断"。人们对某种物品的欲望程度,随着享用该物品数量的增加而递减,此即边际效用递减规律;不管几种欲望最初的绝对量如何,最终使各种欲望满足的程度彼此相同才能使人们从中获得的总效用达到最大,此即边际效用均等定律。效用量是由供给和需求之间的状况决定的,其大小与需求强度成正比例关系,物品的价值最终由效用和稀缺性共同决定。生产资料的价值是由其生产出来的消费资料的边际效用决定的;有多种用途的物品,其价值由各种用途中边际效用最大的那种用途的边际效用决定。

第二节 自然资源价值评价的方法

自然资源价值评价就是用货币来表现自然资源的价值。对于可进入市场的那部分自然资源的价值可以直接用传统市场价格评估。

由于市场的不完备性，自然资源使用中所产生的外部性不能进入市场，为了弥补市场机制的不足，需要对自然资源的这些外部性进行非市场评估。于是，根据自然资源价值的不同属性和获得信息的不同途径，把自然资源价值评价方法划分为三种基本类型。传统市场法：生产函数法、人力资本法、重置成本法；替代市场法：旅行费用法、规避行为与防护费用法；意愿评估法或译作条件估值法、市场模拟法。

自然资源价值评估还可以根据评价的主、客观性分为主观评价法和客观评价法。客观评价法直接根据自然资源变化所造成的物质影响进行评价，主要包括生产函数法、重置成本法等；主观评价法则根据人们的意愿或根据对人们行为的观察来间接评价自然资源的效益和损失，包括旅行费用法、人力资本法、意愿评估法等。

一、传统市场法

传统市场法以所观察到的市场行为为依据，具有直观明了、易于解释和有说服力等优点，因而应用广泛。但当市场发育不良或严重扭曲时，或者产出的变化可能对价格有严重影响时，它的局限性就表现出来了。由于存在消费者剩余和忽略外部效应，市场价格常常会低于被评估对象真实的价值。因此，传统市场法在自然资源价值评估中的运用只能在一定适用条件下和适用范围内：自然资源数量、质量变化直接引起了自然资源产品或生态服务产出的增减，这种产品或服务是市场上已有的。或者在市场上有替代品；自然资源数量、质量变化影响明显并可观察到，还可通过实验检验；市场比较成熟，市场功能比较完善，价格能准确反映经济价值。

在上述条件和范围之外，自然资源价值的相当部分不能被市场所涵盖。经济学家创建了一系列价值评估方法，以便在各种不同的状况下对自然资源的非市场价值进行科学的货币评价，于是出现了替代市场法和意愿评估法。

二、替代市场法

当所评价对象本身没有市场价格来直接度量时，可以寻求替代物的市场价格。例如清新的空气、整洁的环境、优美的景观等都没有直接的市场价格，需要找到某种有市场价格的替代物来间接度量其价值。这就是自然资源价值评估的替代市场法，其基本思路是：首先对待估价的自然资源进行价值分析，再寻找某种有市场价格的替代物来间接衡量其种种价值。例如，对自然资源的旅游/休闲价值评价，就可以用旅行成本作为替代物来衡量。替代市场法包括旅行费用法、规避行为法或防护费用法。

（一）旅行费用法

旅行费用法是用以评估非市场物品价值最早的方法之一，最初是为评估环境物品的社会效益而发展起来的。

自然游憩资源被认为是一种准公共物品。公共物品的消费者剩余难以计算，故其价值亦难以度量。旅行费用法首次把消费者剩余这一重要概念引入公共物品价值评估，是对公共物品评价的一次重大突破。该方法被用于评估美国包括国家公园在内的各种游憩目的地的价值。

旅行费用法以旅游成本（如交通费、门票和旅游地的花费等）作为旅游地入场费的替代，通过这些成本，求出旅游者的消费剩余，以此来测定自然资源的游憩价值。

在实际评估中，旅行费用法是针对具体旅游地而言的。首先确定旅游目的地，把目的地周围的区域分成与该目的地距离逐渐加大的若干个同心区，距离增大意味着相应旅游成本的增加。在目的地对游客进行调查，以便确定游客的来源地区、旅游率、旅游费用和游客的各种社会经济特征，然后分析来自这个游客样本的资料，用分析产生的数据将旅游率对旅游成本和各种社会经济变量进行回归。

（二）规避行为法（防护费用法）

面对可能的自然资源变化，人们会试图保护自己免受危害。他们将购买一些商品或服务来抵消自然资源变化所带来的损失。这些商品或服务可被视为自然资源价值的替代品。购买替代品的费用构成了人们对自然资源价值的最低限度衡量。这种以自然资源变化而导致的替代物费用的变化来度量自然资源价值的方法就称为规避行为法或防护费用法。

规避行为法用实际购买花费来度量人们对自然资源的偏好，度量自然资源价值，具有很强的直观性。运用规避行为法度量自然资源的非市场价值，主要有三个步骤：

第一步是识别有害的环境因素。这一步骤也许一目了然，但是由于规避行为经常有若干动机，所以在任何情况下都应识别主要的有害环境因素。用规避行为体现自然资源价值，会因多种行为动机和环境目标的存在而夸大单个有害环境因素的价值。因此，在运用规避行为法时，应区分主要和次要环境因素，并将规避行为归到某个主要目的上。

第二步是确定受影响的人数。对于某个不利的自然资源因素，需要划分受影响的人群。根据受影响程度的不同，可区分为受影响较大和受影响较小人群。规避行为法的研究应从受影响较大的人群中抽取数据，以避免只考虑受部分影响的人群而导致对价值的低估。

第三步是获取人们对所受影响采取的规避措施的数据。数据的收集有几种方式，对潜在受影响者的综合调查；在受影响者较多时采用抽样调查，这主要是用于因空气质量、水环境质量下降或存在噪声污染问题时，而采取预警措施的家庭；采取对丧失养分的土壤施肥等防止土壤侵蚀措施的农民等；还可以咨询专家意见，通过专家可以了解采取预防措施的费用，恢复资源环境原状或替代环境资产的费用，以及资源环境替代品的购置费用。然而专家意见只能是作为补充的信息来源，并用于检验其他方法得到的数据的可靠性，而不能直接利用专家意见进行价值评估或改变通过观察到的行为所获取的数据。

相对于其他方法，规避行为法较为简单也较为直观，但在运用中也存在着一系列的问题：有时找不到能完全替代自然资源质量的物品，如用化肥来补充土壤养分并不能恢复土壤结构，只能是部分替代。因此，用规避行为法求得的自然资源价值只是其最低的价值。规避行为法建立在一个假设的基础上，即人们了解防护费用的水平并能计算其大小，但对于新风险或跨时间风险，人们可能会不自觉地低估或高估。即使人们了解实际需要的费用，市场机制的不完备性以及收入水平的限制也会制约他们的行为。例如，因为贫困而使自然资源变化受害者无力支付足够的花费来保护自己。这些问题最终都会影响用规避行为法所度量的自然资源价值。因此，这个方法也只在一定条件下适用：在人们知道他们受自然资源变化所带来的威胁，采取行动来保护自己且这些行动能用价格体现时。

替代市场法提供了使用可观察的市场行为和市场价格来间接评估非直接市场资源环境价值的途径，具有比传统市场法更广泛的适用范围。但由于需要借助另一种市场商品或服务的价格，替代市场法需要比传统市场价值评价方法更多的数据和其他资料，也要求比传统市场法更严格的经济假设。

另外，传统市场法和替代市场法都不能对自然资源的非使用价值进行评估，因而都存在价值低估的可能性。对自然资源非使用价值的评估，目前多采用意愿评估法。

三、意愿评估法

（一）意愿评估法简介

意愿评估法是在缺乏市场价格数据的情况下，通过对不能在市场上交易的自然资源效用（如空气净化功能等外部效益）假设一种市场，让被调查者假想自己作为该市场的当事人，通过对被调查者的直接调查，了解被调查者的支付意愿。被调查者根据自然资源给自己带来的效用，在待评价自然资源服务供给量（或质）变化的情形下，为保证自己的效用恒定在一定水平上的支付意愿或者获取补偿的意愿做出回答，研究者据此评价该自然资源服务价值的方法。意愿评估法通过采用补偿变量和均衡变量指标来测度自然资源的消费者剩余，以此计算自然资源的价值。

意愿评估法通过构建假想市场，揭示人们对环境改善的最大支付意愿，或对于环境恶化希望获得的最小补偿意愿。当应用于游憩领域时，使受访者面对环境状况的假想变化，引导其说出对游憩资源或游憩活动的支付意愿。

在意愿评估调查中，需要通过某一种引导评估技术来获得受访者的支付意愿/补偿意愿。这些引导评估技术主要包括投标博弈法、支付卡法、开放式问卷法、封闭式问卷法等，其中后三种方法应用比较广泛。

支付卡法是让受访者在列举了一系列支付意愿标值的支付卡上选择出愿意支付的数额。该方法的优势是受访者选择起来比较简单；不足之处是面对不熟悉的公共物品的估值，受访者往往难以确定哪一个数值比较适宜，这时就有可能出现猜测或任选的现象。还有一种针对支付卡存在的问题而提出的改进方法，称为"支付卡梯级法"，该方法是请受访者在支付卡上选择两个数值：一个是肯定能够接受的最低值，一个是肯定不能接受的最高值，选出这两个数字显然要比确定一个数值更容易一些。

开放式问卷法（open-ended questionnaire）与封闭式问卷法（close-ended questionnaire）是进行意愿评估调查时采用的两种基本评估技术。开放式问卷法直接询问人们对于环境改善的最大支付意愿，尽管易于提问，但受访者在回答问题时却有一定的难度，易产生大量的不回答，许多"零"支付、部分过小和过大的支付意愿现象，特别是在受访者对待评估对象不熟悉时尤其如此。封闭式问卷法，也称二分选择问卷，该方法设计的问卷是让受访者对支付意愿标值只回答"是"或"否"。该问卷形式更能模拟真实市场，便于受访者回答，也克服了开放式问卷中常见的没有回应的问题。二分选择问卷进一步发展，出现了双边界二分法。假如受访者对第一个支付意愿标值回答了"是"，那么第二个支付意愿标值就要比第一个大一些，反之就要小一些。与单边界二分式问卷相比，这种方法能够提供更多的信息，在统计上也更为有效。还有的进一步引入1.5边界二分法。受访者先被告知物品的价格在X~Y元之间（X<Y），然后询问受访者是否愿意支付X元，若回答是否定的，问题结束；若回答为肯定的，就继续询问其是否愿意支付Y元。与双边界二分法相比，1.5边界二分法在统计上的有效性方面更进一步：该方法在受访者回答之前就被告知其一高一低两个支付意愿标值，从而避免了因新标值的提出而可能引致的偏差。

（二）意愿评估法的有效性

理论上，意愿评估法采用支付意愿调查与采用补偿意愿调查评估自然资源价值所得结果应该是一样的。但是根据预期理论，一般消费者对失去现有东西的评价较高，而对未来才能获得的东西的评价则较低，自然资源的供给数量固定，让消费者的选择不仅具有终决性，而且只能做出要么接受，要么永远放弃式的选择，这样就会更加注重消费者对"得"与"失"的评价差异。

现实世界中，进行补偿意愿调查时，让被调查者放弃对自然资源使用效益的假设容易激发他们提出较高的补偿意愿价值；进行支付意愿调查时，被调查者往往会出于回避支付高额费用风险的考虑而给出较低的支付意愿。这样采用支付意愿与补偿意愿得到的结果就会存在较大的差异。例如，在一个居民小区内有一块公共绿地，为了解决小区居民停车困难的问题，小区物业部门有两种选择，要么进行少量投资把这片公共绿地改建成停车场，要么投入大量资金在公共绿地地下建地下停车场。而对小区居民也有两种选择，要么从物业管理部门获得一定补偿放弃公共绿地，要么向物业管理部门支付一定费用，物业管理部门建设地下停车场，使公共绿地得以保留。此时调查小区居民愿意为保留公共绿地支付的数额和放弃公共绿地能够接受的补偿数额，可以肯定，支付意愿要低于补偿意愿。一般补偿意愿大约是支付意愿的4倍。

因此，意愿评估首先面临着具体选择补偿意愿还是支付意愿的问题。不能否认可以设计出成功地应用补偿意愿的情况，但是补偿意愿在很多情况下，特别是在受益关系或权利关系十分复杂和定义不清的情况下，很难反映真实有效的补偿意愿数值，因此一般都避免使用。

而对于支付意愿，一方面，如果回答者认为自己的支付意愿值将要实际支付，那么为了将来少支付，他可能会尽可能地少申报支付意愿值；另一方面，如果回答者明确实际支付额与回答值完全无关时，他为了享受这种外部效益，则有可能过多地申报支付意愿值。

在运用意愿评估法进行自然资源价值评估时，要尽可能地避免和减少支付意愿和补偿意愿的偏差。具体做法如通过运用相关图片、恰当的比喻来清晰地描述调查对象所面临的模拟市场以减少假象偏差，扩大调查样本规模，争取从有代表性的人群中选择调查对象，以减少支付意愿（或补偿意愿）的汇总偏差；消除策略误差的一个常用方法则是采用"是"或"不是"的提问方式来询问他们是否愿意支付某一笔特定数额的资金，同时告知调查对象有可能按他们的支付意愿来真正收取费用；或根据支付意愿的高低，决定是否继续提供相关的环境服务，以免他们过分夸大或减少支付意愿。

意愿评估法通过调查人们所表达的支付意愿/补偿意愿来评估自然资源的价值，几乎可以用来评价任何自然资源变化所具有的经济价值。特别是在缺乏市场价格或市场替代价格数据的情况下，意愿评估法便有了用武之地，是目前评价非使用价值的唯一方法。

但是意愿评估法要求的数据多，需要花费大量的时间和调查经费，而且调查问卷的设计和解释专业性很强。另外，意愿评估法不是基于可观察到或预设的市场行为，而是基于调查对象的回答是从被调查者声称的偏好中获取信息的，所以是一种主观评价。而对于持不同价值观、环境伦理观的人，对同一问题的回答会出现许多偏差，这些偏差虽然可以通过精心设计问卷来控制，但完全避免偏差则是不可能的。

第六章 自然资源研究的原理与方法

若想对自然资源做充分系统的研究，那么，首先最为主要的则是了解自然资源研究的原理与方法，这同样也是本章要讲述的重点内容。

第一节 自然资源研究的基本原理

以自然资源总体为研究对象的自然资源学是一门介于多学科之间的横向科学，是在基本上形成体系的生物学、地理学、经济学、管理学、信息科学及其他应用科学的基础上发展而形成的。在学科发展的过程中，许多相邻学科的基本原理共同构成了自然资源研究的理论基础，构筑了自然资源学的理论体系。

一、地理学的基本原理与规律

（一）综合系统规律

综合性是自然资源学的重要性质之一。自然资源学的研究对象是地球表层各种自然物质和能量及其与人类社会活动组合在一起的复杂、动态的系统，因此，无论是理论体系构成还是研究的方法论，自然资源学都是一门兼有自然科学和社会科学性质的综合性科学。

自然资源学具有高度的综合性，这主要是由自然资源本身性质的复杂性、各自然资源要素作用过程的复杂性、边界的模糊性、演变过程的动态性等决定的。

自然资源系统的复杂性首先体现在各资源要素性质的不确定性上。各资源要素之间的相互作用、要素变化过程的互为因果关系、不同要素群构成边界的模糊及重叠、不同层次的因素的位置的可移动性等导致在探讨具体作用过程时，对要素难以进行结构化处理，难以界定要素群的主导或从属地位、间接或直接作用。研究问题的对象和作用过程越复杂，要素的性质便越难以界定。自然资源学研究的对象是一个复杂开放的动态系统，这就客观地要求对主要驱动力和驱动机制的研究必须有相当雄厚的多学科基础。地球表层系统在急剧变化，人类作用于自然生态系统的强度和领域、空间范围越来越大。因此，自然资源学应将研究重点放在各资源要素的相互作用及其与人类活动构成的智能圈的耦合与联动上。全球环境变化及其区域响应、自然资源保障与生态环境建设、区域可持续发展及人地系统机理调控、地球信息科学和"数字地球"研究等这些当今重大的前沿领域均对自然资源学的综合性研究提出了更高的要求。

（二）地域分异规律

地域分异规律是自然资源学研究的重要规律之一。地域分异规律包括自然资源系统各组成要素及其构成的综合体在地表沿一定方向分异或分布的规律性现象，是太阳辐射按纬度分布不均引起的纬度地带性；大地构造和大地形变化引起的地域分异；海陆相互作用引起的从海岸向大陆中心发生变化的干湿度地带性，又称经度地带性；随山地高度而产生的垂直带性；由地方地形、地面组成物质以及地下水埋深不同引起的地方性分异。地域分异规律可分为4个等级：全球尺度的分异规律，如全球性的热量带，一般划分为寒带、亚寒带、温带、亚热带、热带；大陆和大洋尺度的分异规律，如横贯整个大陆的纬度自然地带和海洋上的自然带；区域性规模的分异规律，如在温带从沿海向内陆因干湿度变化而产生的森林带、草原带和荒漠带。山地所表现的自然景观及其组成要素随海拔高度递变的垂直地带性，也是区域性的分异规律；地方性分异，主要表现为：由地方地形、地面组成物质和地下水埋藏深度的不同所引起的系列性地域分异和由地形的不同所引起的坡向上的地域分异。

地域分异规律制约着自然资源的空间分布，对自然资源区划以及区域自然资源开发具有重要的理论意义和指导意义。例如，一定的水热条件和土地类型决定了一个区域特定的作物体系和种植制度，这对农业自然资源的研究、开发利用具有十分重要的意义。此外，由于矿床分布受成矿构造的控制，矿产资源的分布也具有一定的规律性。掌握成矿构造的轮廓特征及矿产资源的区域分异规律，对矿床及矿产资源的开发利用具有重要的指导作用。

自然资源的分布具有明显的地域性，不同区域有着不同质和量的自然资源，显示出不同的区域自然资源特征。自然资源的开发利用又总是同一定的社会经济技术条件相联系的，不同区域的自然资源，其开发利用条件总是互有差异的。因此，自然资源的开发必须遵循因地制宜的原则。因地制宜原则是在资源—生态—经济系统中协调人与资源关系的准则，在资源开发利用的过程中要充分考虑自然、资源和社会经济背景，按自然规律办事。在自然资源研究和开发利用中，因地制宜原则的实质是实现资源—生态—经济系统内部各要素间的相互协调，实现资源的永续利用和经济的持续发展。

二、生态学原理

自然资源从形成、演化到利用都发生在生态系统中，经历着一系列的生态过程。理解自然资源生态过程是正确认识和合理利用自然资源的前提，因此自然资源研究应当遵循生态学原则。生态学中的相互依存与相互制约、物质循环与再生、物质输入输出的动态平衡等理论，均对自然资源研究具有重要的指导意义。

（一）相互依存与相互制约规律

相互依存与相互制约，反映了生态系统内各生物间的协调关系，是构成生态系统的基

础。生物间的这种协调关系主要分为两类:

普遍的依存与制约,亦称"物物相关"规律。有相同生理、生态特性的生物,占据与之相适宜的小生境,构成生物群落或生态系统。系统中不仅同种生物相互依存、相互制约,异种生物(系统内各部分)间也存在依存与制约的关系,不同群落或系统之间同样存在依存与制约的关系。这种影响有些是直接的,有些是间接的;有些是立即表现出来的,有些需要滞后一段时间才显现出来。

通过物质与能量的传递而相互联系与制约的协调关系。每一种生物在食物链中都占据着一定的位置,并具有特定的作用。各生物物种之间相互依赖、彼此制约、协同进化。被食者为捕食者提供生存条件,同时又为捕食者所控制;反过来,捕食者又受制于被食者,彼此相生相克,使整个系统(或群落)成为协调的整体。或者说,系统中各种生物个体都建立在一定数量的基础上,即它们的大小和数量都存在一定的比例关系。生物体间的这种相生相克作用,使生物保持数量上的相对稳定,这是生态平衡的一个重要方面。

(二)物质循环与再生规律

在生态系统中,植物、动物、微生物和非生物成分,借助能量的流动,一方面不断地从自然界摄取物质和能量,合成新的复杂物质;另一方面又随时分解为简单物质,成为生态系统的营养成分,重新被植物所吸收,进行着不停顿的物质循环。在生态系统中流动的能量,沿着食物链转移与运动时,每经过一个营养级,就有大部分能量转化为热量而散失。一级生物的能量物质通常只有 1/10 左右转移到下一级生物体内,能量的利用率仅为 1/10,造成其余 9/10 的能量损失。生态学把这种能量的传递规律取名为"十分之一定律"。人们把食物链和食物网中各级生物的生物量按顺序排列起来,绘制成图,竟然与埃及金字塔的形状相似,因此,人们又把"十分之一定律"称为"能量金字塔定律"。

(三)物质与能量输入输出的动态平衡规律

对于一个稳定的生态系统,物质的输入与输出总是相平衡的。过少和过多的输入与输出都会造成对生态系统平衡的破坏,而导致生态系统的变化,如养分的不足和富营养化等。

(四)相互适应与补偿的协同进化规律

生物与环境之间,存在着作用与反作用的过程。生物对环境施加影响,反过来环境也会影响生物的进化与发展,如生物在土壤形成过程中的作用及土壤对生物生长发育的影响。

(五)环境资源的有效极限规律

任何生态系统中作为生物赖以生存的各种环境资源,在质量、数量、空间和时间等方面,都有一定的限度,因而其生物生产力通常都有一个大致的上限。每一个生态系统对任何的外来干扰都有一定的忍耐极限;当外来干扰超过这一极限时,生态系统就会被损伤、破坏乃至瓦解,如草场的过度放牧、森林的过度采伐和过量捕鱼等。

三、经济学原理

（一）稀缺性理论

自然资源的稀缺性是现代微观经济学的基本命题。自然资源对于人类而言是重要的，也是稀缺的。正因为这种稀缺性，才产生了如何有效配置和合理利用自然资源这个问题。自然资源的配置方式可以分为两种类型。

1. 市场配置，即以市场为基础的自然资源配置方式。鼓励市场形成价格和自由交易，强调效率和优胜劣汰的竞争机制。市场配置是古典经济学、新古典经济学及公共选择学等学派所推崇的资源配置方式，强调效率优先的原则。

2. 政府配置，即政府发挥宏观调配的作用对资源进行配置。所采取的手段往往是管制，如许可证、配额、指标、投标等。政府配置在理论界最有影响的系统性理论是凯恩斯针对1923年经济危机提出的，主要强调政府干预的合理性和必要性。这一理论后来为越来越多的国家与政府所采用，成为加强宏观调控的有力的理论依据。

制度经济学把自然资源和生态环境看成稀缺的、社会大众共有的自然福利资本，因而要求将自然资源和生态环境纳入社会发展和经济循环过程之中，并参与定价和分配。它要求改变生产的社会成本与私人获利的不对称性，使外部成本内部化，最终实现经济增长、自然资源供给、生态环境的均衡，实现社会福利最大化和社会公平。

（二）外部性理论

外部性是外部经济性、外部不经济性的简称，其核心思想是指经济行为的成本或收益向经济行为以外第三方的溢出，即外部性是一个经济人的行为对另一个经济人的福利所产生的影响，或者某一经济人的行为影响了其他经济人的生产函数和成本函数，其他经济人无法控制这种影响。外部性以多种形式存在，有些是积极的（收益外溢），称为正外部性；有些是消极的（成本外溢），称为负外部性。

前者是指某个经济人的行为给其他经济人带来了福利，其他经济人可以无偿地享受福利；后者是指某个经济人的行为给其他经济人带来了损害，但不必为这种损害承担责任。一般我们所研究的重点是后者。外部性存在的结果使得自然资源配置的效率受损，难以实现帕雷托优化配置。自然资源开发，就代际关系而言，既有对当代社会福利的影响，即"代内影响"；也有对将来社会福利的影响，即"代际影响"。

其中的外部负效应表现为能源的短缺、自然资源的破坏和浪费、环境污染日趋严重、生态失衡等。这些问题将会导致经济增长和发展走向极限，也会威胁人类自身的生存。但资源开发利用中的外部性"更多地表现为外部不经济"。而且这种外部影响具有不可逆性和延续性，代内的外部负效应一般会引起代际负效应。

四、物理学原理

许多物理学原理都可作为自然资源研究的理论基础，如惯性理论、能量守恒定律等均可应用于自然资源的研究和开发利用。惯性原理是牛顿第一定律在自然资源研究中的具体应用。作为具有使用价值的各种自然资源在被开发利用转变为人类生产生活资料并产生相应的经济、生态和社会效益的过程中，如果开发利用合理即"阻力"为零，那么这个过程就可无限地进行下去，永远保持"惯性"；相反，这个过程势必减缓直至出现静止状态。因此，人类在自然资源开发利用过程中要有生态的观点和长远的观点，尽量减少过程中的"阻力"以保持惯性，即实现自然资源的永续利用。热力学第一定律是能量守恒定律在自然资源研究中的具体应用。在资源—生态—经济系统中，自然资源都可以用不同形式的能量来表示，能量从一种形式转化为另一种形式，在转化过程中能量的总量是不变的。我们可以根据这一原理，充分利用每种资源的各种特性和能量效益，进行资源互补和资源替代等方面的研究。

五、自然节律原理

自然节律是指自然地理现象、生物现象随时间变化的规律性，这种规律性主要是由水热条件的时间变化所决定的。显然，自然资源的变化具有一定的节律性，生物圈资源的这种节律性尤为明显。为了适时、适地、最大限度地利用自然资源，为了预测自然资源利用的前景，需要掌握自然资源的自然节律。因此，自然节律自然成为自然资源研究的重要基础理论之一。

德国生态学家汉斯·萨克塞指出："自然在耕田人的眼里几乎可以说是效仿的榜样，是阐述人生的模式。"生物学认为，生物节律是由于生物对外界环境的周期性变化的适应而形成的。外界环境因子能调控生物节律，使其周期与之同步。一切生物都在自然选择和生存竞争的压力下，使自己的活动节律服从于获得能量的时间，以是否能攫取足够的能量为转移。只有那些能及时而又准确地把自己的生物节律耦联于外环境周期变化上并与之同步的生物，才能保证自己取得足够的能量，才能维持其生命，物种才能得以延续。人类凭借着自己严密的节律性，能有效地获得能量，趋利避害，获得最佳的适应能力。

第二节　自然资源研究的基本方法

自然资源科学研究的对象极为明显，但自然资源的内容却极为广泛，许多资源的研究内容已经包含在相应的其他学科之中。自然资源学正是横截了其他学科中一切可视之为资源的研究内容，形成了自己的以自然资源为内容的截集。因此，自然资源学是一门综合性极强的横断科学，其研究方法也就比较复杂。

一、自然资源研究的传统方法

自然资源研究的基础理论的探讨，使我们清楚地认识到地理学、生物学、物理学等学科的一些研究方法可以直接应用于自然资源的研究。自然资源学传统的研究方法有地理区划法、经济比较法、数学方法、野外考察和观测试验等。

（一）地理区划法

地理区划法，是指对一定的区域按照一定原则进行自上而下的划分，可分为自然区划和经济区划。我国学者在经济区划研究方面取得了大量的成果。

按照经济区划包括的经济活动范围，经济区划可以分为综合经济区划和部门经济区划两大类。对工业、农业、交通运输业等全部经济活动进行区划的，称综合经济区划。对某一经济部门进行的区划称部门经济区划。部门经济区划有工业区划、农业区划、林业区划等；流通方面的部门经济区划有货流区划、供销区划等。

1. 经济区划具有四个主要特性。（1）客观性。经济区划是主观对客观的反映，是人们的主观意识对客观存在的经济区的科学反映。经济区是客观的，是经济活动客观存在的地域单元，是全部经济活动或某一方面经济活动的地域差异、地域联系形成的地域单元。反映全部经济活动的地域差异和地域联系的是综合经济区划，反映某一方面经济活动的地域差异和地域联系的是部门经济区划。因此，经济区划工作要排除一切违反科学的主观因素的干扰，排除本位主义和地方主义的干扰，尽可能地反映经济区的客观实际。经济区划是按照统一的原则和指标进行的。这些原则和指标能否反映客观实际，是经济区划科学性的关键。有一类意见过分强调经济区划的主观性，忽视了反映客观实际的客观性。这类观点有损于经济区划工作的科学水平。（2）区域性。经济区划要把一定的地域空间划分成若干区域。区域是地球表层的一部分。一定的区域有一定的面积，有四至范围，可以在地图上画出来，并可度量。区域的边界可以用经纬线和其他地物控制。区域和区域之间有位置上的距离关系、排列关系和方位关系。因此，区划要进行分疆划界。浮动的区划、弹性的区划及无法在地图上落实的区划，均不是严格的经济区划。（3）全面性。经济区划是对被区划地域的全面的划分。所谓全面的划分，包括不重叠性和全覆盖性两个要求。不重叠性，又称不重复性，是指一个地区不能既划入甲区，又划入乙区。全覆盖性，又称不遗漏性，是指不应该把某些地区排除在区划之外。（4）层次性。经济区划是有层次的。对于一个地域单元，区划时可以划出一级经济区，二级经济区、三级经济区等层次。每个上一级经济区是若干个下一级经济区的有机集合。若干个下一级经济区集合成上一级经济区后，产生新的质，并具有新的特征。因此，每一层次经济区的划分原则和指标都是有区别的。

2. 综合经济区划的原则。（1）生产地理分工原则。综合经济区是生产地理分工的产物。每一个综合经济区都应有自己的专门化部门，构成区内经济活动的主导部门。生产地理分工原则是综合经济区划的首要原则。(2)经济的整体性原则。每一个综合经济区内部的经济活动都是一个有机的整体,围绕着专门化部门发展一系列相关产业,通过交通网络紧密联系。整体性不是封闭性,不是"大而全"。整体性是促进专门化部门发展的条件。如果区内缺乏统一的交通网络,区内的各类经济活动分别与区外联系,就很难形成完整的综合经济区。(3)统一的经济中心。综合经济区应有一个或一个以上强大的经济中心,通过交通网与全区取得联系。因此,综合经济区划与发挥中心城市的作用是并行不悖的。(4)与行政区协调一致原则。行政区肩负着领导经济发展的职责。当行政区与经济区一致时,行政区执行经济区的职能,也称行政经济区。(5)发展方向一致性原则。综合经济区划不但要指导当前的经济发展,还要规划未来的经济活动,因此进行经济区划要有一定的预见性。随着自然资源的开发利用、经济的发展和交通网的升级,局部地区的经济联系方向和经济发展方向会发生种种变化。综合经济区划要适应这一变化。

(二)经济比较法

经济比较法常被用于商品的生产、消费和流通的研究,旨在探讨如何实现最佳的经济效益,这种方法也适用于自然资源研究。经济比较法是一种定性的研究方法,通常按照一定的技术经济指标计算各方案的经济效果,从中选择一个最优方案。如将单位面积的投资费用与单位面积的产量或收益进行比较,计算单位产品所需要的工时或成本,以此作为方案评价的依据。

(三)数学方法

数学方法包括数理统计法、线性规划法、动态预测法等。数学方法一方面使自然资源研究趋于定量化,另一方面也使资源研究及开发利用的优化和预测得以实现。

数理统计法是数学的一门分支学科,它以概率论为基础,运用统计学的方法对数据进行分析、研究,导出其概念、规律性,即统计规律。数理统计法主要研究随机现象中局部与整体之间、各有关因素之间相互联系的规律性。它是利用样本的平均数、标准差、标准误、变异系数、均方差、检验推断、相关、回归、聚类分析、判别分析、主成分分析、正交试验、模糊数学和灰色系统理论等有关统计量的计算,对实验所取得的数据和测量、调查所获得的数据进行有关分析研究,得到所需结果的一种科学方法。这一方法主要有两方面的应用:试验的设计和研究,即研究如何更合理、更有效地获得观察资料的方法;统计推断,即研究如何利用一定的资料对所关心的问题做出尽可能精确可靠的结论。

线性规划法是解决多变量最优决策的方法。它是在各种相互关联的多变量约束条件下,解决或规划一个对象的线性目标函数最优的问题,即基于一定数量的人力、物力和资源,如何应用才能得到最大效益。当资源限制或约束条件表现为线性等式或不等式、目标函数表示为线性函数时,可运用线性规划法进行决策。其中目标函数是决策者要求达到目标的数学表达式,用一个极大值或极小值表示。约束条件是指实现目标的能力资源和内部条件的限制因素,用一组等式或不等式来表示。线性规划是决策系统的静态最优化数学规划方法之一。

运用线性函数规划法建立数学模型的步骤：第一，确定影响目标的变量；第二，列出目标函数方程；第三，找出实现目标的约束条件；第四，找出目标函数达到最优的可行解，即该线性规划的最优解。

二、自然资源数据库

数据库的出现及广泛应用，是计算机技术水平提高的一个重要标志。随着计算机技术的不断提高，数据库技术也迅速发展起来，除了文献型、管理型数据库外，以知识为单位的各种专业数值型数据库也相继问世，并不断地得到发展和完善，它的优越性亦越来越明显。自然资源研究是一门新的学科，具有内外联系广、综合性强的特点，这些特点也给数据库的应用提供了前提。数据库技术在自然资源研究中的具体应用是建立资源数据库，即利用计算机储存有关资源在不同时空范围内质、量及社会经济背景资料，以实现对自然资源数据科学和严密的管理。这对于促进自然资源学科的发展和解决国民经济发展中的实践问题均有重要意义和作用。

（一）建立自然资源数据库的必要性

1. 建立自然资源数据库可以提高数据利用效率，减少重复劳动。现在，科研人员在各部门、各地区通过多种途径、多种手段收集大量的资料，经过手工方式加工处理，写出考察报告，绘制出图件和表格。在加工处理的过程中，经过多次筛选，在正式出版的报告、图件、表格中所用的资料、数据只是所收集的资料和数据的一小部分，其余大部分积压或散失。如果资料收集者本人再从事深入研究，有可能再用到这些积压的资料；但是其他部门、专业或个人绝不可能利用，他们必须从头收集资料，重复别人的劳动。这种资料的积压或散失是一种极大的浪费，重复别人的劳动也是一种极大的浪费。建立自然资源数据库可以实现资料（数据）的完好存储和资料（数据）共享，还可以使那些过时的、无用的资料（数据）不断得到更新。

2. 建立自然资源数据库可以使资料数据系统化。在自然资源综合研究和开发利用中，资源与环境、资源与经济及各种资源之间的关系错综复杂，运用数据库可以更好地研究多因素不同组合中的状况和变化。例如，目前对我国生态变化过程的研究，如果没有系统的数据而仅凭感觉和经验，就难以真实地反映生态环境变化的规律。如果建立自然资源数据库，将长期资源开发利用和环境变化的信息存储起来，就一定会从中发现生态环境的演变规律，从而做出科学预报并对其实施合理控制。自然资源数据库存储的是系统完整的资料，科研人员可以向数据库查询科研动向，根据科研动向确定科研课题，从而促进自然资源学科的发展。

3. 建立自然资源数据库可以加快数据处理速度。自然资源考察研究工作如果全靠手工劳动和实地调查，则速度慢、周期长，不能适应国土开发整治和国民经济发展的要求。建立自然资源数据库，可以定期收集、存储和处理大量的数据。需要时，只要做一些补充调查、实地验证校核工作，就可以将数据提供使用。特别是在自然资源数据库中有现成的应用程序系统，可以根据用户的要求快速处理数据，及时为国土开发整治和长远规划的制订提供科学依据。

（二）自然资源数据库的建库目的

自然资源数据库是为自然资源研究机构、国土整治决策机关存储和处理数据信息，从而为国土开发整治、资源利用和保护提供科学依据，为自然资源学科研究提供素材。自然资源数据库服务的对象，既是研究性的，又是生产性的。无论是自然资源学科研究，还是自然资源的开发利用，均以单项或综合的自然资源为对象。就目前而论，各单项资源（如土地、森林、草场、矿产等）已经建立或准备建立单项资源库，这对每一项资源的深入研究和合理利用无疑是必要的和有益的。自然资源数据库不是单项资源数据的简单累加，它不能代替单项资源数据库的作用，但又和各单项资源数据库有着密切的信息交换关系，可为各种自然资源的研究和利用提供综合性数据。因此，自然资源数据库具有单项资源数据库所无法替代的作用，它主要是为自然资源综合研究和综合开发利用服务的。

（三）自然资源数据库的功能和系统边界

1. 自然资源数据库的功能。自然资源数据库的功能主要是提供以下信息：全国（或分行政区、经济区、自然地理单元）各类资源的分布图、统计表或数字；全国（或分区）已利用的资源的图、表或数字；全国（或分区）未利用的资源及其潜力的资料；资源平衡表；在特定的经济资源条件下，为拟建设地区提供若干个可供选择的综合开发整治最优方案；为拟建设地区提出若干个供选择的工农业生产布局方案或工农业内部结构方案；一个自然地理单元（如山脉、冲积扇、河流流域或盆地等）不同年代生态环境的状况、演变图表或数字；全国（或分区）生态环境的预测；一个地区采取治理保护措施后自然资源及生态环境的演变，从而评定治理措施的优劣。以上功能全部实现汉字终端输入、输出，以便于用户使用。

2. 自然资源数据库的系统边界。自然资源数据库的系统边界是指它收集数据的广度和深度。国土工作的特点是区域性、综合性、战略性，这些特点决定了其数据面广、量大但又不能太深太专。自然资源数据库选取全部自然资源实体集为系统的内容，包括可更新资源（如气候资源、水资源等）和不可更新资源（如煤、铁、石油等各种矿产资源），这些实体集在数据库中称为数据集。这一范围决定了自然资源数据库收集数据的广度。广度的另一含义在于地域广大，自然资源数据库所收集的数据涉及全国范围内的自然资源。自然资源数据库收集数据的深度比较难确定。这首先是因为自然资源科学是一个新的边缘学科，自然资源数据库所包含的实体集如土地、水、气候、森林、煤、铁、石油等均属于专门学科；其次是因为作为自然资源的各种实体集均有专门的管理部门。所以，自然资源数据库不可能也没必要将这些实体集的全部属性都收集入库。如果要求数据库有不同的功能则应选择不同的数据项（属性的抽象化概念）。设计数据库系统时，不应将那些与应用无关的属性作为数据项。这样，对各种资源属性的选择就有了一个界限，进而也就解决了收集数据的深度问题。

三、系统分析方法

（一）系统分析的特点

1. 多学科。系统分析的研究对象是复杂系统，而复杂系统往往包含多学科的内容。例如，从系统分析的角度研究自然资源，就需要土地资源、生物资源、水资源、能源以及环境科学、生态学、气候学、地质学、社会学、经济学等学科的概念、理论和数据，进行综合时要运用数学、经济学、控制论、计算机科学等学科的方法。因此，完成系统分析工作必须依靠各学科专家的通力合作。各学科专家的合作不仅需要各学科集中到同一个所要达到的目标上，而且需要各学科专家了解不属于自己的专业，这也是成功合作的一个前提条件。

2. 多方案。系统分析者的任务是向决策人提供解决某个问题的多种可行性方案，并且通过比较这些方案明确说明各种方案的利弊，然后由决策人进行决策。在系统分析工作中，常常用到最优化方法，但是"最优化"往往是有条件的，或者说是在一组约束条件下的最优化。由于条件往往是变化的，又常常是不确定的，因此必然需要提出多种方案供决策人选择。

3. 定量和定性方法相结合。系统分析方法离不开数学模型，较多地用到数学方法。但是所研究系统的要素并不是都能够数量化的，如实施资源和环境政策的效益分析就难以完全定量计算。定量和定性方法的结合才真正体现了系统分析的本质，二者的结合有助于系统分析的广泛应用。

4. 系统分析工作能促进专业学科的发展。系统分析工作不是多种学科的简单叠加，它不仅要求具体工作达到它所涉及的学科的科学标准，而且经常开拓在许多学科中尚未涉及的领域，需要涉足几个学科的边缘地带。因此，系统分析一方面需要多学科强有力的支持，一方面会在其工作进程中促进专业学科的发展。这也是目前系统分析工作能够吸引越来越多的专业科学家参与的原因之一。

（二）系统分析的工作步骤

系统分析可有不同的研究对象或者可能处在系统的不同层次上，但是系统分析有着共同的工作方式——研究策略。其工作步骤可归纳为如下几个方面：

1. 确定研究对象。确定研究对象是系统分析工作最重要的阶段，关系着系统分析工作的成败。系统分析的研究对象一般是由决策者提出来的，或者是决策者和系统分析者共同商讨的结果。实际上，决策者往往只能提出系统分析总的要求和方向，严格地划分问题的界限主要由系统分析工作者来完成。确定了系统的边界和必须考虑的变量，也就确定了研究对象的复杂程度。在不影响系统本质的前提下，可只保留那些起重要作用的因素，以减弱系统的不确定性程度，最大限度地降低系统的复杂化。在确定研究对象这一阶段，各种有关学科的专业知识、经验和定性分析起着重要作用。随着系统分析进入以后阶段，通过定量地、更深入地研究分析，会发现原来设想中的一些错误，或者产生新的设想，这时就必须对原来确定的研究对象和范围进行修改，然后进行下一次迭代过程，这个过程会反复进行。

2. 提出解决方案。确定了研究对象，我们就初步明确了研究的范围和要达到的目标，然后就要研究提出解决问题的方案。在提出解决方案这一阶段，需要搜集有关研究对象的信息和数据，并且针对如何解决所提出的问题和如何达到预想的目标提出若干种可供选择的方案。开始时应充分利用不同专业研究者的知识、经验、想象力，提出尽可能多的不同方案。经过进一步思考和分析，由于数学上的或者基本概念上的困难，会舍弃一些难以进一步比较的方案。有些方案初看是可行的，但是由于所需要的信息和数据无法获得而不得不放弃有关的设想方案。另外，有些数据分析前尚不知其存在，但在分析过程中很有可能会意外地获得；某些变量并无现成的数据，但可能根据其他数据的间接计算而获得，间接数据至少可以视为某种程度的近似。以上这些，都是开始时应当提出尽可能多的方案的理由。

必须提出多个用于比较、分析的方案的原因，从本质上讲是系统本身存在许多不确定因素。例如，就资源—生态—经济这一系统来说，一方面系统中许多因素之间的因果机制尚未被提示出来，另一方面在这个系统中人的行为也具有不确定性，因此造成了系统分析工作的困难。系统分析不仅要描述、分析系统的现状，更重要的是分析各种决策对系统今后发展的影响以及系统在未来某个时段内的状态。对于这种复杂的问题，很难最终找出唯一的"最优"方案，甚至很难找出衡量方案是否最优的判据。更多的情况是存在若干个可行方案，它们各有利弊，通过方案比较，可减少可行方案的数量。比较各种方案的利弊并确定其取舍，需要借助下一步骤的工作。

3. 构造模型。实际进行模型构造，并将已经证实可以使用的数据和各种假设在模型上试运行，这是系统分析工作的重要步骤之一。在构造模型的过程中，需要对待用的数据进行检验，确定变量之间的数量关系。构造模型时，应当紧紧围绕已经规定好的对象、变量和目标，并进一步明确问题的界限，使之既符合决策者的要求，又能获得数学上的解答。

由于现实社会—经济—资源—生态系统极其复杂，不同问题其研究对象所处的层次、地域不同，构造模型所要达到的目标也千差万别，特别是系统分析和构模理论尚处于发展阶段更是如此，因此很难给出适用于一切情况的构造模型的具体规范。对于任意一个研究对象，它的总模型所应包括的子模型的最佳数量在规定的精度水平下都是很难预先确定的。构造模型的过程常常是在复杂与简单之间反复作用的过程。当根据一个较简单的模型运行得出大体上正确的结论后，人们便力图增加模型的复杂程度，以求得出更为精确的结果。这时可能会出现两种情况：若模型精度提高了，就会进一步构造出更为复杂的模型；若模型精度没有增加或反而降低了,就会反过来构造简单的或较为简单的模型。经过多次反复,最后确定模型的规模。

构造模型包括以下几个步骤:给出研究对象的文字描述或文字模型;列出借助模型描述和解释的系统动态行为的目的;确定模型的时间水平;确定必需的变量;确定系统的结构,将实际存在的因果关系和反馈关系概念化;估计模型参数,将因果关系和反馈关系定量化;通过计算机模拟评价模型的灵敏性和效果;用可能提出的策略方案进一步检验模型;写出结果报告。

现已得到广泛应用的社会—经济—资源—生态系统模型大致有如下几种:宏观经济模型,这是一种高度综合、反映大区域经济活动的模型;投入—产出模型,这是由一个投入—产出系数矩阵将各部门的生产和消费联系起来的线性模型,该模型经过修改后可包括动态变化,亦可与其他模型联系起来进行最优化研究;最优化模型,如线性规划模型就是较为古老的但仍在继续发挥作用的最优化模型之一;对策和相互作用模型,当引进不同策略时,该类模型可以模拟不同策略,并通过模型相互作用协调所应选择的策略;局部模型,该类模型由综合模型分解而成,可按地域划分,亦可按部门分解;世界模型,如世界能源模型等。

4. 方案评价。根据初步建立的模型和备选方案,可在计算机上运行,对各种方案做出初步评价。将得到的结论写成文件形式,与决策者和其他有关人员一起讨论。在讨论中可能会提出对模型和参数的修订意见,可能会受评价结果的启发而提出一些新的实施方案,必要时应修改模型和重新计算。通过评价、初步试验和多次讨论,最后应能确定最终方案。

5. 方案实施。经过上述步骤得出一个切实可行的方案后,系统分析工作者还应参与方案的实施活动。在实施行动方案的过程中可能会发现新的因素,这些因素在建立模型和试验阶段可能没有被发现,也可能当时把这些因素视为次要因素而没有考虑。系统分析者应该把这些因素的影响引入模型中去,并提出处理这些因素的办法。

前述模型的构造、变量之间的定量关系、基本假设的确定等项研究工作的成果都综合反映在所选定的行政方案中,并随着时间的推移而不断经受检验。系统分析人员参与方案实施,不仅能及时发现和处理新的问题(进入系统分析的第二个回合),而且也是获取新的知识和提高理论水平的极好机会。

系统分析工作成败的关键,除了系统分析人员的通力合作、成员的业务水平和能力外,决策者的支持也是必不可少的条件。决策者必须充分认识到系统分析的必要性,并且决策时愿意认真考虑系统分析工作者所提出的建议。决策者的支持还表现在能在他们的职权范围内保证系统分析工作人员顺利地收集有关资料和数据。决策者应当有权批准有关方案的实施,这样才能完成系统分析工作的全过程,并且能检查系统分析工作的成效。

(三)系统分析的前景

无论是在经济发达国家,还是在一些发展中国家,应用系统分析方法帮助决策者制订发展规划,特别是在发展中国家制订开发自然资源的规划工作,都取得了显著的成效。

四、自然资源信息系统

（一）自然资源信息的特征

自然资源信息是资源客体本质、特征和运动规律的属性。自然资源信息具有以下一些特征：

1. 普遍性和知识性。客观世界中的物质、精神都处在运动之中，伴随运动所产生的属性信息是普遍存在的，它为人们认识客观世界提供了方便。同样，从信息的本质得知，它是事物本质、特征以及运动规律的属性。如果人们对自然资源客体不了解，缺乏有关它的必要属性知识，当获得了对这个自然资源事物本质、特征以及运动规律的信息描述以后，就获得了有关事物的各种知识，从而可以降低该事物不确定性的程度，就由不清楚变清楚，信息掌握得越多，得到的知识也就越多。信息的这种知识性是人们认识和了解自然资源客体的唯一途径。

2. 可共享性。自然资源信息的共享性是基于其信息的非消耗性而存在的。

3. 可传递和存储性。从自然资源实体抽象出来的信息，通过一定的信道（媒体或载体，有形的或无形的）向信宿传递，为信宿所感知或接收，信息的传递性是在时间上和空间上展开的。一种信息可以通过各种不同的方式保存在光、电、磁或纸等介质上，从而使信息实现长期保存。人们可以通过特殊的技术为具有历史意义的信息恢复原来面貌，为人类考证过去和推测未来创造了十分有利的条件。

4. 可加工和增值性。人类对自然资源的认识就是通过对其属性信息的加工处理获得的。由于自然资源是由若干系统组成的整体，而每种资源事物、现象及其运动规律都是整体中的一个环节，反映每个事物的一条信息，可以从不同目的对其进行加工处理，得出若干条适合不同目标或应用的信息，或者人们获取若干条不同事物的信息进行综合加工整理，从而得出高于一条信息的目标或应用，使信息在加工处理过程中升值。

5. 明显的区域差异性。自然资源信息是反映自然资源客体本质、特征和运动规律的属性。组成自然资源信息的各类客体都具有明显的区域特征，表征它们的信息也必然表现出相应的地域差异性。

6. 多元性和多层次性。自然资源作为一个整体，包含若干资源种类和类型。每一种自然资源又可以按照不同的空间尺度进行划分，如全球水资源、国家尺度的水资源、地区尺度的水资源或某个流域的水资源等，使表征它们的信息具有多元性和多层次性的特征。

7. 时效性。自然资源随时间的变化而发生动态变化，所以对自然资源信息的认识一定要有时间的属性，即它的时效性。

8. 海量级的信息量。随着自然资源信息获取方式的改进和先进技术手段的应用，自然资源信息的数据无限量地猛增。如何从海量数据中选取为某一目标服务的自然资源数据，成为人们开发利用自然资源信息的重要问题之一。

（二）自然资源信息系统的构成和基本内容

1. 自然资源信息系统的构成。自然资源信息系统是一个收集自然资源数据（或资料），利用信息技术对数据进行加工、处理、解释，最后输出适用的自然资源信息的系统。由于自然资源包含的内容十分广泛，所以自然资源信息系统是由若干子信息系统组成的非常复杂的总系统。就系统的构成而论，既可按自然资源类型来划分子系统，也可按国家行政区划来划分子系统。

2. 自然资源信息系统的基本内容。无论系统是如何划分的，自然资源信息系统都应包括以下三个方面的基本内容：按经纬网络标注的或按行政区划界定的自然资源信息的地理位置坐标；自然资源信息的标准化和数字化，信息的标准化和数字化是为了适应电子计算机存储和处理，便于信息的交换和分析；建立信息的空间结构和时间序列，使系统具有存储、更新和传递转换的功能。自然资源信息系统是一种研究空间信息的技术系统，它为资源研究建立了可靠和精确的数量基础，并为国民经济建设提供了更加可靠和准确的科学依据。

（三）自然资源信息系统的支柱

自然资源信息系统是资源科学与新兴技术科学相结合的产物，是现代最先进的技术的集合体，集中体现了多种新兴学科和技术的发展水平。它的主要支柱学科有以下几种：

1. 信息论。自然资源信息系统利用信息论所提出的表示信息的方法把资源各类型的实体以信息的形式表征出来，这样便于自然资源资料的收集、加工、整理、传递和应用。

2. 系统科学。系统科学也称为系统分析，运筹学、系统论、控制论是它的理论基础，数学模型是它的重要方法，电子计算机是它的重要工作手段。系统科学为资源研究解决四个方面的问题：

（1）自然资源的综合研究和综合开发利用，处理好局部与整体的关系，实现整体的功能和目标。（2）研究自然资源内部各组成要素（子系统）的关系。自然资源总系统由若干子系统构成，每个子系统又由若干要素构成。因此，自然资源研究既要在纵向上研究同一要素在不同等级、不同层次之间的关系，又要在横向上研究不同要素在同一等级、同一层次中的关系，各要素是相互联系、相互制约的。系统分析就是要对系统内部各要素之间的关系进行控制和改造。（3）建立数学模型。在自然资源各子系统或总系统中建立起数学模型，就能准确了解各种因素之间的相互联系和相互制约的变化规律。这样，系统便成为可测的，我们不仅可以对它进行定性分析，而且还可以对它进行定量研究。（4）研究最优化方案。系统分析的最终目的就是要提出最优化方案。在数学模型的基础上，从系统的整体出发，在动态中协调整体与部分的关系，使系统在整体上达到最佳目标。应用系统分析综合研究自然资源，能够科学地提出资源开发利用和保护治理的合理化方案。

3. 数学。自然资源科学的数量化研究是和数学紧密联系的，各类系统模型的建立本身就是数学在资源研究中的应用。计算数学的发展在自然资源科学尤其是在自然资源信息系统中的应用有着广阔的前景。

4. 计算机技术。自然资源的信息量是相当庞大的，自然资源综合分析中又涉及许多因素，因此自然资源综合研究只有借助电子计算机技术才能得以进行。

5. 数据库技术。数据库技术是计算机技术的具体应用。自然资源的研究和开发利用所涉及的因素很多，传统的信息数据系统已无法适应现代信息处理的要求，数据库技术则能实现数据的科学存储、快速检索、社会共享和及时更新。自然资源数据库是自然资源信息系统的核心。

6. 通信技术。资源信息在大范围内快速无误地传递是现代化研究的基本条件，这就要求有先进的通信技术。光导纤维通信技术为信息传递开辟了广阔的前景，信息高速公路已逐渐成为先进的通信技术，这一切都为自然资源信息系统提供了坚实的支持。

7. 遥感技术。随着空间、电子、光学、计算机等科学技术的发展，遥感技术在国防和国民经济的许多领域中得到广泛的应用，特别是在地球资源勘察、地图测绘以及环境监测等方面，遥感技术成为一种十分重要的手段。在自然资源研究中，可以利用遥感技术采集自然资源数据，这也是自然资源系统主要的信息来源。另外，遥感技术在自然资源信息系统的信息更新及监测自然资源动态方面具有其他手段和技术所无法比拟和替代的重要作用。

8. 统计学。统计是国家制定战略决策和社会经济计划的主要依据，是国家对整个社会经济活动实施管理和监督的重要手段。丰富、准确的资料是自然资源信息系统的重要数据来源。只有准确、及时、科学地统计出各种类型的资料并输入自然资源信息系统中，这个系统才有可能为国家提供有用的、可靠的、综合性的信息和决策方案。

第七章 自然资源审计内容与方法

上一章我们主要讲述了自然资源研究的方法,接下来,本章就自然资源审计内容与方法进行研究。

第一节 政策法规依据

1. 林业部门

(1)《湿地保护管理规定》。
(2)《国家级公益林管理办法》。
(3)《占用征用林地审核审批管理办法》。
(4)《林业行政执法监督办法》。
(5)《关于印发〈育林基金征收使用管理办法〉的通知》。
(6)《森林植被恢复费征收使用暂行办法》。
(7)《完善退耕还林政策补助资金管理办法》。
(8)《林业生态工程建设资金管理办法》。
(9)《巩固退耕还林成果专项资金使用和管理办法》。
(10)《巩固退耕还林成果专项规划建设项目管理办法》。
(11)《突发林业有害生物事件处置办法》。
(12)《征占用林地定额管理办法》。
(13)《关于扩大新一轮退耕还林还草规模的通知》。
(14)《新一轮退耕还林还草总体方案》。
(15)《天然林资源保护工程财政专项资金管理办法》。
(16)《天然林资源保护工程档案管理办法》。
(17)《天然林资源保护工程森林管护办法》。
(18)《天然林资源保护工程二期核查办法》。

2. 水务部门

(1)《全国水土保持规划(2015—2030年)》。
(2)《全国中小河流域治理和病险水库除险加固、山洪地质灾害防御和综合治理总体规划》。

（3）《关于开展加快转变经济发展方式监督检查的意见》。

（4）《水利规划管理办法（试行）》。

（5）《关于印发各级地方人民政府行政首长防汛抗旱工作职责的通知》。

（6）《建设项目环境保护管理条例》。

（7）《取水许可管理办法》。

（8）《建设项目水资源论证管理办法》。

（9）《入河排污口监督管理办法》。

（10）《城镇排水与污水处理条例》。

（11）《水利基本建设资金管理办法》。

（12）《关于水资源费征收标准有关问题的通知》。

（13）《关于印发〈水土保持补偿费征收使用管理办法〉的通知》。

（14）《水利建设基金筹集和使用管理办法》。

（15）《关于从土地收益中计提农田水利建设资金有关事项的通知》。

（16）《工程建设项目施工招标投标办法》。

（17）《建设工程质量管理条例》。

（18）《农村饮水安全工程建设管理办法》。

（19）《大型灌区节水续建配套项目建设管理办法》。

（20）《病险水库除险加固工程项目建设管理办法》。

（21）《抗旱应急水源工程项目建设管理办法》。

（22）《规划环境影响评价条例》。

（23）《关于加强环境监管执法的通知》。

（24）《饮用水水源保护区污染防治管理规定》。

（25）《排污费征收使用管理条例》。

（26）《排污费资金收缴管理办法》。

3. 环境保护部门

（1）《建设项目环境影响评价文件分级审批规定》。

（2）《排污费资金收缴使用管理办法》。

（3）《关于减免及缓缴排污费有关问题的通知》。

（4）《排污费征收使用管理条例》。

（5）《节能技术改造财政奖励资金管理办法》。

（6）《土壤环境质量标准》。

4. 其他

（1）《全国生态环境保护纲要》。

（2）《全国集中式生活饮用水水源地水质监测实施方案》。

（3）地方性法规。

第二节　地理信息系统技术理论

一、现代测绘基准

根据《中华人民共和国测绘法》"国家建立全国统一的大地坐标系统、平面坐标系统、高程系统、地心坐标系统和重力测量系统,确定国家大地测量等级和精度以及国家基本比例尺地图的系列和基本精度",测绘基准是具有国家法定效力,在测绘地理信息行业普遍使用的基础性数学框架。大地坐标系与高程基准是测绘地理信息系统广泛使用的重要参考框架。现代测绘基准在平面方面,采用中国 2000 国家大地坐标系,建立了国家导航卫星连续运行站网;在高程基准方面,要进一步加密国家高等级水准网,结合全球卫星导航系统高程测量和卫星测高技术,使我国分米级精度大地水准面(CQG2000)得到精化。

(一)基础比例尺地图投影

地图投影解决地球球面到地图平面的科学转换,使其以变形最小为原则建立空间点与平面点一一对应关系的数学模型。我国基本比例尺系列地形图中除了 1∶100 万之外的其他比例尺地形图均采用高斯 - 克吕格投影,而欧美一些国家采用相对应的 UTM 投影。

高斯 - 克吕格投影是以椭圆柱面为投影面,使其与地球椭球体的某一条经线(投影带中央子午线)相切,然后按等角条件将中央经线东西两侧的一定范围投影到椭圆柱面上,再展开为平面而成的投影。其实质上为等角横切椭圆柱投影。

高斯 - 克吕格投影分带是按一定经差将地球椭球面划分为若干投影带,这是高斯 - 克吕格投影中限制长度变形的最有效方法。通常按经差分为 6 度带或 3 度带。

(二)参心坐标系和地心坐标系

1. 参心坐标系。参心坐标系是以参考椭球体面为基本参考面,以大地测量起算点(大地原点)为基本参考点,以参考椭球体中心为基本参考中心的大地坐标系。通常分为参心空间直角坐标系(以 x、y、z 为其坐标元素)和参心大地坐标系(以 B、L、H 为其坐标元素)。参心大地坐标是经典大地测量的一种通用坐标系,应用十分广泛。根据地图投影理论,参心大地坐标系通过高斯 - 克吕格投影计算转化为平面直角坐标系,为地形测量和工程测量提供控制基础。

2. 地心坐标系。地心坐标系是以地球质心为原点,以一个中心与地球质心重合的椭球为参考所建立的大地坐标系。地心大地坐标(L,B,H)和地心空间直角坐标(X,Y,Z)之间存在着严密的数学关系。参心坐标参考框架和地心坐标参考框架的主要不同在于:

(1)椭球定位方式。参心坐标系实际是为了研究局部地面形状,在使地面测量数据归算至椭球的各项改正数最小的原则下,选择与局部区域的大地水准面最为吻合的椭球所建立的坐标系，如 1980 西安坐标系在全国范围内拟合，使高程异常为零的两条等值线穿过我国东部和西部，大部分地区高程异常在 20 米以内，参考椭球面和大地水准面是有较好的符合的。但由于参心坐标未与地心对应，不利于研究全球地形和板块运动等，难以保证现代空间管理和技术的应用需求。地心坐标系所定义的椭球中心和地球质心重合，并且椭球定位与全球大地水准面最为密合，考虑坐标变化时，还需要一个时间历元，故时间尺度也是坐标参考框架的一部分，完整的参数体系不仅有几何参数，还包括物理参数。

（2）实现技术。参心坐标系采用传统的大地测量手段，地面基线扩展和传递测量标志点之间的距离、方向，可以通过平差的方法得到各点相对于起始点的位置，由此确定各点在参心坐标系下的坐标。地心坐标系是通过空间大地测量观测技术，获得各测站在国际地球参考框架下的地心坐标。

（3）椭球原点。参心坐标系椭球原点与地球质量中心有较大的偏差，地心坐标系原点则位于地球质量中心。整个空间测绘体系和定点运行都统一指向质心，因此给数据统一性带来极大的方便。

（4）精度改善。原有参心坐标系的成果由于当时客观条件的限制，缺乏高精度的外部控制，长距离精度较低。2000 国家大地坐标系的成果精度比现行参心坐标系精度要高一个数量级，相对精度可达到 $10^{-8} \sim 10^{-7}$。

二、资源遥感技术

遥感（remote sensing，RS），意为"遥远的感知"，是指在一定距离之外不与物体直接接触的前提下，通过一定的仪器对其进行探测、记录和分析的系统理论与技术。其中，将实现探测的科学仪器称作"传感器"，携带传感器的运载平台称作"遥感平台"。现代遥感全面吸收了现代物理学、电子计算机技术、空间技术、信息科学、环境科学等最新成就。其研究主要包括：地表各种物体和现象的波谱性和大气传输特性；有关信息获取、数据处理的机制、设备、技术和方法；遥感信息综合分析及其应用的有关理论、技术和方法等。

三、全球定位技术

（一）卫星定位的原理及组成

卫星定位的基本原理是将卫星视为"动态"的控制点，在已知瞬时坐标的条件下，进行空间距离后方交会，以此确定用户接收机天线所处的位置。其中，卫星的位置由卫星导航电文中的星历确定，而观测站点与卫星的距离由测定卫星信号在卫星和测站点之间的传播时间来确定。

1. 空间星座部分

美国 GPS 的空间星座部分主要由 24 颗（21+3）卫星构成，其中 21 颗为工作卫星，另外 3 颗为备用卫星。这 24 颗卫星均匀分布在 6 个轨道平面内，每个轨道面包含 4 颗卫星。

轨道面相对赤道面倾角为55度，轨道的升交点赤经各相差60度，卫星轨道为椭圆形，平均高度约20 200公里，运行周期约11小时58分。这样，对于地面观测者来说，每天将提前约4分钟见到同一颗GPS卫星，并且每天见到的卫星几何分布相同。位于地平线以上的卫星颗数随着时间和地点的不同而有所不同，最少时可见到4颗，最多时可见到11颗。GPS卫星的主要功能是：接收并存储发自地面监控站的导航信息；利用星载高精度原子钟提供精密时间标准；通过卫星上的微处理机进行某些必要的数据处理；向用户播发定位数据信息；在地面监控站的指令下调整飞行姿态或启用备用卫星。

2.地面监控部分。GPS的地面监控部分主要由分布全球的6个地面站构成，其中包括卫星监测站、主控站、备用主控站和信息注入站等。监测站是主控站控制下的数据自动采集中心，其作用主要是对GPS卫星数据和当地的环境数据进行采集、存储并传给主控站。主控站是整个系统的"中枢神经"，主要作用包括：根据本站和其他监测站的观测数据，推算卫星星历、卫星钟差、大气改正等参数，并把这些参数传送到信息注入站；提供全球定位系统的时间基准；甄别偏离轨道的GPS卫星，发出指令使其沿预定轨道运行；判断卫星工作状态，启用备用卫星。信息注入站的主要作用是将主控站推算的卫星星历、导航电文、钟差和其他控制指令，以一定的格式注入相应卫星的存储系统，并监测注入信息的准确性。

3.用户设备部分。作为被动式的定位技术，GPS用户必须通过专用信号接收设备才能达到定位目的。GPS接收机的主要作用是接收导航卫星发出的信号，对卫星信息进行处理后依据所得数据确定接收机所在的地理位置。

（二）全球导航卫星系统

全球导航卫星系统（Global Navigation Satellite System，GNSS），是能在地球表面或近地空间的任何地点为用户提供全天候的三维坐标、速度及时间信息的空基无线电导航定位系统。目前该系统主要有美国全球定位系统（GPS）、中国北斗卫星导航系统（BDS）、俄罗斯格洛纳斯系统（GLONASS）和欧盟伽利略导航卫星系统(GALILEO)。

四、地理信息系统

（一）地理信息系统的定义及组成

狭义地讲，地理信息系统（Geographic Information System，GIS）是在计算机硬、软件系统支持下，对整个或部分地球表层（包括大气层）空间中的有关地理分布数据进行采集存储、管理、运算、分析、显示和描述的技术系统。广义来看，地理信息系统不仅是一种专门用于采集、存储、管理、分析和表达空间数据的信息系统，还是表达、模拟现实空间世界和进行空间数据处理分析的工具，也可看作人们用于解决空间问题的资源，同时还是一门关于空间信息处理分析的科学技术。古往今来，几乎人类所有活动都发生在地球上，都与地球表面位置（地理空间位置）息息相关。随着计算机技术的日益发展和普及，地理信息系统（GIS）及在此基础上发展起来的"数字地球""数字城市"在人们的生产和生活中起着越来越重要的作用。

地理信息系统可以分为以下五部分：

人员，人员是地理信息系统中最重要的组成部分，开发人员必须定义系统中被执行的各种任务，开发处理程序，熟练的操作人员通常可以克服系统软件功能的不足，但是相反的情况就不成立，最好的软件也无法弥补操作人员对地理信息系统的一无所知所带来的副作用；数据，精确的、可用的数据可以影响查询和分析的结果；硬件，硬件的性能影响软件对数据的处理速度、使用是否方便及可能的输出方式；软件，不仅包含地理信息系统软件，还包括各种数据库和绘图、统计、影像处理及其他程序；过程，地理信息系统要求明确定义，用一致的方法来生成正确的、可验证的结果。

（二）空间分析的基本方法

空间分析是地理信息系统的主要功能，也是地理信息系统与计算机制图软件相区别的主要特征。空间分析是从空间物体的空间位置、联系等方面去研究空间事物，以及对空间事物做出定量的描述。一般情况，它只回答是什么（what）、在哪里（where）、怎么样（how）等问题，但并不（能）回答为什么（why）。空间分析需要复杂的数学工具，其中最主要的是空间统计学、图论、拓扑学、计算几何等。在自然资源资产审计中，主要应用的空间分析功能为叠加分析、提取分析和空间数据统计等。

1. 叠加分析。叠加分析是指在统一空间参考系统下，通过对两组数据进行一系列的集合运算，而产生新数据的过程。数据可以是图层对应的数据集，也可以是地物对象。叠加分析中的叠置分析的目标是分析在空间位置上有一定关联的空间对象的空间特征和专属属性之间的相互关系。多层数据的叠置分析，不仅产生了新的空间关系，还可以产生新的属性特征关系，能够发现多层数据间的相互差异、联系和变化等特征。基本的叠加分析是将不同侧面的信息内容叠加显示在结果图件或屏幕上，以便研究者判断其相互空间关系，获得更为丰富的空间信息。此类信息叠加不产生新的数据层面，只是将多层信息复合显示，便于分析。其中包括：点状图、线状图和面状图之间的叠加显示；面状图区域边界之间或一个面状图与其他专题区域边界之间的叠加；遥感影像与专题地图的叠加；专题地图与数字高程模型（DEM）叠加显示立体专题图。

2. 提取分析。提取分析包括根据像元的属性或其空间位置从栅格中提取像元的子集，也可以获取特定位置的像元值作为点要素类中的属性或表。基于像元的属性或空间位置提取像元值到一个新栅格的情况包括以下几种：按照属性值提取像元（按属性提取），可通过一个查询语句来完成；按照像元空间位置几何提取像元时，要求像元组必须位于指定几何形状的内部或外部（按圆形区域提取、用面提取、用矩形提取）；按照指定位置提取像元时，需要根据像元的点位置来识别像元的位置（用点提取），或者通过使用掩模或栅格数据来识别像元的位置（按掩模提取）。

通过点要素类识别的像元值可以记录为新输出要素类的属性（值提取至点）；通过点要素类识别的像元值可以追加到要素类的属性表中（多值提取至点）。此工具也可识别来自多个栅格的像元值；所识别位置（栅格和要素）的像元值可记录在表中（采样）。

3. 空间数据统计。空间数据统计起步于 20 世纪 70 年代，其核心就是认识与地理位置相关的数据间的空间依赖、空间关联等关系，通过空间位置建立数据间的统计关系。空间数据统计学依赖于地理学第一定律（空间上越临近的事物拥有越高的相似程度）和空间异质性（空间位置差异造成的行为不确定现象）。利用地理信息系统进行空间数据统计可帮助我们发现、判断并证实事物在空间上分布的规律和特征，从而对研究进行辅助决策。

（三）主要应用软件

1. Arc GIS。Arc GIS 是美国 ESRI 公司研发的构建于工业标准之上的无缝扩展的地理信息系统产品家族。它整合了数据库、软件工程、影像处理、网络技术、云计算等主流的技术，为用户提供一套完整的、开放的企业级解决方案。无论是在桌面端、服务器端、浏览器端、移动端乃至云端，Arc GIS 都有与之对应的组件，并且可由用户定制，以满足不同层次的应用需求。

2. Map GIS。Map GIS 是中国地质大学开发的通用工具型地理信息系统软件平台，它是在地图编辑出版系统 Map CAD 的基础上发展起来的，可对空间数据进行采集、存储、检索、分析和图形表示。Map GIS 包括了 Map CAD 的全部基本制图功能，可以制作具有出版精度的十分复杂的地形图和地质图。同时，它能对地形数据与各种专业数据进行一体化管理和空间分析查询，从而为多源地学信息的综合分析提供一个理想的平台。

3. Super Map。Super Map 地理信息系统是北京超图软件股份有限公司开发的，具有完全自主知识产权的大型地理信息系统软件平台，共包括云 GIS 平台软件、组件 GIS 开发平台、移动 GIS 开发平台、桌面 GIS 平台、网络客户端 GIS 开发平台及相关的空间数据生产、加工和管理工具。经过不断的技术创新，Super Map 地理信息系统已经成为产品门类齐全、功能强大、覆盖行业范围广泛、满足各类信息系统建设的地理信息系统软件品牌，并深入国内各个地理信息系统行业应用。在日本超图株式会社的推动下，Super Map 已经成为日本著名的地理信息系统品牌，同时 Super Map 也在我国香港、澳门和台湾，以及东南亚、北欧、印度、南非等地大力开拓市场，获得越来越多的政府和企业用户的认可。Super Map 已经成为亚洲最大的地理信息系统软件平台提供商。

4. 其他。国源科技是集地理信息研究、开发和数据采集加工、应用为一体的民营股份有限责任公司，主要从事软件开发、数据库建设、图形采集、数据录入。其主要业务有：土地规划及地矿规划设计、摄影测量与遥感影像加工、工程测量、地籍测量、地理信息系统工程和计算机网络工程。

第三节 总体技术路线

一、审计流程

审计流程是指审计人员在具体的审计过程中采取的行动和步骤。广义的审计流程一般可划分为三个阶段：审计准备、审计实施和审计终结阶段，各阶段又包括许多具体内容。狭义的审计流程指审计人员在取得审计证据完成审计目标的过程中，所采用的步骤和方法。我国审计程序通常包括制订审计项目计划、审计准备、审计实施和审计终结四个环节。

（一）制订审计项目计划

审计机关应根据国家形势和审计工作实际，对一定时期的审计工作目标任务、内容重点、保证措施等进行事前安排，做出审计项目计划。

（二）审计准备

根据审计项目计划确定的审计事项，组成审计组，并应当在实施审计三日前，向被审计单位送达审计通知书。遇有特殊情况，经本级人民政府批准，审计机关可以直接持审计通知书实施审计。上级审计机关对统一组织的审计项目应当编制审计工作方案，每个审计组实施审计前应当进行审前调查，编制具体的审计实施方案。

（三）审计实施

审计人员通过审查会计凭证、会计账簿、财务会计报告，查阅与审计事项有关的文件、资料，检查现金、实物、有价证券，向有关单位和个人调查等方式进行审计，取得证明材料，并按规定编写审计日记，编制审计工作底稿。

（四）审计终结

审计组对审计事项实施审计后，应当向审计机关提出审计组的审计报告。审计组的审计报告报送审计机关前，应当征求被审计对象的意见。审计机关对审计组的审计报告进行审议，提出审计机关的审计报告。对违反国家规定的财政收支、财务收支行为，依法应当给予处理、处罚的，在法定职权范围内做出审计决定或者向有关主管机关提出处理、处罚的意见。

综合利用遥感对地观测技术、地理信息系统技术、卫星导航定位技术等地理信息技术，对领导干部在遵守自然资源资产管理和生态环境保护法律法规、完成自然资源资产管理和生态环境保护目标、履行自然资源资产管理和生态环境保护监督责任等方面进行考评，落实领导干部任期生态文明建设责任制和环境保护责任追究制，推进国家治理能力与治理体系现代化建设。

二、技术路线

基于地理信息数据的自然资源资产审计，在审计过程中或审计实施中主要经过资料收集、信息核查、对比分析、外业核查和材料编制等步骤。

（一）资料收集

资料收集是审前调查的重要内容。除了通常的会计账簿、财务会计报告，向有关单位和个人调查等资料和方法外，自然资源资产审计需要收集各类地理空间数据，主要分为综合性和专题性两类。

综合性地理信息资料主要指栅格数据或综合性的规划、普查、调查等矢量数据，主要包括各级各类单元区划数据（如主体功能区划数据、行政区划数据、保护区界线数据）、数字高程模型数据、植被覆盖数据、可见光波段各级分辨率数字正射遥感影像数据、土地利用现状调查数据、地理国情普查数据、草原普查数据、林地普查数据、区域土地利用总体规划数据、城市（开发区）空间总体规划数据、生态红线数据、流域综合治理现状及总体规划数据等。

专题性地理信息资料主要指针对某一类有关土地、草原、森林、矿产、水资源等方面的栅格和矢量资料，主要包括基本农田调查数据、河道范围数据、规划七线（"红线""绿线""蓝线""紫线""黄线""橙线""黑线"）数据、森林分布数据、草原分布数据、湿地分布数据、地质调查数据、地质灾害点数据、探（采）矿权界址数据、水源地分布数据、取水口分布数据、排污口分布数据、各类工程项目建设方案（空间位置部分）及合成高光谱波段遥感影像数据（大气二氧化硫、氮氧化物）等。

（二）信息核查

根据已收集到的资料，对被审计区域或项目的优势资源和特色资源进行审计核查。核查的目的是利用客观真实的第三方信息源（遥感数据源），对被审计单位或个人提供的资料进行核实，核实其在遵守自然资源资产管理和生态环境保护法律法规、完成自然资源资产管理和生态环境保护目标、履行自然资源资产管理和生态环境保护监督责任等方面的真实情况，揭示自然资源资产管理开发利用和生态环境保护中存在的突出问题及影响自然资源和生态环境安全的风险隐患。核查的主要手段是通过专题性资料与综合性资料进行叠加分析，以人工解译或自动解译的方法判断自然资源的现实状况和变化情况。

首先，利用空间数据转换、地物信息空间化、投影变换等工具，对已收集的综合性与专题性资料进行整合处理，实现语义统一、空间参考一致、数据格式标准、图示渲染规范的属性信息，掌握审核资源资产的现状、分布、总量变化等基本情况。其次，根据确定审计的资源分布情况，利用空间叠加分析、影像卷帘对比等手段，核查资源在空间的分布现状，通过遥感影像历史与近期的对比，发现资源的空间状态和实际变化情况。最后，将对比审核发现的不符合情况（问题）进行空间定位和标示，通过空间图层的组织方式，对涉及面积、长度、体积等的客观量进行空间计算。另外，在以问题为导向且核查一种资源或种类时，发现其他问题也可进行相关的延伸。

（三）对比分析

信息核查是进行分析与对比的基础。所谓对比分析，就是对信息核查的结果进行分析和复核。由于空间数据的复杂性、多元性，进行对比分析十分必要。在此过程中，对比分析主要包括以下几方面的内容：一是在信息核查阶段，对审计事项中所涉问题中的数量、面积、长度、体积等数据进行分析对比，避免由于参考系统、数据时相等方面不匹配造成错误或误差；二是对所使用空间数据资源的来源、权威性、遥感影像的时相进行对比分析，如在使用空间批量处理指令工具或空间叠加分析工具时，由于系统软件的问题而引起的错误定位、统计失误等；三是将核查的结果与被审计单位提供的数据或资料进行对比，从而发现问题和漏洞，找出自然资源管理、监督、决策等方面存在的问题；四是基于客观事实，对被审计事项的管理和变化产生的原因进行综合分析，为外业核查和客观评价被审计事项的管理和保护做准备。

（四）外业核查

在信息核查和对比分析的基础上，在手持卫星定位终端等外业辅助设备的支持下，对审计事项判读或分析中无法确定的资源利用类型边界和地类属性开展实地核实确认，并将外业核实的内容进行标绘和记录。对外业调查与核查结果进行内业处理与整理，形成翔实准确的外业核查信息和证明材料。

外业核查应编制外业核查方案，对核查的内容、数据源、轨迹等做出具体安排。例如，外业核查的数据源和成果的完整性、属性完整性与准确性、文件命名、补测数据的几何精度；外业调查与核查覆盖范围、路线；外业调查与核查的轨迹记录；调查与核查报告的编写等。

（五）材料编制

根据审计事项和相关方案的要求，对经过信息核查与外业核查的自然资源情况，相关审计事项的图件、报告、数据等材料进行汇编。

第四节　土地资源审计技术

土地资源审计是自然资源审计中的重要内容，根据土地管理法和相关政策要求，审计关注的重点方向有耕地与基本农田保护与利用情况、土地整理情况、土地规划与执行情况、土地利用效率、新增建设用地等。

一、耕地保有量审核

（一）审核关注

耕地保有量是否低于上级政府下达或土地利用总体规划控制的耕地保护量指标，以及空间位置落实。

（二）地理信息系统方法

1. 数据转换及预处理。根据收集到的土地利用变更调查数据、遥感影像数据、规划矢量数据的数据格式、坐标基准进行转换，统一于同一空间坐标系统（CGCS2000），使其能在地理信息系统平台中相互叠置。

2. 指标计算与影像比对。根据土地利用总体规划中指标和土地利用分类体系，提取土地利用变更调查的"耕地"（0100）地类；利用地理信息系统平台所提供的量算和面积计算工具，对地类面积进行统计，将统计结果与规划指标进行对比；以土地变更调查数据中提取的耕地范围为基础，利用遥感影像对耕地地类的实际用途进行核查，主要目的是利用遥感影像的现势性和客观性，对耕地的利用现状进行核查，对耕地内的非农业用地和非法侵占情况进行调查，并对相关疑似点位进行标注和圈示，以便后期外业实地核查。

3. 结果分析与外业调查。对地理信息系统平台提取的耕地地类统计数据要进一步核查与分析，以排除因土地类型划分代码不完整或统计算法或工具引用而引起的错误。对遥感影像中因分辨率过低或云遮盖等因素引起的地类无法直接判别的情况，要进行外业实地调查，以确定数据的真实可靠和结论的准确。对遥感核查中发现的耕地地类中非农业用地及非法侵占和用于建设、养殖等其他用途的情况进行实地调查，有必要时可利用北斗、GPS或量尺等工具进行实地量测。

4. 核查结果汇总。对经过矢量数据计算和影像对比核查的数据进行汇总，与政府下达或规划批准的数据进行对比计算，形成耕地保护相关指标的核查结果，编制审计取证资料，对所涉及的问题进行定性定量化描述。

（三）注意事项

1. 审计过程中使用的土地利用变更数据应为年末汇总或上级下发的正式数据。

2. 所使用的遥感影像的时相应与土地利用变更数据相一致，空间分辨率应为米级或亚米级正射影像数据产品。

3. 外业调查期间需对核查位置进一步确认，因此最好使用轨迹图。

二、基本农田情况审核

（一）审核关注

1. 基本农田保护面积和质量达标情况。

2. 基本农田保护情况，如基本农田保护责任落实情况、基本农田用途变化，以及基本农田破坏、闲置、荒芜等。

（二）地理信息系统方法

1. 数据转换。将收集到的遥感影像数据及基本农田数据库的文件格式、坐标基准进行转换，统一于同一空间坐标系统（CGCS2000），导入地理信息系统软件平台中，进行透明、线型等渲染设置。

2. 图斑面积统计与影像比对。根据永久性基本农田数据库，利用地理信息系统软件平台所提供的量算和面积计算工具，对永久性基本农田的地类斑块面积进行统计并汇总计算面积；基于遥感影像，对基本农田图斑进行逐一核查，主要是利用遥感影像的现势性和客观性，对基本农田土地用途改变、破坏、闲置、荒芜等情况进行核查。新建基础图层，对有疑点或违规侵占、闲置、荒芜情况进行标注或圈示，以便后期外业实地核查。

3. 结果分析。对计算的基本农田面积需要核实，以排除统计算法或工具引用而引起的错误。对有疑点或违规占用、闲置、荒芜情况要进行外业核查，因遥感影像中分辨率过低或云遮盖等因素引起的地类无法直接判别的要进行外业实地调查，以确定数据的真实可靠和结论的准确。

4. 外业核查。在外业核查过程中，需要对存疑的图斑逐一展开核实，特别是对侵占面积较大需要了解相关情况的，当地自然资源部门展开核实，对侵占或破坏的面积进行实地量测或对界址点精确定位，以便后续处理。

5. 核查结果汇总。对经过矢量数据计算和数据汇总的，与政府下达或规划批准的数据进行对比计算，形成基本农田保护相关指标的核查结果；对影像及外业调查过程中发现的侵占行为要图上标示、标注相关主体名称，量算面积，编制审计取证资料，对所涉及的问题进行定性定量化描述。

（三）注意事项

1. 审计过程中使用的为国家最终审核下发的永久性基本农田数据库数据。

2. 所使用的遥感影像的时相应与审计内容相一致，空间分辨率应为米级或亚米级正射影像数据产品。

3. 外业调查期间需对核查位置进行确认，使用轨迹图。

三、耕地占补平衡情况审核

（一）审核关注

1. 补充耕地的数量与质量。
2. 占用耕地的数量与质量。

（二）地理信息系统方法

1. 数据预处理。将收集到的遥感影像数据及补充耕地项目的文件格式、坐标基准进行转换，统一于同一空间坐标系统（CGCS2000），导入地理信息系统软件平台中，进行透明、线型等渲染设置。

2. 核查与影像比对。根据补充耕地数量，对相关土地整理或土地复垦项目中的新增耕地面积，对照项目目标完成情况和遥感影像进行面积核算，对已补充的耕地的利用情况进行核查，并根据项目的验收情况和耕地的利用情况，对补充耕地的质量进行评估，对有疑问的开展实地调查。

根据占用耕地指标的相关开发项目，利用土地利用变更数据和遥感影像，对已占用或未占用耕地项目的土地利用情况进行核查，对有疑问的项目进行实地调查。

3. 统计计算。根据对比和审核的结果，按"占多少、补多少""占优补优"的原则，对耕地占用和补充指标进行平衡核算。

4. 外业核查。在外业核查过程中，需要对存疑的图斑逐一核实，对补充耕地的质量和利用情况进行核查；对已占用而未有效利用的土地面积进行实地量测或对界址点精确定位，以便后续处理，有必要时可利用北斗、GPS等卫星定位系统或量尺等工具进行实地量测。

5. 核查结果汇总。对经过核查的数据进行汇总，对影像及外业调查过程中发现的问题进行图上标示，量算面积，编制审计取证资料，对所涉及的问题进行定性定量化描述。

（三）注意事项

1. 耕地"占补平衡"一般指数量上的平衡，不涉及空间位置，因此在实际审计过程中是总量与总量的对比，而非实际空间位置的一对一关系，也就是说"占"和"补"是两个独立概念。

2. 从耕地质量方面来看，可能会有"占优补劣"的情况发生，因此，审核耕地质量的重点是根据相关验收资料中的定级事项进一步审核补充耕地的质量情况。

3. 外业调查期间需对核查位置进行确认，使用轨迹图。

四、保障性工程用地情况审核

（一）审核关注

保障性安居工程用地供应情况。

（二）地理信息系统方法

1.数据预处理。将收集到的安居工程规划数据、土地利用变更数据、遥感影像数据的文件格式、坐标基准进行转换，统一于同一空间坐标系（CGCS2000），导入地理信息系统软件平台中，进行透明、线型等渲染设置。

2.核查与影像监测。根据安居工程的空间位置，核查安居工程是否符合规划用地；利用土地利用变更数据核查安居工程供地情况；利用多期遥感影像数据监测安居工程及相关配套措施实施进度，对有疑点或违规用地情况进行标注或圈示，以便后期外业实地核查。

3.外业核查。通过遥感监测数据对安居工程的实施进展情况进行实地核查，对相关供地情况进行了解并在图上标记，有必要时可利用北斗、GPS或量尺等工具进行实地量测。

4.核查结果汇总。对经过核查的数据进行汇总，对影像及外业调查过程中发现的违规行为要在图上标示、标注相关主体，量算面积，编制审计取证资料，对所涉及的问题进行定性定量化描述。

（三）注意事项

1.城市坐标系统、工程坐标系统和地理坐标之间的转换关系。

2.所使用的遥感影像时相应与审计内容相一致，空间分辨率应为米级或亚米级正射影像数据产品。

3.外业调查期间需对核查位置进行确认，使用轨迹图。

五、土地整理项目审核

（一）审核关注

1.县（区）级土地整治规划完成及调整情况，重点关注土地整治项目是否符合规划要求，项目实施有无重叠或遗漏及项目选址情况等。

2.新增耕地质量、等级、面积、占补平衡情况及整治后土地用途情况。

（二）地理信息系统方法

1.数据预处理。将已收集的土地整理规划数据（包括项目规划名录及相关属性）、遥感影像数据及项目区界址数据的文件格式、坐标基准进行转换，统一于同一空间坐标系（CGCS2000），导入地理信息系统软件平台中，进行透明、线型等渲染设置。

2.空间分析与统计计算。以数字高程模型为基础，利用地理信息系统中的坡度分析工具，计算坡度大于25度的空间范围，并将其转换为面状范围数据导出；将大于25度范围的数据与项目界址构成的面状数据进行叠加分析，审核项目选址方面的问题；将整治项目规划区范围与项目实施的界址数据进行叠加分析（若无具体规划范围可根据相关地名地址、面积等属性数据进行大概的范围划定），审核项目实施是否符合整治规划；以项目实施范围为依据，对其实施前后的遥感影像进行分析比对，审核项目实施效果和整理后的土地用途等情况。

3. 结果分析。通过空间分析和叠加计算的结果及影像对比，对发现的问题进行汇总和检查，坡度大于 25 度范围内不应安排整理项目；在同一个时期内，根据土地整理规划，各个项目实施范围不应有重叠；规划和实施的面积和范围应具有一致性；根据项目的完成情况，通过遥感影像的核查，对有疑点或违规用地情况进行标注或圈示，以便后期外业实地核查。

4. 外业核查。通过空间叠加分析，对存在重叠的项目区进行实地勘查，对图上所涉面积进行核实。根据遥感影像对比发现的疑点，须逐一核查，在此核查过程中，关注项目是否完成整治目标和整治效果，有必要时可利用北斗、GPS 等卫星定位系统或量尺等工具进行实地量测。

5. 核查结果汇总。对经过核查的数据进行汇总，对影像及外业调查过程中发现的违规行为进行图上标示、标注相关主体名称，量算面积，编制审计取证资料，对所涉及的问题进行定性定量化描述。

（三）注意事项

1. 所使用的遥感影像的时相应与审计内容相一致，空间分辨率应为米级或亚米级正射影像数据产品。

2. 外业调查期间需对核查位置进行确认，使用轨迹图。

六、土地规划执行情况审核

（一）审核关注

1. 土地规划编制及调整是否符合主体功能区定位或政策法律规定。
2. 建设用地布局和规模是否与土地规划相匹配。
3. 禁止建设区和限制建设区内建设用地情况审核。

（二）地理信息系统方法

1. 数据预处理。将已收集的主体功能区划数据、遥感影像数据、土地利用变更数据、土地利用总体规划数据的文件格式、坐标基准进行转换，统一于同一空间坐标系统（CGCS2000），导入地理信息系统软件平台中，进行透明、线型等渲染设置。

2. 空间分析与空间分布核查。根据主体功能区划定位，对县（市、区）区域内的建设项目用地进行核查。例如，在国家级及省级禁止建设区或限制开发区内进行工矿企业开发或兴建项目。利用近期土地利用变更调查中的建设用地地类编码提取建设用地地类图斑，在核准相关统计地类后，计算区域内建设用地总规模，也可以按相关属性提取新增建设用地地类。提取并汇总后，可与规划建设用地指标进行对比，核查建设用地指标完成情况。利用地理信息系统属性管理工具提取规划范围内的限制建设区 "030" 或禁止建设区 "040"，将两类区域与影像底图叠加，逐个核查限制建设区内和禁止建设区内的建设用地情况。

3. 结果分析。对汇总计算的结果及影像对比发现的问题进行汇总和检查，先定性分析后定量计算。一方面，对发现的问题进行位置标注和面积概算，排除因使用测绘基础、分类标准或软件工具不同而产生的误差；另一方面，对有疑点或违规占用情况进行标注或圈示，以便后期外业实地核查。

4. 外业核查。外业核查主要对图上所涉面积或开发项目进行实地核实。对根据遥感影像对比发现的问题或疑点，须逐一核查，有必要时可利用北斗、GPS等卫星定位系统或量尺等工具进行实地量测。

5. 核查结果汇总。根据叠加分析的汇总、外业核查结果及影像、外业调查过程中发现的问题，编制审计取证，对所涉问题进行定性定量化描述。

（三）注意事项

1. 按空间数据的属性进行编码提取时，须对建设用地各类型进行统计，防止出现只统计大类，而忽略小类。
2. 土地利用变更调查数据一般为年末变更数据，需注意统计的时间节点。
3. 按现行土地规划，禁止建设区一般为水源地、河道、保护区等区域。
4. 外业调查期间需对核查位置进行确认，使用轨迹图。

第五节　水资源审计技术

水资源一般包括地下水资源和地表水资源，与地理信息技术相关的水资源审计主要包括重点中小河流治理规划实现、河道保护、水土保持、水源地保护、入河（海）排污口设置等内容。

一、重点中小河流治理目标审核

（一）审核关注

重点中小河流治理规划落实情况及相关治理工程。

（二）地理信息系统方法

1. 数据预处理。首先，以全国重点地区中小河流治理建设规划中确定的2209条中小河流为目标，基于地理国情普查要素数据，在被审计县（市、区）内提取相关河流空间位置信息；基于中小河流治理规划和相关工程资料，提取其治理范围的空间位置信息。

2. 规划目标及治理工程对比。将地理国情普查要素中的中小河流数据、治理规划数据及工程范围数据叠置于同一坐标系中，加载高分辨率遥感影像数据，依据治理规划目标和工程完成目标，利用不同期遥感影像的对比，对治理的目标完成情况及工程现状、措施等进行审核，并对有疑问的相关项目进行标示。

3. 外业核查。按影像对比的结果，选取治理规模适中、影响范围较大且存在疑点的治理区进行实地勘查，结合治理工程相关资料，对规划任务、工程质量、治理效果等进行实地核查。

4. 核查结果汇总。根据影像分析对比和外业核查结果，编制审计取证，对所涉问题进行定性定量化描述。

（三）注意事项

1. 中小河治理规划一般为文字描述，根据文字可以大致确定其空间位置，此项工作需要水务部门工作人员配合完成。
2. 通过影像主要对比分析治理工程相关的建设进展和设施建设方面。
3. 所使用的遥感影像的时相应与审计内容相一致，空间分辨率应为亚米级正射影像数据产品。
4. 外业调查期间需对核查位置进行确认，使用轨迹图。

二、河道采砂情况审核

（一）审核关注

河道范围内采砂及审批情况。

（二）地理信息系统方法

1. 数据预处理。首先，提取被审计区域内地理国情普查中的河流要素数据；然后，将河道采砂规划数据进行空间化，将具体涉及的地名、河道、长度等在影像底图中标示，若规划数据直接为空间化数据，则将其基准坐标系统与影像数据、普查数据进行统一。

2. 影像河道采砂场（点）解译。基于遥感影像，按地理国情普查中的河道面状数据（历史最高水位线）对采砂场进行人工解译。采砂场在影像中的特征较为明显，特别是经过不同期影像的对比，能够较为清晰地识别人工采砂设施和砂石堆放场。对于河流水量较大的流动式采砂，可以以其砂石堆放场地进行辨识。

3. 采砂许可审批对比与规划对比。将遥感影像解译结果与采砂审批许可进行对比，判断无证采砂、超界采砂等情况；将采砂审批许可、遥感解译结果与采砂规划进行对比，判断采砂审批是否符合采砂规划。

4. 外业核查。按影像解译成果、采砂规划、采砂许可范围等排查结果确定的违规审批、非法采砂等疑点，进行外业实地核查，确定其采砂地点、采砂范围和数量等情况。

5. 核查结果汇总。根据分析对比和外业核查结果，编制审计取证，对所涉问题进行定性定量化描述。

（三）注意事项

1. 在实际工作中，采砂须经自然资源部门批准、水务部门审核监管。

2. 解译采砂场（点）需要高分辨率遥感影像，空间分辨率应为亚米级正射影像数据产品。

3. 河道、湖泊等水域内的工程设施建设、开发建设项目审核，都可类似地进行操作。

三、开发建设项目水土保持情况审核

（一）审核关注

1. 开发建设项目水土保持方案审批、验收情况。

2. 开发建设项目开展的水土保护工程设施目标完成情况。

（二）地理信息系统方法

1. 数据预处理。建设项目施工图一般为 Auto CAD 等软件导出的格式的图，通过地理信息系统软件工具将其转换为地理信息数据格式，并将其坐标系统转换为大地坐标系统（CGCS2000），以此确定项目的建设范围，并根据项目水土保持审批方案提取水土保持设施建设的位置和范围。

2. 水土保护设施影像核查。通过与遥感影像叠加，核查经过工程措施、生物措施、蓄水保土等具体水土保持措施的地表形态变化情况和实施效果，以此确定水土保持方案目标的实现程度，对有疑问的区域和项目进行标注。

3. 外业核查。按影像核查的结果，对未开展水土保持设施而竣工验收、造成水土流失和水土资源破坏的建设项目进行实地核查，对造成的结果进行初步分析，形成外业核查报告。

4. 核查结果汇总。根据分析对比和外业核查结果，编制审计取证，对所涉及的问题进行定性定量化描述。

（三）注意事项

1. 确定具体水土保持措施的位置和范围时尽量与相关人员充分交流。

2. 影像核查时最好使用项目建设前、后期影像进行对比分析。

四、防汛抗旱情况审核

（一）审核关注

1. 防汛抗旱工程及重大清障项目建设情况。

2. 防汛应急工程及其配套设施建设情况。

（二）地理信息系统方法

1. 数据预处理。建设项目施工图一般为 Auto CAD 等软件导出的格式的图，通过地理信息系统软件工具将其转换为地理信息数据格式，并将其坐标系统转换为大地坐标系统（CGCS2000），以此确定防汛工程项目、重大清障项目、防汛应急工程的空间位置和范围。

2. 防汛建设项目影像核查。通过与遥感影像叠加，对比分析防汛工程、重大清障工程、防汛应急等项目建设对地表形态的改变情况和实施效果，以此为依据审核防汛工作目标的实现程度，对有疑问的区域和项目进行标注。

3. 外业核查。按影像核查的结果，对相关建设项目进行实地核查，对其实施进展和效果进行初步分析，形成外业核查报告。

4. 核查结果汇总。根据分析对比和外业核查结果，编制审计取证，对所涉及的问题进行定性定量化描述。

（三）注意事项

1. 根据防汛规划，确定具体防汛抗旱工程的位置和范围。
2. 影像核查时最好使用项目建设前、后期影像进行对比分析。

五、饮用水水源地保护情况审核

（一）审核关注

1. 水源地保护区内排污口设置情况。
2. 水源地内建设项目情况。

（二）地理信息系统方法

1. 数据预处理。将水源地保护区数据坐标系统转换为大地坐标系统（CGCS2000），并与遥感影像图叠加。

2. 保护区建设项目影像核查。通过与遥感影像叠加，在一级保护区对建设用地进行核查，对与供水设施和保护水源无关的建设项目进行标注；通过影像对比，在二级保护区及准保护区内核查新建、扩建项目，并进行标示；对保护区内地表水水体分布、颜色等发生显著变化的区域进行标示，以此为依据核查排污口等设施。

3. 外业核查。按影像核查的结果，对相关建设项目进行实地核查。在一级保护区内核查与供水设施和保护水源无关的建设项目，在二级及准保护区内核查新建、改建、扩建项目，形成外业核查报告。

4. 核查结果汇总。根据分析对比和外业核查结果，编制审计取证，对所涉及的问题进行定性定量化描述。

（三）注意事项

以地下水为水源地的，一般是以取水口为中心距离（0.1~1 公里）为半径的圆形区域。

六、城市污水管网覆盖率审核

（一）审核关注

城市污水管网覆盖率指标。

（二）地理信息系统方法

1. 数据预处理。将城市总体规划数据、城市道路数据与污水管理网数据转换为同一坐标系统，并与遥感影像图叠加。

2. 污水管网覆盖率计算。城市污水管网覆盖率是实际管网的纳污范围与城市规划区管网的覆盖范围之比。实际管网的纳污范围是以现有城市管网分布图为依据，结合城市道路数据，利用地理信息系统的面层数据确定城市污水管网的实际覆盖范围，并计算其面积；城市规划区管网覆盖范围一般指整个城市规划区范围，包括现有主体城区及周边开发区的范围。两者面积之比为污水管网的覆盖率。

3. 结果核查。通过与城市住建部门沟通，对实际管网的覆盖范围进行确认，并对计算结果进行审核，编制审计取证，对所涉及的问题进行定性定量化描述。

（三）注意事项

在进行面积计算时，要求各类数据的坐标系统一致。

第六节　林业资源审计技术

林业资源审计涉及面非常广泛，按现有林业部门职能与遥感、地理信息技术相关的审计内容主要包括林地覆盖率、林地征占用、自然保护地（森林公园、湿地公园等）、退耕还林项目等。

一、森林覆盖率审核

（一）审核关注

林地保有量和森林保有量计划完成情况下的森林覆盖率情况，即林地面积与森林面积真实情况审核。

（二）地理信息系统方法

1. 数据提取。将林地落界数据与林地变更调查数据坐标基准转换为大地坐标系统（CGCS2000），并将林地变更数据中的"现状林地"（除宜林地和林业辅助生产用地外），即有林地、疏林地、灌木林地、苗圃等地类，按地类编码进行提取。与此类似，将地理国情普查（监测）数据中的"林草覆盖"类，按林地编码提取出林地。

2. 数据对比与核查。将林地变更调查数据与地理国情数据进行叠置分析。首先，将两者共同认定的林地范围作为基数。其次，对照遥感影像，对两者存在分歧的地类范围进行详细对比，以现状为依据，核实林地覆盖范围，存在不确定情况时须进行外业核查。最后，在调查完成后调整基数，将其作为最终的林地覆盖面积。

3. 外业核查。按影像核查的结果，对两者数据认定不一致的图斑进行实地外业调查。由于地理国情数据在采集林地时，其郁闭度要求均为0.2，具有一致性，但在灌木林、未成林等界定方面可能存在不一致性，具体应以现状林地为准。

4. 结果汇总与森林覆盖率核查。根据外业核查结果，汇总统计相关地类图斑面积，对林地基数进行调整，计算林地覆盖率，编制审计取证，对所涉及的问题进行定性定量化描述。

（三）注意事项

1. 地理国情普查（监测）数据仅为核实林地面积的参考数据，计算面积应以林地调查数据为主。

2. 地理国情普查（监测）数据中林地采集指标为400平方米（0.6亩），而林地变更调查数据为666.67平方米（1亩）。

二、林地、森林征占用审核

（一）审核关注

林地占用审批情况及占用后土地用途、恢复情况。

（二）地理信息系统方法

1. 数据提取。土地利用变更林地数据：以土地利用变更调查数据为基础，根据林地征占用台账审批的相关信息（一般为行政审批文件编号或建设项目审批文件编号）提取林地征占用图斑，转换坐标基准使提取的图斑与遥感影像数据基准相一致。

林地变更调查数据：以林地变更调查数据为基础，按地类编码提取林地数据，即有林地、疏林地、灌木林地和苗圃等地类，转换坐标基准使其与遥感影像数据基准相一致。

2. 数据对比与核查。通过与遥感影像对比，核查已审批征占用林地的地类利用现状，对临时占用但超过占用期限、临时占用但在其上修筑永久性建筑物等的情况在图上进行标示，并计算其面积。除经审批征占用林地外，也可通过遥感影像核查未经审批征占用林地情况。具体方法是以提取的林地变更调查数据中的"现状林地"为基础，叠加审计期初与期末的遥感影像，通过影像的卷帘工具进行核查，对林地区域内新增的"非林用地"或毁林地等进行标示，对不确定的内容进行外业核查。

3. 外业核查。按遥感影像核查的结果，进行征占用林地情况的实地核查。对临时征占用林地上修筑永久性建筑物的情况要拍照取证，对在遥感审核时发现的未经审批占用或是毁林地进行重点核查。

4. 结果汇总。根据外业核查结果，汇总统计相关地类图斑面积，编制审计取证资料，对所涉及的问题进行定性定量化描述。

（三）注意事项

1. 林地征占用审批一般要经过自然资源部门审批，因此在使用数据时，征占用地图斑以国土变更调查数据为主、林地变更调查数据为辅。

2. 遥感核查时发现占用或被毁等现象，需进行前、后期影像的对比分析，为后期责任划分提供支撑。

三、湿地征占用审核

（一）审核关注

湿地范围内采掘、建设、开垦、占用等情况。

（二）地理信息系统方法

1. 数据转换。第二次全国湿地资源调查数据基准为 1980 西安坐标系统，将其坐标系统转换为大地坐标系统（CGCS2000）。将转换后的数据与遥感影像、地理国情普查（监测）数据叠加，地理国情普查（监测）数据主要用于占用湿地地物的属性判别。

2. 数据对比与核查。以湿地调查数据为基础，通过与遥感影像和地理国情普查（监测）数据叠加，解释湿地范围内出现的非水域、草地、灌木等人类活动要素，主要是各种人类生产生活占地及建筑物等，并对其进行标示。

3. 外业核查。按遥感影像核查的结果，对标示占用或毁损的湿地进行实地核查。对临时征占用的湿地要根据其占用的范围，计算其面积；对非法占用或损毁的湿地要拍照取证，核实其占用期限及影响。

4. 结果汇总。根据外业核查结果，汇总统计相关地类图斑面积，编制审计取证资料，对所涉及的问题进行定性定量化描述。

（三）注意事项

1. 第二次湿地调查在部分地区受遥感影像及技术方法的限制，其调查结果数据质量不一。

2. 一般性湿地占用或损毁造成的后果在责任追究方面有待进一步完善。

四、造（育）林任务完成情况审核

（一）审核关注

植树造（育）林计划实施及完成情况。

（二）地理信息系统方法

1. 数据预处理。林业规划数据处理：对林业规划中所涉及的造（育）林地、面积、范围、种植株数等进行空间化表达，并将其转换为大地坐标系统（CGCS2000）。

造（育）林完成项目数据处理：根据已完成造（育）林项目的实施方案，对已完成的造（育）林项目的面积、范围、育林情况进行空间化表达，并将其转换为大地坐标系统（CGCS2000）。

2. 对比与核查。一方面根据林业规划，对已完成的项目是否符合规划进行核查，其主要方法是将规划图层与项目图层叠加，造（育）林项目是否在规划范围以内，如果资料较为充足也可以对造（育）林的树种、类别等进行进一步核查。另一方面是对完成项目的情况通过地理国情普查（监测）的第三方数据进行核对，也可以用遥感影像进行目视判别、匡算种植株数、核算项目投入，其重点是对造（育）林的范围、现状和效果进行对比分析，看是否对生态保护、控制水土流失、防风固沙等起到积极的作用，将有疑问的项目进行标示，以便外业实地核查。

3. 外业核查。按照造（育）林项目的要求，对未成活或达到不造林指标的林地须补种。外业核查一方面对造（育）林项目的完成情况进行审核；另一方面，通过内外业结合，对项目的效果进行综合评价。

4. 结果汇总。根据外业核查结果，汇总统计相关地类图斑面积，编制审计取证资料，对所涉及的问题进行定性定量化描述。

（三）注意事项

1. 造（育）林项目规划、实施方案一般由林业专业部门编制，在空间化时须充分沟通或直接使用林业部门提供的矢量数据。

2. 项目种植株数的匡算与地形密切相关。

五、退耕还林工程审核

（一）审核关注

退耕还林工程实施情况。

（二）地理信息系统方法

1. 数据预处理。退耕还林工程数据处理：根据已完成退耕还林工程的实施方案，对已完成的项目的面积、范围、造林情况进行空间化表达,并将其转换为大地坐标系统(CGCS2000)。数据提取:将林地变更调查数据中退耕还林工程用地以编码的方式提取出来,并将其转换为大地坐标系统(CGCS2000);通过空间分析(Over Lay 工具)将耕地变为林地的图斑提取出来,转换为大地坐标系统(CGCS2000);将地理国情普查(监测)数据中的坡度大于25度的数据提取出来,并与以上两者数据叠置。

2. 对比与核查。首先,根据地形、地表特征,对已完成的项目是否符合退耕还林条件进行核查,其主要方法是将工程项目图层与地形,具有明显地貌特征的遥感影像叠加,核查退耕项目是否位于陡坡、不宜耕作、水土流失严重等地区。其次,根据已收集的国土、林业、测绘普查等方面的数据进行综合对比,核查退耕地的属性是否已真实地成为林地,避免"一块土地多种属性"和"重复申报"等问题。最后,根据遥感影像目视解译与多期对比,核查项目实施后的植被覆盖度和还林效果,对有疑问的项目进行标注,并实地核查。

3. 外业核查。按退耕还林的项目要求,核查项目开展区域植被生长情况及对项目范围进一步确认,确保足额真实退耕还林。

4. 结果汇总。编制审计取证资料,对所涉及的问题进行定性定量化描述。

(三)注意事项

退耕还林工程空间化需要与林业部门充分沟通。

六、国家级和地方级自然保护区审核

(一)审核关注

自然保护区核心区、缓冲区、实验区内人类建设和活动情况。

(二)地理信息系统方法

1. 数据预处理。将自然保护区功能区界线转换为大地坐标系统(CGCS2000)。将自然保护区内建设项目空间化,主要根据项目建设方案或通过问询相关人员,将审批的建设项目在保护区内的位置和范围在地理信息系统软件中圈示。

2. 数据对比与核查。以保护区内核心区、缓冲区、实验区及外围保护地带等各功能区划数据为基础,通过不同期遥感影像数据叠加对比,辅以地理国情普查(监测)数据,解译在审计期内各功能区范围内出现的农用地、房屋建筑、道路、构筑物、采掘地等人类生产活动要素进行标示。

3. 外业核查。按遥感影像对比解译的结果,对标示地物在自然保护区内的现状进行实地核查。对未经审批,在核心区和缓冲区内所有人类活动设施进行确认,对实验区及外围保护地范围内造成环境污染的生产设施进行核查。对已审批项目的环境污染情况进行实地核查。

4. 结果汇总。根据外业核查结果,汇总统计相关地类图斑面积,编制审计取证资料,对所涉及的问题进行定性定量化描述。

（三）注意事项

1. 自然保护区核心区常为无人区，核查时以遥感影像中的变化地物为主。
2. 对实验区和外围保护地带中已审批建设项目的污染情况进行重点核查。

第七节　草原资源审计技术

草地资源审计与遥感、地理信息技术相关的审计内容主要包括草地保护情况、草原"三化"治理情况、国家基本草原保护情况及相关退耕还草工程实施情况等。

一、草原毁损情况审核

（一）审核关注

人为活动损毁草原生态植被，包括开垦、采掘、探采等活动。

（二）地理信息系统方法

1. 数据预处理。首先，统一坐标系统，将第二次草原资源数据、土地变更调查数据转换为大地坐标系统（CGCS2000）；其次，提取草原普查数据与土地变更调查数据中的草地类型范围，并叠加分析，对属性一级类别不一致的图斑单独成层。

2. 对比与核查。通过高分辨率遥感影像对草原与土地变更调查中大类不相匹配的图斑进行核查，在核查过程中，可以将地理国情普查（监测）数据作为地类判定的参考。然后，利用遥感影像对草原普查范围内的草原用地进行详细解译判读，对草原范围内的耕地、采石、采砂、裸露地表、建筑等进行标识，并圈定其范围，以便后期外业核查。

3. 外业核查。对具有普遍性地物特征的非草原地物进行抽样核查，判定致使草原损毁的类型；对遥感解译和地理国情普查（监测）数据参考判别不一致的进行重点核查，有必要时可量测其实地面积。

4. 结果汇总。根据外业核查结果，汇总统计面积数据，编制审计取证资料，对所涉及的问题进行定性定量化描述。

（三）注意事项

1. 第二次草原资源普查数据，同土地调查及地理国情普查（监测）数据分类体系及标准不一的，在核查时应以遥感影像为主要参考。
2. 在判定草原损毁时，人为因素与自然因素应分开考察。

二、草原"三化"治理审核

（一）审核关注

草原退化、沙化、盐碱化面积变化与治理情况。

（二）地理信息系统方法

1. 数据预处理。首先，将第二次草原资源数据、土地变更调查数据转换为大地坐标系统（CGCS2000）；其次，提取土地变更调查数据中的"盐碱地、沼泽地、沙地、裸地"等地表类型，地理国情普查（监测）数据中的"盐碱地表、泥土地表、沙质地表、砾石地表、岩石地表"等地表类型，并叠加分析，为草原"三化"提供空间查找线索。

2. 对比与核查。首先，根据治理"三化"的相关资料，查询草原"三化"现状，对已治理的草原"三化"范围和效果进行核查。其次，基于数据预处理中提取的重点审核地类，在草原普查数据范围内，通过高分辨率遥感影像对比，查找草原"三化"现象及其范围。最后，利用遥感影像卷帘对比，解译判读已有"三化"范围的变化情况，对其进行标识，并圈定其范围，以便后期外业核查。

（3）外业核查。根据遥感影像解译信息，对已治理的"三化"地类进行实地抽查，对新发生或无治理的"三化"地类范围重点核查，有必要时可量测其实地面积。

（4）结果汇总。根据外业核查结果，汇总统计面积数据，编制审计取证资料，对所涉及的问题进行定性定量化描述。

（三）注意事项

草原"三化"范围的变化与自然因素密切相关，需要较为长期的数据资料。

三、草原征占用审核

（一）审核关注

草原范围内矿藏开采、永久性建筑、临时占用情况。

（二）地理信息系统方法

1. 数据预处理。首先，将第二次草原资源数据、土地变更调查数据转换为大地坐标系统（CGCS2000）；其次，根据草原征占用项目审批情况和已收集到的资料，确定征占用项目范围、面积、审批期限等，并根据其实施方案，对项目范围空间化。

2. 对比与核查。首先，根据遥感影像对比核查项目征占用草原的范围、面积等要素是否与遥感影像所反映情况一致。其次，对未经审批的占用进行遥感核查，具体是将草原普查范围与地理国情普查（监测）数据中的非草地类数据进行叠置分析，对草原中存在面积大于200平方米的独立建筑物、面积大于1600平方米的堆放物、硬化地表、构筑物等进行遥感影像确认，从而发现未审批占用情况。

3. 外业核查。根据遥感影像解译信息，对征占用项目进行实地抽查，对未审批占用进行重点核查，有必要时可量测其实地面积，计算实际占用面积。

4. 结果汇总。根据外业核查结果，汇总统计面积数据，编制审计取证资料，对所涉及的问题进行定性定量化描述。

（三）注意事项

1. 草原征占用项目的空间化需要项目实施方案或熟悉具体情况的业务人员沟通指导。
2. 由于第二次草原资源普查受影像分辨率的限制，在确定草原边界时需要根据实际情况灵活掌握其所定义的范围。

第八节　矿产资源审计技术

一、我国矿产资源的定义

有用的矿物质在地壳中或地表聚集起来，达到人类利用要求时，就成了矿产。矿产资源是重要的自然资源，是人类生存的主要物质来源，是国家实现工业和农业现代化的重要物质基础，也是国家安全与经济发展的重要物质保证。

二、矿产资源审计的内容与方法

（一）审规划

首先，审计是否编制矿产资源规划。全国各省、市、县级政府都应编制相应的矿产资源规划。而且下级规划必须服从上级规划的内容和要求，专项规划和区域规划的编制、审批和实施，必须以总体规划为依据。

其次，审计矿产资源规划的落实情况。一是落实规划实施领导责任制。地方各级人民政府应当采取措施，严格执行规划，维护本行政区域内矿产资源勘查开发的正常秩序，并将规划执行情况作为主要领导业绩考核的重要依据。二是严格规划审查和许可制度。按照规划要求，矿业权的审批、变更、出让和延续等必须符合规划；对于不符合的，不得批准立项和用地，不得颁发采矿许可证和勘察许可证。在新发现的矿产地申请开展勘查开采活动的，必须纳入规划、严格论证、统筹安排。三是建立规划实施监督管理机制。重点监察规划的执行情况并定期公布各地规划执行情况。对违反规划要求的行为，应依法及时予以纠正并追究相关责任人和领导的责任。

（二）审出让

矿产出让环节是矿产资源管理中比较薄弱和比较重要的环节。因此我们应高度重视，重点审计矿产资源出让环节的合规性，具体分以下情况：

1. 审计是否存在违规协议出让新矿产资源问题。除经批准或国土资源部批准的重点开发项目、为已批准开发项目提供配套资源的矿产地、国家出资寻找的用以接替资源的项目以外，所有新矿产资源都要经过招标拍卖挂牌的形式出让。通过协议出让探矿权、采矿权的，必须经过集体会审，出让价格不得低于市场价，且要经过上级主管部门批准。

2. 审计是否存在越权审批出让矿产资源问题。在矿产资源出让中，采矿权出让实行分级管理方式，国家和省、市级在矿产出让类别和矿产出让量的划分上，都有明确的界定。但县一级政府除零星分散矿以外，基本无出让矿产资源的权利。

经审计发现，个别县级矿产资源管理部门无视有关规定，不但私自出让多起本应由省辖市和省级政府出让的矿产，还以协议出让的方式越权审批出让矿产。这些矿占该县所有存续矿产企业数的84%以上。产生这种现象的原因是：上级业务部门监督不到位；当地政府法制意识淡薄；当地政府受利益驱动；当地政府涉嫌有意为权力寻租。

3. 审计是否存在化整为零出让矿产资源问题。由于采矿权出让实行分级管理方式，个别市县（区）为篡夺上级矿产资源出让权，将超规模的矿产资源违规在同一时间、同一地点分割成若干个小型或更小的矿产资源，对同一企业进行出让，这就是化整为零出让矿产资源。其原因是：有意钻法律的空子；上级业务部门监督缺失；政府有关人员有意为权力寻租。

4. 审计是否存在虚假出让矿产资源问题。在矿产资源出让环节，由测绘公司参与测量储量，由公司参与矿产资源开采前的环评报告的制作。在此期间，个别公务管理人员利用公司参与做幌子，趁机将矿产储量以多做少、以优做劣，从而达到利益输送的目的。国家对矿产资源储量的评审、认定实行统一管理。自然资源部和省、自治区、直辖市人民政府地质矿产主管部门是矿产资源储量评审认定的管理机构。并且对地质矿产主管部门工作人员在矿产资源储量认定工作中徇私舞弊、滥用职权、玩忽职守构成犯罪的，依法追究刑事责任；尚不构成犯罪的，依法给予行政处分。因此，国土资源管理部门在虚假出让中无论在储量上虚假或者在有无环评上均负有不可推卸的责任。

但是，储量的多少以及环评的准确与否，对于审计人员来讲很难用一般的审计方法来判断，再加上矿产企业的这些数据全是当地矿产资源主管部门借助社会上有关公司进行实现的，要想从中找到有关政府部门插手干预的痕迹，需要审计人员做出大量扎实有效的取证工作。

（三）审管理

1. 审计是否存在向手续不全企业发放探矿权和采矿许可证问题。发放探矿权和采矿许可证，是国土或矿产资源管理部门的权利和责任。采矿权申请人申请办理采矿许可证，须报有批准权的国土资源部门批准，并编制矿山地质环境保护与治理恢复方案。如未编制该方案，或在变更、扩大开采范围、规模以及开采方式时，未重新编制并经原审批机关批准的，按照规定给予相应处罚。

2. 审计是否存在公务人员参与办矿问题。严禁国家机关和参照实行国家公务员制度的单位及其工作人员以各种方式办矿或参与办矿牟取利益。国家机关和参照实行国家公务员制度的单位及其工作人员以各种方式办矿或参与办矿牟取利益的，责令改正，没收其投资及违法所得，由其主管机关或监察机关对主要负责人和直接责任人员给予行政处分；构成犯罪的，依法追究刑事责任。

3. 审计是否存在私自转让探矿权或采矿权问题。任何单位和个人不得私自转让或出售探矿权、采矿权。对通过买卖、出租或者其他形式倒卖探矿权、采矿权的单位或个人，吊销其勘查许可证和采矿许可证，没收违法所得并处以罚款。

4. 审计是否存在破坏性开采、低效利用问题。矿产品价格持续走高，导致私挖滥采现象在全国各地不时发生。因其对采矿区生态和环境的严重破坏，对采矿工人和当地居民的生命财产安全的严重损害，国家各部门一直将此种行为作为重点打击对象。审计部门也应采用多种审计手段，重点揭露此方面问题：一是通过举报、谈话等线索，对有可能私挖滥采的地方进行明察暗访，核实其真伪；二是通过税务局代开发票情况、正规矿山企业生产量和销售收入对比情况，发现和查找线索，查找盗采者遗留下的"经济痕迹"，最终查实私挖滥采等违法问题。

5. 审计是否存在越界开采矿产资源问题。未取得采矿许可证便擅自开采的，应责令其停止开采，没收其已采出的矿产品和违法所得，并处以违法所得百分之五十以下罚款；构成犯罪的，依法追究其刑事责任。超越批准范围开采的，应责令其退回已批准范围内开采，没收其越界开采的矿产品和违法所得，并处以违法所得百分之三十以下的罚款；构成犯罪的，依法追究刑事责任。有上述行为，没有违法所得的，处以一万元以上十万元以下罚款。

6. 审计是否存在无证开采或乱采盗伐矿产资源问题。从事矿产资源勘查和开采的，必须具有符合规定的资质条件，并依法分别申请，经批准取得探矿权、采矿权并办理登记。禁止无证勘查、无证开采矿产资源。

第八章 自然资源之上权利的关系理顺

自然资源国家所有权的生成及定性，需嵌入整个自然资源权利链条中，而非孤立地"平面化"进行。自然资源之上的权利呈现出极强的层次性。自然资源全民所有居于权利"金字塔"顶层，直接决定着自然资源在宪法及民法上的国家归属，也影响着自然资源用益物权的平等配置理念。基于此，本章就自然资源之上权利的关系梳理做详细阐述。

第一节 自然资源国家所有权并非单一属性

检视自然资源国家所有权单一化定性弊端，是构成自然资源权利层次性的逻辑基点。

一、自然资源国家所有权单一化定性的省思

（一）自然资源国家所有权单一化定性

当前，学界对自然资源权利的研究，多集中于自然资源国家所有权定性，提出了"公权说""私权说""国家所有制说"等观点。

其一，关于"公权说"。学者认为，自然资源国家所有权不是国家对自然资源的直接支配权，而是间接干预自然资源利用的公权力。它是公法意义上的行政权力，是国家对自然资源权属具有的主权决定性及支配性的体现，并非私法所有权，无法纳入私法范畴。

"公权说"意识到自然资源国家所有权并非单纯私法概念所能涵盖的，但是，公权性质的所有权无法为自然资源用益物权的生成提供母权基础。自然资源用益物权只能来源于私法所有权，既不可能来源于宪法上的所有权，也并非来源于不具有私权基因的所谓"公权"。因为，公法上的权利规范在转换为私法规范之前，不具有民法上自然资源所有权蕴含的占有、使用、收益及处分权能，更无法将其遗传给属于私权范畴的自然资源用益物权。若缺乏私法所有权这一母权基础，将导致无法制定合理的自然资源用益物权规范。不加区分地将自然资源国家所有权简单定性为一种公权力，并不足取。

其二，关于"私权说"。学者认为，国家与自然人均以私法主体的身份享有并行使所有权。自然资源国家所有权与传统意义上的私权具有同质性，并不对立及矛盾。民法规范当然可予适用。因此，所有权人无论是国家、集体或私人，均不影响所有权的私权性质，自然资源国家所有权不能凭借其权利主体的特殊性（国家）而受到任何特殊对待。

在一定程度上,"私权说"可回应"公权说"面临的诘问,即私权性质的自然资源所有权可派生出自然资源用益物权,为后者的生成及配置提供母权基础。然而,它同样需回应以下问题:私权性质的自然资源所有权与自然资源全民所有、宪法上自然资源所有权是否等同?自然资源用益物权与自然资源全民所有、自然资源宪法所有权的关系如何?自然资源私人使用权如何体现自然资源负载利益的全民性?这也涉及民法上自然资源所有权的具体行使问题。

其三,关于"国家所有制说"。该学说认为,自然资源国家所有权的本质是全民所有制的私法体现,是国家所有制的重要组成部分,是实现国家目标的具体方式,其主要特点及核心功能是垄断。

但是,无论以所有制定性自然资源国家所有权,还是以后者对前者定性,都值得商榷。毕竟,所有制属政治学范畴,所有权则为法律概念,二者均属上层建筑。其性质均应由经济基础决定,无法由一个上层建筑来对另一个上层建筑进行定性。经济基础决定并支配着上层建筑,而上层建筑处于被决定及被支配地位。欲对国家所有制定性,需考察该国的生产力状况,并据此研究该国的生产关系,而非本末倒置地由一个上层建筑的性质来决定另一个上层建筑的性质。回归到自然资源领域,即使将自然资源所有权界定为私权或公权,也不能得出所有制的性质为何,反之亦然。

(二)自然资源国家所有权单一化定性的弊病

自然资源权利配置的最终目的,在于构建合理的自然资源私人使用制度,使普遍个体受益。国家作为抽象主体,通常并不直接行使自然资源使用权。这意味着关注自然资源权利研究的最终目标并非为国家所有权定性,而是理顺不同自然资源权利类型的关系,包括宪法与民法规范的打通。这是宪法与私法整合、规范与事实交融,并逐渐调和公法与私法价值,使之最终统一于宪法秩序的动态过程。但是,对自然资源国家所有权的单一定性,未将其置于自然资源权利链条之中,忽视了权利的多重性及过渡、转化、派生及生成关系,不利于自然资源权利的合理配置。

另外,单一化地定性自然资源国家所有权,无法避免政府借此与民争利。学界关注国家所有权的重要原因,在于防止政府与民争利。但是,无视自然资源权利的层次性,不能实现这一目标。在自然资源领域,近年来的许多实践做法很难说具有法理根基。将立法尚未明确归属的自然资源,甚至可否设置所有权都尚存争议之物,如野生的天上飞鸟、地上走兽、天地间空气等传统的无主物,也要纳入国家所有权范畴,其思维逻辑可能在于:若此项资源属于国家,政府就可借此行使所有权。但是,世界主要国家或地区均不存在类似立法例,如何"防止政府与民争利",避免动辄一律国有,就成为必须回应的问题。

二、自然资源负载多项权利之间关系理顺的困境

对自然资源国家所有权的定性,看似混乱,实则存在共同缺陷,即仅从某一学科出发

对其单一化定性，只窥见孤立的权利类型，未从自然资源权利群的整体角度开展论证。实际上，自然资源权利指向的是一组相互关联、密不可分，且呈现出极强层次性的权利群。它将公法与私法交织融合到一起，使价值中立的民法与负载多重价值的宪法作为纵横轴支撑起整个动态法律体系。相应地，自然资源国家所有权仅是整个权利链条中的一环，对其定性必受其他权利影响。这正是无法对它准确定性的成因：仅窥见自然资源国家所有权这一斑，忽视了自然资源权利群之全豹。

（一）亟须解决的问题

对自然资源国家所有权定性，需将其嵌入整个自然资源权利链条中，为自然资源用益物权的生成和配置提供母权基础，而非孤立地看待这一问题。以下问题亟须解决：

其一，如何在规范及理论层面解读自然资源权利划分的层次性，克服对自然资源国家所有权孤立地单一化定性的弊端？这需理清自然资源全民所有、宪法上国家所有权、民法上国家所有权的关系。

其二，自然资源之上多重权利呈现何种层次性？自然资源用益物权与自然资源全民所有、宪法上所有权、民法上所有权之间存在何种过渡、转化、派生及生成关系？不同层次的权利转换之间贯穿何种精神主线？民法所有权如何体现自然资源负载利益的公共目的性？

其三，证成自然资源权利层次性有何实践价值？如何借此打通自然资源在宪法和民法上所有权的关系，为设置自然资源用益物权提供母权基础，并促进自然资源产品所有权的生成？如何避免政府借自然资源国家所有权与民争利？这也是研究自然资源权利层次性的出发点及最终归宿。

（二）论证思路

依循以下思路和观点论证自然资源权利层次性，以寻求自然资源权利配置的合理路径。

1. 将自然资源国家所有权嵌入整个自然资源权利链条中，而非对其孤立地单一化定性。自然资源全民所有居于自然资源权利"金字塔"顶层，决定着自然资源在宪法及民法上的归属，影响着自然资源用益物权平等配置理念。严格地讲，自然资源全民所有不是法律术语，须通过宪法上所有权，以获得宪法确认，还需进一步向民法上所有权转化，以使自然资源用益物权可从中派生。这使自然资源权利呈现极强层次性：自然资源归全民所有，宪法上所有权、民法上所有权、自然资源用益物权及自然资源产品所有权。

2. 从解释论出发，打通自然资源宪法规范与民法规范的关系。证成自然资源权利层次性并非否定权利平等性，而是彰显不同权利的过渡、转化、派生及生成关系。

3. 论证自然资源权利层次性具有的实践价值。证成自然资源权利层次性，既有利于打通本属于全民所有的自然资源转化为宪法及民法上所有权，进而生成自然资源用益物权的路径，更可为自然资源权利范畴内全民、国家与私人关系的处理提供有益参照。自然资源权利层次性及其多重转换，涉及公法与私法的交错、拉锯及接轨，始终贯穿着自然资源价值的多重性及负载利益的公共性这条精神主线。

第二节 自然资源之上负载多层权利

自然资源权利层次性既需从规范层面解读，亦需从理论层面证成。

一、从规范角度看自然资源多层权利

（一）《宪法》第 9 条解释论

1. 自然资源"全民所有"解读。《宪法》第 9 条中自然资源国家所有权背后的权利主体应理解为"全民"。依据该条，"全民"在宪法上找到了自身代表（宪法上的国家），"国家所有即全民所有"的立法表述就是具体体现。由《宪法》规范一国的根本属性及基本政治制度的特性所决定，自然资源全民所有也需要宪法确认。《宪法》"序言"明确宣示，宪法的重要作用在于以法律形式规定"国家的根本制度和根本任务"，意味着宪法制度及国家任务应为全民利益而存在。自然资源之上承载的全民利益具有天然不可分割性，应通过国家目的的实现使每个个体受益。尽管国家富强是宪法所追求的主要任务，但国家发展不能不考虑环境与生态的承载力，不能不考虑自然资源的可持续供给，国家环境保护义务的承担是一种理性务实的宪法态度。

在此意义上，与其说《宪法》第 9 条是针对自然资源宪法上所有权的规范，不如说是自然资源全民所有的宪法确认。与其说是国家享有的一种宪法权利，不如说是国家在自然资源领域对全民履行宪法义务的规范要求。这正是该条规定国家所有即"全民所有"的原因。

本源性的问题是，自然资源缘何要全民所有，而不能在其上建立私人所有权？原因在于，自然资源并非民法上普通的私物，而是负载着生活、环境保护、经济及社会的多重功能，呈现出公共用物的本质特征。这种特性预示着它无法纳入私人财产范围，需体现全民意志，在法律上表现为代表全体人民意志的宪法上国家所有权。以水资源为例，"我们深深地依赖着水资源，所以水资源在我们的生活中最为重要。除了普遍的商业价值，水资源在我们所关心的事情中居于核心地位，我们的健康、营养、生态完整性和审美需求都离不开水资源，它甚至能提供社区认同和精神满足"。这些特性决定了不应简单地将其纳入私人所有权范畴，而应作为公共用物由全民享用效益。"自然的怀抱，向所有人敞开。"依据自然法理论，流水在罗马法上就被认定为共用物，属于全体人共同享有，不受所有权限制及影响。

当然，也不乏主张在自然资源上设置私人所有权的观点。有学者认为，通过设立私人所有权配置自然资源，可解决所有环境问题，并可通过私权交易解决外部性问题。哈丁也曾用"公地悲剧"理论论证自然资源之上设置私权利的优越性。然而，诚如罗马俱乐部报

告所言,"很多人相信私有权可以提高效率,创造更多财富。但是,不管用何种辞令进行矫饰,即使富裕的国家也不得不承认,私有权的效率价值需要在私营部门和公共领域之间寻求一种平衡"。在公共资源之上建立私人产权总是不完全的,且从属于公共需求。从经济学角度考虑,自然资源私人所有权无法解决负外部性问题,权利被分割得越多,彼此之间的边界越大,产生负外部性的可能性就会越大。我国自然资源使用的负外部性尤为明显。由于产权的边界不能确定,行为者无须顾及其行为的后果,在这种无约束的情况下,对因产权边界不能确定而具有公共用品性质的物品的消费自然是极其浪费和无限制的。

其中,公共信托理论往往被作为解释自然资源国家所有即"全民所有"的理论基础。它认为,自然资源宪法上国家所有权可理解为全民通过公共信托委托及赋权而设立。公共信托理论起源于罗马法,根据公共信托理论,海洋、水体、水道等自然环境要素属于公民全体的共同财产,应由政府或者其他组织基于公共目的以公共信托的方式进行管理。公共信托理论下,政府受全体国民之委托,为了全体国民的共同利益对特定公共财产进行分配和管理,其作为受托人负有守护该财产的信义义务,但不具有随意处分以及利用其向国民收取费用之权利。公共信托的实质是通过将关系到每个公民生存所必不可少的资源纳入公共信托的范畴给予保护,确认公民对公共财产的使用权,限制政府对公共财产的财产权,进而确保民众作为信托财产直接受益者之利益。

公共信托理论意味着,当政府决策涉及重要自然资源时,行政合法性不能成为其行政行为合法的唯一标准,更高层次的要求在于政府按照当代人和后代人整体权益最大化的方式恰当地管理作为信托财产的自然资源。如果政府违反了受托人"最大限度的诚实和忠实义务",那么其行为可以被撤销。实践中,依据信托理论解读自然资源配置者不乏其例。例如,在美国加州,私人不能享有水资源所有权,州政府作为受托人对水资源进行管理。依据公共信托理论,对人类生存发展所必需的自然资源应属于公共所有,任何个体均应享有使用权,基于对政府信任而将自然资源委托给政府管理。公共信托对自然资源开发利用和生态保护之间的平衡提出了更高要求,受托人必须以一种客观的标准来评价自然资源开发利用是否会对生态环境造成实质的损害,这一标准应根据现有的最佳科学技术来确定。

2. 自然资源宪法上国家所有权中"国家"与宪法义务主体(国家)的关系。自然资源采用全民所有形式,并呈现为宪法上国家所有权之后,亟须解决的理论问题在于:宪法义务一般针对国家而设,于私人之间不发生法律效力,自然资源宪法上国家所有权的义务人也应指向国家,那么"国家"如何对"国家"行使权利、履行义务?由此推之,"国家"如何对抗国家权力?毕竟,宪法权利是个人对国家的主张。这似乎陷入逻辑悖论,难以进行回应。

此时,正视自然资源负载利益的层次性,寻求自然资源宪法上国家所有权背后所站立的全体人民,成为化解困境的合理路径。实际上,"全民所有"作为抽象的整体性概念无法具体行使自然资源权利,这也正是在宪法上寻找代表者的原因。在自然资源宪法上的国家所有权之下,全民"权利"可对抗国家"权力",民众要求国家必须作为或不作为的资格,是一种民权的具体体现,与私权不同,其价值和功能涉及法学、政治学等多层面,是对特定宪法价值的凝练。自然资源于宪法上体现的国家所有权,本质是全民对宪法上国家主张权利的根本依据。具体而言宪法上自然资源国家所有权基于全体人民的意志所形成,并以全民意志的实现作为终极目的。全民意志是宪法上国家所有权实现的最高尺度,也是全民主张诉求的正当基础。

因此,在自然资源宪法上国家所有权领域,国家既为权利主体,又是义务主体,看似矛盾,实则不然。透过宪法上国家所有权的字面表象,就会发现:宪法上国家的实质是全民在宪法上的代表,真正权利主体是背后的全民。国家仅对全民负责,而非针对某一具体公民个体。国家对全民享有的自然资源负有不侵犯义务,对全民受益权承担"给付义务",还应运用一切可能和必要手段促成自然资源负载之全民利益的实现。此时,也可运用"所有权的社会义务"解释及概括宪法上所有权应担负的公共目的。

宪法中国家所有的规范目的在于规制,国家借助所有权能够在其所有的财产领域中积极主动地进行规制,实现对国家所有财产的保护和合理利用。规制是为了避免市场的失灵,国家有权进行管理、规划和保护,其有利于促使国家公共任务的实现,而绝非利益的剥夺;从反面来讲,国家甚至有义务和责任进行规制。无论如何,宪法中的国家所有中必然蕴含着规制目的,甚至可以认为国家所有本身就是规制的一种工具和手段。国家对自然资源的管理主要体现在通过资源立法制定资源利用规则以及依法对资源利用施以监管。对旨在保障生存的、不可转化为资源性产品的自然资源应向全社会成员平等开放,国家有义务保障有需要的社会成员在不影响他人权利及公益前提下的合理使用权。

这一结论也可通过《宪法》基本权利的规定予以佐证。自然资源宪法上国家所有权并未于"基本权利"中被规定,说明其并非一项基本权利。相反,它存在的目的恰在于实现公民在自然资源领域的基本权利。毕竟,通常公民是基本权利的权利主体,国家是义务主体。一般而言,基本权利具有约束公权力运作的特性,作为公权力代表的国家要以保障基本权利为重要考量,这是以宪法为统领的法律体系的基本要求。

换言之,自然资源宪法上国家所有权并非国家的"基本权利",而是以公民在自然资源领域应享有的基本权利为最终保障目标。自然资源全民所有针对的国家义务具有复合性,既包括国家对全民所有的自然资源负有"不侵犯"的消极义务,也体现为国家对自然资源领域全民受益权承担"给付义务",以助推自然资源领域全民利益的实现。

(二)《物权法》第46条解释论

虽然《宪法》第9条和《物权法》第46条均确立了自然资源国家所有权,但是就法律体系而言,不能认定二者的性质具有同一性。若将自然资源所有权单纯认定为宪法上权利,就难以解释自然资源用益物权的生成及性质。毕竟,取水权、采矿权、海域使用权等自然资源用益物权(《物权法》第123条),只有依靠私法上自然资源所有权的派生,方可具有私法权能,也预示着宪法上所有权需向民法上所有权转化。

其一，自然资源宪法上所有权具有抽象性，于司法实践不可直接适用。宪法上的自然资源权利无法被私人用来诉求国家为或不为一定行为，需向部门法权利转化。在向部门法规范的转化过程中，宪法上的自然资源规范具有自身价值及功能。这种转化应操作适当，否则或将使公法过分介入私人生活，或将因过于保守而无法达到应有效果。但是，无论如何都不应将这种转化视作无实质价值的技术规范，更不应将其仅当成只是重复性规定，不能认为即使没有转化也会产生同样结果。

宪法上自然资源所有权并非私权，更类似于一项公共权利或政治权力，需向民法所有权转化之后，从物权法视角思考自然资源所有权及用益物权配置，发挥所有权的私权价值。只有转化之后方可从民事权利的主体、客体、内容及救济的体系结构出发，对自然资源所有权重新构造，寻求自然资源用益物权生成及配置的母权依据。

宪法在法律体系中居于根本法地位，甚至是主权意义上国家的"出生证明"。因而，宪法上权利义务在整个法律权利义务体系构建中具有中轴功能，其他部门法的具体权利义务规范都以此为依据。可以说，宪法权利与民法权利的关系就如宪法与民法的关系。若将宪法看作根本法及母法，宪法权利就是民法权利的母权利。但是，宪法权利具有抽象性、概括性，若不通过民法明确自然资源国家所有权及其具体内容、效力，那么，私人将无法依据宪法规定从宪法上国家取得用益物权，也无所谓自然资源使用权的配置可言。循此，宪法所有权制度不具有司法直接适用性，无法使个人在自然资源领域享有请求国家积极作为或不作为的私法权利，不能为自然资源用益物权配置提供母权基础，需要向民法所有权转化。

其二，我国宪法解释规范尚无法形成解决此困境的方法论体系。针对宪法不可直接适用的规范现状，需通过向部门法权利（包括民法权利）的转化来真正实现其效用。否则，宪法权利只能体现为"纸本上的权利"，仅具有抽象的宣示意义。这需要法律转介条款发挥沟通公法与私法、宪法与民法的桥梁和纽带作用。公法规范力适度延伸到私法关系需要法官的补缀接合，而主要工具就是民法转介条款。《物权法》第46条就具有转介条款的功能，而不应认为它仅是就自然资源所有权归属之《宪法》第9条的翻版式规定。这也意味着将宪法上自然资源国家所有权与民法上自然资源国家所有权仅定性为单一性质，或将二者同一，并不能很好地化解自然资源权利领域的诸多难题，实有分别定性之必要。

其三，宪法规范需借助私法规范的转化方可适用。当前，宪法规范不可在私法关系中直接适用，主流观点认可的是在私法中起到间接作用，只在民法一般规定范围内作为解释指导方针对私人法律关系产生作用。因为，宪法与民法具有不同调整对象及规范功能，前者以主权国家为规范对象，根本功能在于界定权力边界，须借助后者方能对私人产生效力。自然资源宪法所有权的规范功能，在于对自然资源所有权给予宪法保障，尚不可直接适用于自然资源用益物权配置。此时，私人无法依据宪法取得自然资源使用权，权利取得需民法（尤其是物权法）予以具体化。物权法主要调整私人对财物的支配关系，本质上取决于宪法制度的安排及要求。此时，需避免不加区分地将自然资源国家所有权简单认定为具有一种性质：公权力、公权利或私权利。对权利的僵化定性并不恰当。

二、自然资源多层权利的理论解读

自然资源之上的权利关系纵横交错，既包括宪法上的权利，也包括具有私法属性的物权及其下属权能。因此，很难对自然资源国家所有权单一化定性，应将其置于自然资源权利层次性中科学定性及准确解读。这具体体现为：

第一，为什么自然资源全民所有只能首先由宪法而非其他法律规定？为什么不能将它直接转化为民法上所有权规范，而只能先过渡为宪法上所有权之后，再予以确认为民法所有权？这由宪法的根本法属性决定。作为根本法，明确国家权力的边界是宪法的重要功能，而非解决私人权利冲突。若不能对抗国家公权力的滥用，那么民众的基本权利必将无法真正实现。换言之，公民在宪法权利层面所具有的自然资源受益功能，对应的是国家在自然资源领域的宪法给付义务，即国家应以积极作为的形式在自然资源领域为个体提供权益保障。例如，保障饮用水的清洁、充足及水生态环境的整体质量等。这是自然资源全民所有只能由宪法加以确认和规范的重要原因。

第二，为何宪法上的自然资源权利需民法具体化？因为，个体作为全民中的一员，在宪法层面享有的自然资源权利，本可对抗公权力，但于现行制度体系内不具有司法操作性，缺乏救济程序。在自然资源全民所有语境下，从个体得以向宪法上国家主张权利的角度，国家所有权呈现出主权国家对全民应承担的义务，但缺乏个体请求国家履行义务的具体安排及程序。这决定了自然资源宪法上所有权需转化为民法上所有权规范。另外，不加区分地将自然资源国家所有权简单定性为"公权力"并不足取，宜将不同法律中的自然资源所有权的法律性于《宪法》《物权法》等不同场合界定为呈现不止一面的特性。否则，将无法回应"公权力"定性的国家所有权如何派生出私权性质自然资源用益物权（《物权法》第123条）的疑问。

第三，就法解释而言，《宪法》第9条关于自然资源宪法上国家所有权的规范，在本质上是自然资源全民所有的具体体现，而《物权法》第46条对《宪法》第9条的确认是自然资源宪法上所有权转化为民法所有权的规范依据，也是沟通《宪法》与《民法》《公法与私法》的桥梁。随之，自然资源国家所有权的性质也发生了变化，由宪法层面主权性质的所有转变为私法所有。《物权法》第123条则是由自然资源民法所有权派生出自然资源用益物权的制度基础，而后者的具体行使又促使自然资源产品所有权（如瓶装水所有权）的生成，并赋予其绝对的占有、使用、收益及处分权能，使其成为完全意义上的私法所有权，与其他的私人所有权相等同。在这一动态过程中，自然资源权利层次性及其多重转换，始终贯穿着自然资源自身价值的多重性及负载利益的公共性这条精神主线。

可见，自然资源之上的权利并非单一权利类型，而是一组呈现出极强层次性的权利群。正视自然资源权利的层次性，并非否定自然资源国家所有权体现的公权性、私权性，而是将其嵌入整个自然资源权利链条中,非孤立地对其进行定性。因为,若将自然资源国家所有权进行单一定性,往往会遮蔽宪法与民法权利的区别,并不经意地陷入数个闪耀着理论争论光环的假问题陷阱。自然资源国家所有权的多义性是一种正常现象,于宪法和民法层面是两个并不相同,但可能互相渗透、紧密联系的概念。解读自然资源权利的层次性,既有利于界清自然资源全民所有至民法上所有权、自然资源用益物权及自然资源产品所有权的关系,更可为自然资源权利范畴内全民、国家与私人关系的处理提供有益参照,为自然资源权利配置提供规范依据及理论基础。

第三节 自然资源多层权利的沟通路径

不同权利的过渡、转化、派生及生成关系,在根本上保证了自然资源权利体系的完整性。这从一定程度上印证了公法与私法并非完全不接头、割裂的法律部门。

一、自然资源负载利益的全民性与宪法上国家所有权

在自然资源权利体系中,自然资源全民所有、宪法上所有权、民法上所有权、自然资源用益物权及自然资源产品所有权虽各自处于自然资源权利体系的不同层次,但彼此之间并非孤立、封闭地存在,而是存在过渡、转化、派生及生成关系,其间的多重转换始终贯穿自然资源自身价值的多重性及负载利益的公共性这条精神主线。

(一)自然资源全民所有形态向宪法上所有权的转化

严格来讲,全民所有并非严谨的法学概念,而是一项政治及经济学术语,需转化为权利概念才能具备法律保护的正当性基础。在此过程中,自然资源全民所有首先应过渡为宪法上所有权,而非直接转化成民法上所有权,后两者并非同一概念。这同宪法与民法的不同功能紧密相关,前者在于限制国家权力,后者在于为私人自由行为提供保障。

自然资源于宪法上的所有权形态,应是一种国家所有权,不能体现为宪法上的私人所有权或其他形态。以水资源为例,"水在法律上和历史上都是一种公共资源。尽管私人产权在水使用中运行得非常好,但水在根本上还是公共资源;私人产权总是不完全的,而且从属于公共需求"。自然资源无法采取私有权形式,否则容易出现私人垄断现象,引发垄断者利用优势地位将自然资源使用费率提高到私人难以承受的程度,甚至危及社会安定。可见,自然资源全民所有在转换为法律上的所有权时,应直接体现为自然资源宪法上所有权,而非民法上所有权。此时,不能将市民社会与国家对立,也不能认为市民社会仅关乎私法(权)领域。自然资源负载的利益具有公共性,而国家代表的利益具有全民性,二者具有天然的内在一致性,在法律上就规范为宪法上国家所有权。

（二）个体权利在自然资源宪法上所有权的具体体现

自然资源全民所有过渡为宪法上所有权后，组成全民的个体的权利并未丧失，体现为以下方面：

其一，个体成员可通过法律程序参与立法以表达个人意志，而个人意志的结合形成全民意志，进而上升为国家法律。可见，在自然资源领域，法律的整体性意志的本质是全部个体成员的意志之和，个体遵循的法律制度实际是其自身意志的体现。毕竟，宪法权利实现的前提是承认个体所具有的平等参与和主体地位。

其二，个体通过宪法监督制度对自然资源权利配置程序进行制约，杜绝行政权力滥用。在个体向国家主张权利意义上，宪法上自然资源国家所有权更多地呈现出国家对全民（而非特定个体）应承担的义务。监督权行使的最终目的是保障个体在宪法层面享有的受益权的实现，对应国家给付义务，即国家以积极作为的方式为公民提供自然资源权益的义务。若缺乏此项义务，则在既有规范下的所有努力充其量都仅是弥缝补阙，效果甚微。

其三，自然资源宪法上国家所有权行使的最终目标是实现自然资源全民所有中个体利益的最大化。在促进个体发展的过程中，国家历来都非旁观者，而是在不同阶段充当私法关系的参与者、维护者、管理者、服务者等不同角色。这在一定程度上也可佐证宪法上与民法上的自然资源国家所有权分具公法及私法属性。运用自然资源收益兴修水利、改善及提升自然环境，防止大气与水污染等，均以普通个体在自然资源领域正当利益的实现为目的。

二、自然资源国家所有权性质的双重性

自然资源民法上国家所有权及自然资源用益物权的规范架构，须受宪法上国家所有权及自然资源全民所有的影响。这需要寻找到公法与私法的接轨点和连接通道，并区分自然资源宪法上所有权与民法上所有权。

（一）自然资源全民所有对宪法上所有权向民法上所有权转化的影响

1. 自然资源民法上国家所有权确立的根本依据是自然资源全民所有"形态"。就主体而言，"全民"是自然人集合体，是政治学、社会学概念，不具有独立的法律主体资格，不能在私法层面直接支配自然资源。这种共同体在传统上尚有家族、村落等类似形态，主要为维持共同生活秩序提供保障，但随着时代发展其已逐渐衰落，日益被为个体利益而存在的福利国家所取代。然而，宪法上主权意义的国家不具有直接支配自然资源的私法权能，导致私人无法取得自然资源用益物权，预示着其需要向民法领域转化。此时，自然资源的全民所有形态为寻求自然资源在民法上的所有权归属（国家所有），提供了理论及制度基础。

2. 自然资源全民所有的宪法安排决定着即使转化到民法上所有权，国家之外的其他私人也无法成为所有权主体，但可依法取得由民法上所有权派生出的用益物权。私法是国家

政治和社会体系不可分割的组成部分,是宪法的实体基石。当自然资源全民所有过渡到宪法上所有权,继而转化为民法上国家所有权之后,国家已与民法中的其他私权主体(自然人、法人或非法人组织)无甚区别,但权利的行使却仍需受自然资源全民所有(体现为公共利益)的牵制。例如,依据民法理论、私权主体(国家)在设定自然资源用益物权时,本可遵循内心意思自治,自由创设,但是,由自然资源承载的全民利益因素决定国家不应仅遵循经济利益最大化逻辑,而应遵循平等原则,保障私人获取自然资源用益物权的机会平等性。

3. 自然资源全民所有经由宪法上所有权的确认,转化成私法上所有权之后,私人权利主要体现为两个层次。其一,作为全民组成部分的个体,在宪法层面的权利体系内,针对自然资源配置予以间接管控、监督和收益。其二,作为民事主体,通过获取自然资源用益物权对自然资源直接使用及获取收益。上述两个层面权利的权源基础在于其作为全民成员的身份,亦为打通宪法上所有权与民法上所有权的规范架起了桥梁。

可见,宪法上所有权需转化为民法上所有权。前者的规范意旨在于为自然资源保护提供宪法保障及纲领性规定,但不指向具体客体,也无法通过司法直接适用。若缺乏部门法转化就无法配置自然资源,也无法让具体个体取得自然资源用益物权予以使用及获益。宪法上所有权在于解决自然资源在宪法上应以何种地位受保障(保障条款),回答谁是自然资源主人的问题。

(二)宪法上所有权对民法上所有权的影响

与宪法上所有权不同,民法上所有权具有明确具体的客体指向及规范效力。它以自然资源权利(所有权及使用权)配置为中介,展现私人间的关系。既然宪法是根本大法,民法位列其下,民事权利自然以宪法基本权利为依据。但是,说民法上的权利来自宪法,并非如有的学者据以认为的私人权利来自公权力的赋予,相反,宪法恰在于限制公权力,本质上体现全民意志(经由立法程序表达)。申言之,宪法中的公权力不含私权基因,无法将其遗传或分娩给私权利,欲使个体取得私权性质的自然资源用益物权,必然要以民法上的所有权为母权基础。

另外,我国宪法不具有司法适用性,宪法权利不可诉,决定了向民法权利转化需架设必要管道,实现私法与公法的接轨与沟通。这一般体现为民法所设置的转介或引致条款。虽然私法自治是私法基本理念,但是,私法内部已铺设好通往其他法律领域的管道,以对公法保护的法益、追求的目的、涉及的个人自由及私法自治本身的理念价值进行权衡。

自然资源民法上所有权需受宪法上所有权的制约。即便民法以私法自治为基本原则,但也无法绕开宪法的整体性目标。从理论上看,所有权是最全面的法律上对物的支配权,原则上所有权人有权任意决定所有物的命运,但其也会受到其他制度影响。为稳定公共秩序和增加公共福祉,需依法对私人财产加以必要限制,实现私法与公法的协作。民法所有权需受的法律限制可体现为私法限制和公法限制两个层面,前者包括权利行使的限制(如禁止权利滥用、私力救济等）、相邻关系的限制等；后者的限制则体现为保护社会利益的行政管理规范（如水法、环境保护法等）。司法机构在适用法律与解释法律时，同样应当注意到宪法所赋予的生态环保义务，特别是在法律适用存在选择困难时，应当将所有的情形包括生态环保加以综合考虑，审慎做出司法裁判形成司法解释。同时，受国家任务调整的影响，公民的权利行使可能在某些方面受到限制，遇到绿色、生态、美丽等国家任务时，应当具备谦抑性。

宪法上自然资源所有权的私法规范化意义重大。这至少表现为两个层面：其一，它可使自然资源所有权依据物权法享有处分权（如派生出自然资源用益物权），获得私法救济（如物权请求权及占有保护请求权），同时也需受私法限制（如相邻关系）。其二，它可使自然资源经由私法发挥最大效用，实现物尽其用之目的。当自然资源所有权转化成私权形态后，就应与普通私法权利一样受到平等规范，不具有优先效力，即自然资源所有权人与其他民事主体具有平等地位（《民法总则》第2条）。

（三）自然资源宪法上所有权与民法上所有权的差异

虽然宪法和民法规范针对自然资源权利归属使用的都是"国家所有"的称谓，但二者具有不同的法律构造，确有区分之必要。

其一，从主体看，虽然国家既可成为民法上的权利人，享有私法性质的物权，又是宪法上的所有者，代表全民拥有公法性质的宪法权利，致使两种性质的国家及权利极易混淆，但是，宪法层面的国家具有主权意义，是对一国自然资源的主权确认；民法层面的国家体现为一种私权主体，与民法中其他主体并无差别。

其二，从客体看，民法中的物权客体一般具有特定性，而宪法上所有权的客体则并不具有此特性，更多是一种抽象性的观念存在，范围较前者要广，包括物权、股权等，甚至可包括债权。就此而言，宪法上所有权基本上等同于财产权概念，与民法上所有权的内涵及外延存在重大差异。

其三，从权利行使看，宪法上所有权不能生发出自然资源用益物权，无法纳入交易领域。另外，宪法上国家义务的设定要求公权力机构，包括立法机构、行政机构与司法机构等在其权力运行过程中，涉及各项环境资源要素决策时，务必要沿着国家任务设定的目标，履行相应的职责。与此不同，民法所有权是对物进行全面支配的权利，是最典型、最完全的一种物权。所有权是全面支配权，所有权人可任意利用或完全置之不用，可出卖、设定负担或根据自己意愿处置所有物。

其四，从权利救济上看，民法上所有权可依据私法途径进行救济，环境与自然资源是一体两面的关系。根据《物权法》的规定，所有权的客体包括土地、海域、山岭、森林、草原、滩涂等自然资源。自然资源往往都有明确的所有权人、使用权人，在受损时国家可以以所有权受侵害为由提起自然资源损害赔偿诉讼，主要以自然资源国家所有权为基础，并且由代表国家行使所有权的授权给省、市地级政府或者其他统一行使全民所有自然资源所有权职责的部门具体行使。自然资源损害是一种新的损害类型，是自然资源本身的损害，体现出自然资源自身价值尤其是生态价值的同时减损。自然资源损害赔偿的实质是通过将使用环境公共资源所产生的外部不经济性进行内部化，由造成损害者承担治理、修复和赔偿自然资源损害的责任。可见，同一污染环境、破坏生态的行为，既会产生基于环境因素的生态环境损害赔偿责任，也会产生基于经济因素的自然资源损害赔偿责任。经济因素与环境因素互相交织，生态环境赔偿责任与自然资源赔偿责任相互叠合。

这契合了侵权法上的"谁受损，谁主张"的逻辑，也符合我国自然资源所有权职责与资源环境监督管理职责分开的改革思路。宪法上所有权受到侵害时的救济途径则需要依循宪法逻辑。当前，我国宪法规范不可直接适用于司法实践。这也决定了宪法上所有权需要向民法上所有权转化，以使权利人获得私法上的救济。

故此，应充分认识到自然资源权利的层次性，不能在对宪法上所有权与民法上所有权不加区分的情况下就笼统地为国家所有权定性，而是要审视在何种意义上使用这一概念。

（四）自然资源用益物权的派生及资源产品所有权生成

虽然宪法上所有权可转化为民法所有权，但后者无法摆脱宪法规范辐射，仍需担负社会义务。公权与私权的关系是法学研究必须探讨的基本命题。在现代社会。私人财产权需同社会连带理念结合，所有权的纯粹民法构成已向公私法共通的社会构成转变。那么，为实现公共目的，自然资源民法上所有权与其他普通私法所有权相比，在具体制度上需受何种程度及范围的限制？这在本质上涉及如何处理自然资源用益物权配置中公共利益与私人权益的关系。其中，寻求自然资源使用权的母权，是配置自然资源权利的逻辑基础。

1. 自然资源民法上所有权对自然资源用益物权的派生

将自然资源用益物权配置给私人的缘由。本应归属于全民所有的自然资源，为何要经过多重精细的制度设计，最终转化为私权性质的自然资源用益物权？一方面，自然资源之公共用物属性意味着任何个体均可依法取得自然资源使用权，以实现物尽其用；另一方面，自然资源本质上为公共资源，若缺乏明晰的私人使用权制度，则无法获得良好配置。以地下水资源为例，若缺乏相应规范，开采者不具有保护积极性，会加速地下水资源的耗竭，意味着建立及明确私人使用权的边界价值重大。

就经济学而言，设置自然资源用益物权很大程度上可防止"搭便车"。自然资源属于公共产品，极易引发"搭便车"现象，即享用公共产品却不对其开发和保护做出贡献，最终导致公共产品供应不足或者根本不再供应。此时，就需要经由自然资源用益物权配置，将具有公共物品属性且国家所有的自然资源，在私人付出自然资源使用费或自然资源税等代价的前提下允许私人使用，并确定行为边界，减少或防止"搭便车"现象。

自然资源用益物权的生成。自然资源用益物权作为定限物权的一种，必然生发于自物权，即民法上所有权。后者是它派生的母权基础。从民法上自然资源所有权如何能分离出用益物权性质的自然资源使用权？这可通过权能分离理论解读。按照民法理论，所有权中蕴含占有、使用、收益及处分等权能，但并非以上权能的机械相加。因为，如果机械地认为自然资源所有权必须现实性地具备及行使上述权能领域不可分离，即不能缺少上述任一权能，那么，用益物权以及需要以占有为要件的担保物权就无法设立。这需要正确地理解物权观念性的内涵。

若缺少民法上所有权的母权基础，自然资源用益物权就无从生发。前者并非空洞的摆设，而是可派生出自然资源用益物权，也是征收自然资源税费的根据。自然资源用益物权之所以从自然资源民法上所有权中派生，是因为所有权人（民法上的国家）和其他私人都要使用自然资源，并享受其利益。自然资源所有权属于国家，意味着除国家之外的任何私人都无权将其据为己有，但普通私人毕竟需使用自然资源。法律解决二者利益冲突的方式，便是允许所有权人依其意思分离出该权利的若干权能，即允许实际使用人分享自然资源所有权的若干权能，并对此部分利益赋予法律上之力，即自然资源用益物权。这便是由民法上自然资源所有权派生用益物权的逻辑。

自然资源用益物权对特定自然资源占有、使用、收益及特定情形下的处分权能，只能生发自作为母权的民法上所有权，后者将权能遗传给自然资源用益物权人享有。若缺少母权权能的分离及派生，用益物权就不会含有对自然资源使用及收益的权能，无法成为一项他物权。毕竟，行政许可或特许、行政权、宪法上所有权均没有上述基因。如果没有自然资源民法上所有权作为母权基础，行政许可或特许就无法生发自然资源用益物权，而是其他权利。例如，工商行政管理部门基于经营管理权而颁发营业许可产生的经营权。

民法上所有权生发自然资源用益物权后，在一定程度上就要受后者限制。依据民法理论，所有权具有支配性，但由社会依赖性决定，它并非不受任何限制，且限制程度随着社会发展体现得更加明显，包括通过设置定限物权予以限制。因而，自然资源用益物权作为他物权会对所有权进行限制，毕竟自然资源所有权已将部分权能分离给用益物权。当然，所有权具有永久性。而用益物权具有期限性，期限届满后所有权就将解除限制。否则，若自然资源用益物权无期限性，则必将对所有权的完全性与弹力性产生损害。实践中，一些自然资源用益物权事实上缺少期限限制，与民法原理相悖，极易同自然资源所有权混淆而损害所有者的利益，不利于有限的自然资源在众多需求者间的科学分配。

2. 自然资源产品所有权的生成路径。自然资源用益物权起到了由民法上国家所有权生成自然资源产品所有权的桥梁作用。与自然资源民法上所有权的客体指向特定的自然资源不同，自然资源产品所有权的客体体现为自然资源产品，如瓶装矿泉水。它是自然人、法人或其他非法人组织为实现自身需求而从自然资源中获取，已归入权利人直接管控和支配的私有物。

自然资源产品成为权利客体具有现实需求和依据。现实中除大量自然资源外，尚有许多为单位或个人所支配、使用并从中获取收益的自然资源产品形式，如已被挖掘出且作为动产存在的煤、自来水公司供给的饮用水及瓶装矿泉水等。它们与尚处于自然状态的矿产资源、水资源等不同，已然包含煤炭公司的开采、挖掘或自来水公司的取水、过滤、净化、以及矿泉水公司的产品汲取、包装等人类劳动。自然资源产品最终并非煤炭公司、自来水或矿泉水企业享用，而是通过买卖合同、供用水合同，由煤炭公司、自来水公司、矿泉水公司提供给实际需用煤或用水的私人，使后者享有支配资源产品的排他性权利。试想，若把上述资源产品也纳入自然资源范畴，则其无法进行交易，与自然资源国家所有及无法交易的法规冲突。另外，从民法角度看，此类自然资源产品已具备特定性，与一般民法上的物并无二致。自然资源产品所有权完全可归属普通私人，无须成立国家所有权，并可进入市场领域流通。此时，作为自然资源用益物权的探矿权、采矿权、取水权等既是对自然资源权利配置的结果，也成为将矿产资源、水资源于民法上所有权转化为资源产品所有权的纽带，是对自然资源产品消耗性使用的权源依据。

自然资源产品所有权的初始取得，既可基于自然资源民法上所有权，也可基于探矿权、采矿权、取水权等用益物权。权利形成后，其他人可基于债权契约而继受取得。

其一，由自然资源民法上所有权直接产生自然资源产品所有权。此时，民法上所有权人对自然资源享有占有、使用、收益及处分权能，将人类劳动融入天然状态的自然资源，使之成为自然资源产品。此种情形下，自然资源产品所有权的形成过程，体现为渗入人类劳动使自然资源脱离自然状态而成为自然资源产品的过程。

其二，基于自然资源用益物权的行使产生自然资源产品所有权。私人享有的自然资源使用权由民法上自然资源所有权派生，本质是一项独立的用益物权，凭借对自然资源的占有、使用和收益权生成自然资源产品所有权，排除所有权人干涉。具体而言，自然资源产品所有权主要经由探矿权、采矿权、取水权等具体用益物权的行使来取得。

其三，基于债权契约继受取得自然资源产品所有权。例如，基于买卖合同取得煤炭的所有权、基于供用水合同取得产品水的所有权。此时，在买受人取得之前，自然资源产品所有权已经由上述自然资源所有权或自然资源用益物权而生成。自然资源产品所有权不同于自然资源所有权，可作为交易客体。依据《物权法》第118条，私人对自然资源享有的权能包括占有、使用、收益三个方面，不包括处分权能。但是，应注意"区分对自然资源的处分和对自然资源产品的处分。例如，矿山企业销售其开采的矿产品，是企业获取收益的方式，是对产品的处分，而不是对自然资源的处分"。同理，自来水公司、矿泉水企业通过供用水合同、买卖合同等出卖的标的物亦是水资源产品（产品水）所有权，而非水资源所有权。

自然资源产品是民法上的物，且通常可交易，但其作为一种特殊商品的价格形成机制（如自来水价格）无法涤净，也不应消除自然资源负载利益全民性及实现目的公共性的影响。其一，社会公众能否获取及享用自然资源产品可能会影响最基本的生活，乃至生存条件，决定了无法将其完全界定成竞争性产品。毕竟，竞争最终极易导致过分垄断，因此，将竞争作为自然资源分配公平的观念并非构建自然资源用益物权及其产品配置规则的有效指南，尚需增加评价自然资源产品取得的公平性指标，往往体现为资源产品价格形成机制中的政府指导性。其二，自然资源产品不同于普通私人物品，在根本上由自然资源负载的环境、生态及社会价值决定。这需通过自然资源产品价格管理的设置和价格管理权限的划分，将自然生态环境治理价格、自然资源耗竭价格、自然生态功能恢复价格等纳入自然资源产品价格的管理范围，促进自然资源开发利用的可持续性及权利配置的公允性。

第四节 理顺自然资源多层权利关系的制度功能

一、为自然资源用益物权的创设提供可能

将自然资源国家所有权界定为具有民法性质的所有权，为"国家所有权—私人用益物权"的法律制度安排提供了可能。在对物的使用方式上，不一定并且也不可能总是由所有权人来完成。事实上，在很多情况下，所有权人通过特定方式将其所有之物交给他人加以使用并收益，从而使物上价值充分及时地实现。因此，在民法上自然资源所有权的实现方式上，可以通过设置用益物权来解决自然资源所有与利用之间的矛盾。而要在自然资源所有权之上设定用益物权，必须以界定自然资源所有权的归属为前提。比如，研究水权制度的第一步是确定水资源所有权，研究采矿权的前提则是确定矿产资源所有权的归属及其性质。

自然资源用益物权作为用益物权的一种，属于他物权的范畴。他物权必然产生于自物权，自物权是他物权的母权。自然资源用益物权也应从其母权中派生出来，因为所有权人、他人都要使用，收益同一个所有物，二人利益又不相同。"从二权之间的关系角度表达这种现象，就形成这样一个命题：他物权客体上树立的所有权就是他物权的母权"。水权、狩猎权、渔业权、矿业权的母权分别为水资源所有权、土地资源所有权、海域资源所有权和矿产资源所有权。

自然资源他物权虽派生于自然资源所有权，却又体现着母权——自然资源所有权——的性质。如彼德罗·彭梵得教授所言，所有权相对于其他物权也被称为对物显要的主宰。一切其他物权均从属于所有权，并且可以说它们体现所有权。一切其他物权，至少在其产生时，均以所有权的存在为前提条件，它们是对他人物品的权利。

二、有利于自然资源所有权的具体行使

所有权是对物的完全权利，也就是说，是任意处置该物并排除他人任何干涉的权利，但以不与法律或第三人的权利相抵触为限。从所有权的内容来看，民法上所有权包含的四项权能，即占有、使用、收益和处分，在自然资源国家所有权场合也是存在的，将自然资源国家所有权界定为具有私法性质的权利有利于所有权权能的发挥。

占有权能，通常指所有人对所有权标的物为管领的事实。从生活实际来看，行使物的

占有权能是行使物的支配权的基础和前提。但作为所有权的一项独立权能，占有权能在一定条件下完全可以与所有权相分离。在自然资源国家所有权场合，作为所有权人的国家对自然资源的占有有时表现为直接占有。例如，为保护野生植物资源而设立野生植物自然保护区，对自然保护区内的野生植物进行直接的控制和管理。有时表现为间接占有，将占有权能分离出去，由非所有人代为行使，如在矿产资源所有权之上设立采矿权、在水资源所有权之上设立取水权等等。但这均不妨碍国家作为所有权人所享有的占有权能的实现。

使用权能，指依所有物的性能和用途，在不毁损所有物本体或变更其性质的情况下对物加以利用。所有权并非必须由所有权人来现实支配，所有权人往往可以把所有权的使用权能分离出去。虽然自然资源一般为公众在满足法定条件下所使用，国家不直接进行支配，但这不影响国家对自然资源享有的使用权能。例如，建立在自然资源国家所有权之上的取水权、采矿权、狩猎权、海域使用权，其取得需要获得国家的许可，这本身即体现着所有权的使用权能。

收益权能，指收取从所有权产生出来的新增经济价值的权能。在自然资源国家所有权场合，自然资源的使用者需要向作为所有权人的国家交纳使用费，如采矿权、取水权等场合皆如此，这本身即是所有权的收益权能的体现。当然，作为自然资源的使用权人，其自身也会享有某些收益权，这与作为所有权人的国家的收益权能并不矛盾。因为收益权能可以与所有权的权能部分分离，如所有权人让与资产占有权、使用权和部分收益权，而保留处分权和部分收益权。

处分权能，指依法对所有物进行处置的权能。所有权的处分权能既包括事实上的处分，又包括法律上的处分。在法律上的处分权能中，处分权能并不限于将标的物所有权本身出卖。对所有权设置法律限制，如设定建设用地使用权、抵押权、质权等他物权，也是所有权处分权能的体现。因此，在自然资源所有权之上设立采矿权等用益物权，也是自然资源所有权处分权能的体现。

三、发挥自然资源的最大价值及促进自然资源改革的深化

民法上自然资源国家所有权的证成有利于发挥自然资源的最大价值，体现自然资源负载利益的全民性，并使普遍的个体得利。如何使全民对自然资源的权利在法律上得以实现，首先涉及自然资源的支配管理问题，其次是确保全民成员享有自然资源收益。就自然资源的支配管理而言，自然资源国家所有权在民法上的证成，能够保证自然资源所有权占有、使用、收益及处分权能得以实现。就自然资源收益而言，全民将自然资源权利赋予能够代表全民利益和意志的国家行使，国家则应将自然资源收益回归全民，使普遍的个体均能获益。国家所有并非地方政府所有，亦非任何私人所有，自然资源带来的收益也不能归于任何国家机关、企事业单位、其他组织及个人，这也为防止自然资源国有资产流失提供了理论根基。

自然资源国家所有权与自然资源全民所有关系的理顺，有利于检视国家所有权行使中出现的问题。在我国，长期以来，自然资源国家所有权在行使过程中出现了诸多问题。以水资源为例，干旱缺水、洪涝灾害、水质污染和水土流失日益加剧；一些地区片面追求经济效益，严重超采水资源，导致河道断流、湖泊干涸、湿地萎缩、绿洲消失；更为严重的是，农村的高氟水、高砷水、苦咸水等严重威胁着农民健康，尚有数亿农民没有安全干净的水可供饮用。长期处在价值链低端的国际分工使得中国资源环境破坏得较为严重。这种发展模式带来的问题，就是以大量消耗自然资源和破坏生态环境、污染环境来换取经济增长的高速度。上述问题虽然由诸多因素导致，但其中一个重要的原因在于，自然资源管理者在行使权利的过程中并未认识到自然资源国家所有权的权利性质和权利来源。殊不知，国家对自然资源享有的所有权乃是由全民授权而得，而组成全民的则是活生生的社会个体。自然资源的合理开发、高效利用及优化配置，始终要以不断提高个体的生活质量、改善人居环境为中心展开，而不能无视自然资源国家所有权创设的初衷。

　　自然资源国家所有权的理论证成有利于自然资源改革的深入。以正在进行的水资源改革为例，从水资源改革的国际经验来看，自然资源改革需要从传统的以政府作为决策主体的自然资源管理制度转向现代化的自然资源治理模式，这种模式有赖于健全的法律框架、有效的体制安排、透明的决策和信息公开以及公众的积极参与。国有自然资源权利配置本质上属于重大行政决策过程。这一过程深刻涉及自然资源利用和资源与环境保护的和谐，涉及资源权利的效率和公平、私益和公益的平衡等问题。所以，需要公众参与机制介入其中，以促使公共决策的民主、科学。为此，国有自然资源权利配置之公众参与权及其诉权保障就成为一个重要问题。自然资源所有权的归属是构建自然资源法律框架的前提；自然资源改革的体制安排要求自然资源由部门分割管理转向综合的自然资源管理，国家所有权为自然资源的综合管理体制提供了保障；而自然资源国家所有权代表利益的全民性则为自然资源改革所必需的透明决策、信息公开及公众参与提供了深层理论基础。

　　解读自然资源之上权利层次性的目的，在于通过窥探自然资源权利之一斑，系统探讨自然资源用益物权生成及配置的母权基础，为自然资源权利范畴内全民、国家与私人关系的处理提供有益参照，构筑起一个精致严密而井然有序的自然资源权利体系，使得全民、国家、私人利益都在自然资源权利谱系中得以整合。自然资源之上的权利（力）关系纵横交错，既包括公法上的权利（力），也包括私法上的物权及其下属权能。这意味着很难对自然资源国家所有权单一化定性，而是应将其置于自然资源的权利层次性中予以科学解读。自然资源负载利益全民性及实现目的公共性的特征，为自然资源权利层次性的证成提供了深层理论依据，也是理顺多层权利的精神主线。

　　解读自然资源权利划分的层次性，有利于理顺自然资源全民所有至宪法上所有权、民法上所有权及自然资源用益物权、自然资源产品所有权的关系，进而证成自然资源用益物权生成的母权基础，为自然资源权利配置寻求深层次的理论支撑。构成自然资源之上权利的层次性并非否定权利的平等性，而是彰显不同权利之间的过渡、转化、派生及生成关系。

相应地，寻求自然资源用益物权配置之母权基础及对自然资源国家所有权的定性，应将其嵌入整个自然资源权利链条中，而非孤立地单一化定性，进而形成沟通宪法与民法、全民与个体关系的基本框架，助推我国正在进行的自然资源改革实践。

第九章 自然资源管理与保护

为保证自然资源合理利用，需要对自然资源的开发利用进行科学管理。所谓自然资源管理是自然资源所有者及其代理或使用者运用管理学、经济学、心理学、政策学等相关学科的基本原理及必要手段，对资源勘查、调查、评价、开发、利用、保护及经营等过程进行计划、组织协调、监督、约束和激励等，以使自然资源效率不断提高，并保障国家、地区、企业和个人自然资源需求的行为的总称。那么，本章便针对自然资源管理与保护进行具体讲解。

第一节 自然资源管理

为了使自然资源的利用具有可持续性，必须对自然资源进行科学的管理。但是，自然资源使用者管理自然资源的目标往往和社会目标是不一致的，甚至是冲突的。从社会角度看，有5个重要且普遍认同的自然资源管理目标：提高资源利用效率；保证资源利用的分配公平；促进社会发展；保障自然资源供应；维护生态系统健康和环境质量。

一、自然资源管理的社会目标

（一）社会发展目标

自然资源开发利用促进经济增长。一般认为，这种增长能在空间上扩散并惠及社会最贫困的阶层，从而促进社会发展。首先，自然资源开发利用是众多地区人民生存的基本手段，或者直接通过自然资源开发利用获得生存资料，或者在这种开发利用活动中解决就业问题；其次，自然资源开发利用促进经济增长，有利于社会发展；最后，它还能将自然资源转化成资本，并可以用来为其他经济部门的发展提供投资。

但实践中，自然资源开发利用在促进社会发展中的作用，还取决于当地的经济结构、投资政策、资源管理政策、分配政策等。例如就投资而言，按经济规律，要使增长加快，一般应确保已有要素的投资获得最大可能的回报。这就会排斥或降低经济落后地区和旨在满足穷人需要的开发项目（例如农业）的投资可能性，因为其相对经济效率的低下会限制投资的回报率。这意味着落后地区或关系国计民生的经济部门的投资很可能不足，区域发展不均衡的倾向加剧。因此，政府必须制定相关政策，弥补市场机制在满足社会发展目标中的缺陷。

自然资源管理的决策，不可避免地涉及在各种经济利益、环境利益及地方利益集团之间权衡的一系列复杂问题。例如，为保证民生而对一些基本生活必需的资源产品实行低价政策，很可能包含着增加区域不平等，因为产出这些资源产品的地区收入会减少，失业会增加。一方面，企图加速可更新能源开发、矿产品回收、资源保护或维护环境质量等方面的政策，也会导致资源产地失业水平的上升；另一方面，如果为保护自然资源产地的收入和竞争力以减小区域不平等，或者为减少资源消耗，采取高价政策，也可能加剧阶级集团间的不平等，当此类措施增加了某个经济内的能源成本时尤其如此，因为能源支出在总收入中所占的比例，对于贫困者远高于富有者。因此，任何提高能源价格的变动，都会明显增加贫困者的负担。

（二）分配公平目标

社会目标比较注重公平，包括资源开发利用中所获利益及所造成代价在时空分配上的公平问题。

公平对某些人来说意味着平均地分享一切；而另一些人则认为公平应该是按需分配；还有人把公平看成按贡献分配（按劳分配、按资分配）。在自然资源管理中，按贡献分配就是按各人拥有的资源贡献来分配利益，这意味着那些原本拥有大量资源的人将得到相应多的利益。但当对资源的拥有是由历史造成的而不是现实贡献的结果时，这种公平就值得怀疑。若再考虑自然资源开发的生态效应，公平问题就更加复杂。例如，一条河流上游地区的人们开垦自己祖祖辈辈拥有的土地似乎是天经地义的，但随着上游地区对土地干扰强度的增加，造成的严重的水土流失将殃及下游地区；上游地区的人们从河里引水利用后再把产生的污水排入河流也是他们历史上形成的权利，但随着排放污水量的增加，下游地区的人们就会得不到充足的清洁水资源……由此可见，上游地区的人们按照历史上形成的传统对水土资源的利用对下游来讲就是不公平的。然而，如果根据下游地区的利益而禁止上游地区的自然资源开发利用，对上游地区也是不公平的，除非能采取合理的生态补偿措施。

政府和个人按照各自的利益诉诸完全不同的公平概念，这就使有关公平的争论进一步复杂化。公平可用作在不同基础上做出合法决策的一种手段，或实际上用来为自我利益所驱动的需求和行为辩护。由于一个社会中关于公平的盛行思想，与已建立起来的经济体制间常缺乏一致性，又产生了额外的困难。

分配公平和经济增长在概念上是完全不同的问题，因为即使在非增长的经济中仍然要关注国民收入的分配公平。然而在很多实际情况下，把这两个问题分开是不可能的。对于大多数发展中国家和地区，经济发展进程和国民收入都高度依赖自然资源开发，因此，既关注自然资源开发利用对经济增长的作用，也关注自然资源管理所导致的利益和代际分配问题。分配公平问题涉及不同利益集团之间的权衡。利益集团之间的关系也很复杂，至少有4种利益集团的集合或划分：经济地位不同的阶级、民族和文化有别的族群、价值体系各异的团体、不同地区的人群。这些集合显然是相互关联的，处于最不利地位的阶级可能集中于一地，属于同一民族，大致持同一种价值体系；但他们之间并非绝对一致，力图减小一类集合不公平的努力，可能会增加另一类集合的差距，这就会产生一些特殊问题。

（三）资源保障目标

资源保障又称资源安全。由于自然生态系统演变、市场条件变化、资源分布的不均衡等原因，任何国家和地区都会面临自然资源供给的不确定性，因此资源保障成为自然资源管理中的一个重要的社会目标。

在全球经济一体化形势下，资源保障包括持续、稳定地获得国际市场上的低价供应和保护贸易渠道。资源保障目标的重要性并非现在才凸显。在国际贸易的历史中，以国家资源保障为由进行政府干预的例子很多。早在工业革命之前，欧洲的贸易国家主要采取外交活动保证重要贸易渠道的畅通，整个殖民扩张的进程至少部分由保证取得丰富廉价初级产品的经济利益所驱动。资源保障与两方面的国家利益有关，一是保证经济繁荣和保护国家的经济利益，二是使受到的政治威慑最小。

实现资源保障的目标就是要应对满足资源供应的各种不确定性，尤其是国际资源市场的不确定性。例如某种资源主要产地的战争、动乱或矿工罢工，运输路线上水手和码头工人的罢工，主要贸易通道的关闭，国际地缘政治的变化……诸多原因都可能导致资源供给波动，产生潜在的资源短缺风险。依据不同的时间尺度可采取不同的应对措施。

1. 短期供给中断与战略资源储备。对于某些重要资源持续几周或几个月的短期供给中断问题，通常可以通过建立战略性储备来避免此类危机，也可以采取抑制消费者需求的方法。主要工业化国家政府早就建立了战略性矿产资源的应急储备。

2. 中期供应中断与来源多样化。如果将资源保障依赖于单一的供应源，那么一旦此供给源发生变故，就有中期供给中断的危险。应对办法是尽快开始供给来源多样化进程，以期"东方不亮西方亮，黑了南方有北方"。

3. 对长期保障的威胁。长期资源保障问题涉及两种很不相同的关注。首先是担心某些矿产资源会在世界范围内出现绝对稀缺；其次是担心储量和价格的格局发生根本性的变化。区分这两种担心非常重要，因为隐含着不同的应对策略。如果世界范围内某些矿产资源的自然耗竭成为现实问题，那么解决的途径包括减少消费量、遵循某种非增长的发展战略、改变生活方式，大量投资于可更新资源，鼓励技术革新使以前未使用或使用不充分的物质成为替代物等。如果问题不是自然耗竭而是低成本供给或储量在世界经济中的分配，那么通常认为，国家应该建立稳定的国际来源，并控制国外供应渠道；或保留国内的资源存量以保障未来的资源供给，换句话说，尽可能使用国外的资源以保存自身资源的完整。

（四）生态系统健康目标

人类对自然资源的开发利用必然影响地球生态系统的健康，自然资源开发利用的不利影响将会使生态系统健康状态恶化，造成生态系统服务功能的降低，进而限制人类的生存和发展。因此,保持生态系统健康是自然资源管理的重要社会目标之一。

人类对生态系统的依赖性正在加强,一旦管理不善而丧失生态系统的服务功能,就很难替代,即使替代,其代价也十分高昂。健康的生态系统应该能够充分地为人类提供一系列的生态系统服务功能,但目前世界上关于生态系统健康状态的判断还没有一个普遍认同的标准。人们已经越来越多地认识到生态系统健康与自身生活质量和社会经济繁荣之间的关系,随着个人收入的增长、教育与环境意识的普及,人们对完好生态系统的重视程度也一定会提高,这就需要人们对生态系统有更深入的了解。

自然资源管理的效率目标、公平目标、社会发展目标、资源保障目标和生态系统健康目标等是相互联系、相互影响的。例如,效率目标和资源保障目标的实现有利于社会发展目标的实现,但任何一个目标的实现都可能与其他目标的实现发生冲突。例如一个经济上有效率的自然资源管理系统,很难在利益的分配和代价的分担上做到符合社会最能接受的公平;最有保障的供应格局也许会导致效率的显著丧失和引起生态系统的退化;环境损害小的资源开发模式常常限制经济快速增长。因此,任何最大限度实现某一资源管理社会目标的企图,都几乎不可避免地要和其他目标一起加以权衡和统筹。再加上情况在变化,社会在发展,不同时期会面临不同的当务之急,所以实际上很少有哪个政府能明确地永远把某一目标放在优先地位:在某些时期,为了公平和保障可以牺牲效率;在另一些时期,在资源开发投资中获取最大净利润的压力又会战胜其他目标。

二、自然资源管理社会目标的统筹

自然资源管理的各种社会目标之间的不一致甚至冲突,要求社会和政府在管理中努力统筹各种目标。以中国土地资源管理中的各种目标的统筹为例介绍如下。

在现阶段,中国土地资源管理面临着以下问题:随着经济、社会的高速发展,对土地资源的需求量日益增多,特别是城市化、工业化的突飞猛进,造成建设用地的需求量快速增长,并且在未来相当长的时期内还将继续增长。人口多、耕地少的国情又决定了中国必须保护耕地以维持粮食安全;生态退耕进一步加剧了以有限的土地既要保证"吃饭"又要保证"建设"的两难局面;农地非农化过程中"三无"(无地、无业、无社保)农民增多,使"三农"问题更加凸显;土地转移增值的收益分配不公平,导致贫富差距拉大;土地供应过程中存在"寻租"空间,为"土地腐败"提供了可能性;与土地资源管理有关的各政府部门之间协调不够,行政掣肘;中央和地方的土地资源管理目标不尽相同,"上有政策,下有对策"在所难免。

土地资源管理应该统筹城乡关系、工农关系、区域关系、市场与调控关系、加快发展与可持续性的关系等。

(一)城乡协调发展

首先,统筹城乡经济社会发展,是从根本上解决现阶段"三农"问题、全面推进农村小康社会建设的客观要求。进入 21 世纪以来，中国市场化、国际化、工业化、城市化和信息化进程明显加快，但农业增效难、农民增收难、农村社会进步慢的问题未能得到有效的解决，城乡差距、工农差距、地区差距扩大趋势尚未扭转，其深层次原因在于城乡二元结构没有完全突破，城镇化严重滞后，城乡分割的政策、制度还没有得到根本性纠正，城乡经济社会发展缺乏内在的有机联系，致使工业发展与城市建设对农村经济社会发展带动力不强，过多的劳动力滞留在农业，过多的人口滞留在农村。这种城乡分割的体制性障碍和发展失衡状态，造成了解决"三农"问题的现实困难，实现农村小康成为全面建成小康社会最大的难点。在全面建成小康社会的新阶段，必须把"三农"问题作为重中之重，摆到更加突出的位置；必须突破就农业论农业、就农村论农村、就农民论农民的思想束缚，打破城乡分割的传统体制，以城带乡、以工促农、以工业化和城市化带动农业农村现代化，形成城乡互补共促、共同发展的格局，推动农村全面小康建设。

其次，统筹城乡经济社会发展，是保持国民经济持续快速健康发展的客观要求。全面建成小康社会，最根本的是坚持以经济建设为中心，不断解放和发展社会生产力，保持国民经济持续快速健康发展，不断提高人民的生活水平。当前，中国经济社会生活中存在的许多问题和困难都与城乡经济社会结构不合理有关，农村经济社会发展滞后已经成为国民经济持续快速健康发展的最大障碍。占中国人口绝大多数的农村居民收入增长幅度下降，收入水平和消费水平远远低于城镇居民，直接影响到扩大内需、刺激经济增长政策的实施效果，扩大内需已经成为中国现阶段经济能否持续增长的关键。这就要求：一方面，要积极推进具有二、三产业劳动技能的农民进城务工经商，具有经济实力的农村人口到城镇安居乐业，促进农村型消费向城镇型消费转变；另一方面，要千方百计增加农民收入，不断繁荣农村经济，提高农村购买力，启动农村市场。因此，只有统筹城乡经济社会发展，加快城市建设和城市经济的繁荣，加快农村劳动力向二、三产业和城镇转移，不断发展农村经济，增加农民收入，提高农村消费水平，才能保持国民经济持续快速健康发展。

再次，统筹城乡经济社会发展，是新时期实现新跨越的客观要求。城市化对经济社会发展的作用越来越大，城乡关系、工农关系越来越密切，统筹城乡经济社会发展显得更加紧迫，也更有条件。因此，我们必须把统筹城乡经济社会发展作为经济社会发展再上新台阶的一个大战略，进一步发挥城市化在区域经济社会发展中的龙头带动作用，加快推进城乡一体化改革和结构调整，形成城市与农村相互促进、农业与工业联动、经济与社会协调发展的格局，走出一条以城带乡、以工促农、城乡一体化发展的新路子。城市化和工业化导致大量农用地转为非农用地，但农民的非农化滞后，导致失地农民变成"三无"人员。

城市化又称都市化或城镇化，是由于城市工业、商业和其他行业的发展，使城市经济在国民经济中的地位日益增长而引起的人口由农村向城市的集中化过程。城市化是由以农业为主的传统乡村社会向以工业和服务业为主的现代城市社会逐渐转变的历史过程。

（二）一要吃饭，二要建设

中国政府充分重视建立耕地保护的体制和机制，迄今的主要思路是实行耕地总量动态平衡政策。但经济高速发展的地区往往缺乏后备耕地资源，做不到占补平衡。而城市化、工业化是经济发展的必然途径，保护耕地和城市化、工业化是矛盾的。因此要针对区域的具体情况，因地制宜地统筹"一要吃饭，二要建设"。既不能任城市化、工业化无止境地占用耕地，也不能凡耕地就绝对保护从而影响城市化、工业化进程，要适当把握其中的"度"。这个"度"通常是采用最小人均耕地面积和耕地压力指数作为耕地保护的底线和调控指标。

"最小人均耕地面积"，是指在一定区域范围内，一定食物自给水平和耕地生产力条件下，为满足每个人正常生活的食物消费所需的耕地面积，它与人均食物需求量及食物自给率成正比，与耕地的生产力成反比。随着经济的发展和科技的进步，耕地生产力、人均消费水平、食物自给率等因素都在不断变化，因而最小人均耕地面积是一个高度动态的概念。特别要注意的是，随着投入增加和科技进步从而提高耕地生产力，最小人均耕地面积会不断减小，土地利用集约度发展的历史也证实了这个规律的正确性。耕地压力指数是最小人均耕地面积与实际人均耕地面积之比，耕地压力指数也是一个随时空而异的变量。

随着经济的发展和科技的进步，近年来中国最小人均耕地面积不断缩小，耕地压力指数不断减小，说明虽然耕地总面积不断减少、人口不断增加、人均食物消费水平不断提高，但通过增加投入和科技进步提高耕地生产力水平能降低耕地压力指数，在保证粮食安全的前提下，满足城市化、工业化对土地的需求。

（三）区域协调发展

中国区域发展的不平衡非常突出，东部沿海地区发展水平较高，中西部相对落后。为了协调区域发展，政府出台了西部大开发、振兴东北老工业基地、中部崛起等战略。土地资源管理如何配合这些战略，显然是土地资源管理在统筹区域协调发展方面不可推卸的责任和面临的挑战。区域发展不平衡是多种原因综合形成的，协调区域发展不平衡也需要从多个方面入手。政策（包括土地资源管理政策）倾斜显然是其中不可忽视的重要原因和举措。

区域发展依赖区域比较优势的发挥，土地资源是比较优势中的重要因素。研究表明，目前中国土地资源优势和问题在东、中、西部有不同的表现：东部土地价格优势渐弱（土地资源价格高），而土地供给限制凸显；中部和西部土地价格优势显著，而土地供给又有较大的回旋余地。但全国统一的土地供应宏观紧缩，对东部发达地区来讲不过是夹住了"尾巴"，而对西部和中部欠发达地区来讲却是夹住了"头颅"和"躯干"。这显然不利于发挥各地的土地资源比较优势，不利于中西部抓住时机加快发展。因此，土地资源管理政策应该因地制宜、区别对待、因时制宜、适时调整，而不应该"一刀切"。

（四）统筹"可持续性"与"当务之急"

土地利用的可持续性是"获得最高的产量，并保护土壤等生产赖以进行的资源，从而维护其永久的生产力"。进一步思索，这个概念包括以下方面：

生产可持续性——为获得最大的可持续产量并使之与不断更新的资源储备保持协调。

经济可持续性——实现稳定状态的经济，需要解决对经济增长的限制和生态系统的经济价值问题。

生态可持续性——生物遗传资源和物种的多样性及生态平衡得到保护和维持、可持续的资源利用、不降低的环境质量、非退化的自然生态系统。生态可持续性不排斥短期的自然变动，因为它对维持生态系统的健康是必要的。

社会可持续性——保障可持续的土地产品供给，同时还要既能使经济维持下去，又能被社会所接受，土地利用收益分配的公平性至关重要。

在为实现土地利用的可持续性目标而努力的同时，某些当务之急又不得不兼顾。毕竟"发展是硬道理"。问题在于什么是发展，什么是当务之急。现在很多地方不切实际地兴师动众建大广场、大学城之类，是不是当务之急？这些哗众取宠之举，与其说是为了发展，倒不如说是为了政绩。当然，为政绩也无可非议，问题在于如何评价政绩。

第二节 自然资源可持续管理的途径

自然资源的可持续管理应遵循可持续发展原则，可持续应是一个全球性的目标，是一个各国制定环境与发展政策的原则基础，一些主要的途径在各国都是一致的。

实现自然资源的可持续利用需要从观念、体制和技术手段三个方面努力。首先，要转变观念，建立人与自然和谐的观念。其次，要克服现行体制中的缺陷，重构同一种可以对付资源、环境所施加的限制的经济——社会体制。最后，要发展有利于自然资源可持续利用的科学技术。

一、建立人与自然和谐的新观念

在人类利用自然资源的过程中，人类常常按照他们头脑中关于世界的认识来行动，一定时代的思想意识大气候可以决定某种科学知识的使用或误用。因此，在自然资源可持续管理中，人对自然的态度起着重要的作用。关于人与自然的关系（人地关系）思想曾经经历了天命论、地理环境决定论、或然论、征服自然论、人地和谐论等发展阶段。现在关于人对自然的态度基本上可归为两类：人类中心主义和非人类中心主义。

（一）对人类中心主义的反思

人类中心主义又称为人类中心论，一切以人为中心，或者一切以人为尺度，为人的利益服务，一切从人的利益出发，按人的价值观念来判断。人类中心主义的一种主要学说就是征服自然论（或称文化决定论），至今仍然是在科学界和社会生活中占主导的一种伦理意识。这种观念自英国经典哲学家培根发表其名言"知识就是力量"以来就大行其道。培根认为，人类为了统治自然需要认识自然，科学的真正目的就是认识自然的奥秘，从而找到征服自然的途径。另一位英国经典哲学家洛克则指出："对自然的否定就是通往幸福之路。"

自18世纪工业革命以来，人类科学技术和生产力发展得如此强大，在开发自然资源、改变自然方面如此广泛深刻，以至给人以无所不能的印象。人与自然的关系完全改观，关于人在自然界中的地位，关于人对自然的征服和改造等论题更加盛行。例如，马克思反对马尔萨斯的观点，认为在合理的社会制度下自然资源应该是丰饶的。总的说来，马克思主义经济学比较无视自然界对人类发展的限制，而马克思主义哲学（历史唯物主义和自然辩证法）则充分注意到地理环境的作用和人类对自然界的影响。20世纪城市化和工业化的扩展使人和自然明显分离开来。人再也不属于任何自然要素，人与自然已形成一种敌对关系，人侵略性地对待自然，把自然当作一个大仓库，只顾在里面索取。同时，技术的不断发明和应用又使自然资源似乎变得取之不尽。因为人们不断掌握获取自然资源的新手段，并且不断开辟出物质产品的新市场，二者相互促进。

历史证明，人类中心主义的思想及其实践对人类社会的发展起了伟大的促进作用，而科学技术本身无论在过去、现在还是将来都是协调人与自然关系的重要手段。但若把征服自然论发展到极致，而不用适当的观念形态来指导科学技术的指向和应用，则会导致滥用自然，并最终受到大自然的报复。历史上由于无节制地向自然索取导致自然环境退化，从而使一度辉煌的文明沦落到消亡的例子并不鲜见。每一个发达国家在经济发展史上几乎都经历了违反自然规律，掠夺式地开发自然资源、污染环境，从而引起严重环境问题，又反作用于人类，影响人类的生存和发展的阶段。而当代人类面临资源枯竭、环境退化、人口膨胀等全球性问题，应当说也与这种观念不无关系。可以认为，人类中心主义是迄今人类全部成就的思想和观念意识基础，也是人类目前所面临的环境问题的思想根源。环境问题的根本解决，需要从伦理道德上改变对待自然的态度。

（二）建立人地和谐的观念

可持续性在人与自然关系上的基本理念是人与自然和谐论，人类保护自然其实是出于保护自己的目的，保护自然才能维持人类的生存和发展基础。

协调论认为，人地关系是一个复杂的巨系统，它与所有系统一样服从以下规律：系统内部各因素相互作用；系统对立统一的双方中，任何一方不能脱离另一方而孤立存在；系统的任何一个成分不可无限制地发展，其生存与繁荣不能以过分损害另一方为代价，否则自己也会失去存在条件。

因此，人与自然应该互惠共生，只有当人类的行为促进了人与自然的和谐、完整时才是正确的，维持生态系统就是维持人类自身，因而，人类自身的道德规定就扩展到包容生态系统。在促进整个人地系统和谐、完整的同时，也就促进了该系统各组成部分的发展和完善。人地和谐论整合了人类中心主义和生态伦理学基本观点的合理内核，总体趋向是发展观点的变革。

1. 人与自然关系的协调有赖于人与人关系的协调。人类发展涉及人类社会内部关系即人与人的关系，也涉及人类社会与自然的关系。从发生学上看，自然是人类的母亲；从整体观上看，人类社会是整个地球生态系统的一个组成部分。这就决定了，自然界是人类社会生存和发展的前提，人类社会必须依赖于、适应于自然界，才能获得相对的独立性，才能存在和发展。但只有人才能协调人与自然的关系，这是因为人类活动已变革了自然。人类可以运用高度发达的科学技术和强大的社会生产力，适应和调节自然过程。人与自然的矛盾中，认识具有自觉能动性的方面，而自然界不具备自觉能动性。这个特点使得人类在人与自然的矛盾中处于支配的、主导的地位。人类调节人与自然关系的努力受制于人与人的关系，调节人与人的关系，使之摆脱各种形式的冲突、剥削、压迫、专制、对立战争和暴力及霸权等，人类才有能力、有办法和有保障解决全球性问题。

2. 把长远利益置于眼前利益之上。把人类引向困境的那些问题多半都是由人们自己急功近利的活动造成的，所有只顾当下利益的发展措施，都会造成资源的浪费，加快不可再生资源的枯竭，降低生态系统健康和环境质量。在任何一种具体事情的处理上，都存在一个是否愿意和是否能够牺牲局部利益而有益于长远整体利益的问题。当代人类发展的伦理抉择，不是不要眼前利益，而是要在考虑长远根本利益的前提下使二者统一起来。

3. 把全球问题置于局部问题之上。涉及全球、全人类利益的问题，就是要承认全人类确实有共同的利益，面临共同的挑战。全球问题的发生，不仅是由于人类影响自然的能力已达到全球性的水平，人类整体已有自掘坟墓把自己消灭多次的能力，而且是由于世界的经济、政治、文化发展到今天，使地球上各个地区、各个民族、各个国家之间的利益形成了一个相互联系、相互依赖的整体。全球性问题的解决在观念层要发展一种新的价值观，破除和超越特定地区、阶级、民族的狭隘局限和种种偏见，立足于全球和全人类立场加以认识、解决全局性问题。

4. 从高速增长的社会过渡到可持续发展的社会。生产力的高速发展与市场激烈竞争形成的社会已面临不可持续的危险。为使社会可持续发展，人类必须确立可持续发展的目标，并在可持续发展的基础上建设高度文明的社会。这样一个社会既不同于极端乐观派实际上所要维持的经济高速增长的社会，又不同于极端悲观派所要返回的前工业文明社会。我们的一切工作、人类社会的一切活动都应按照这个标准重新加以衡量，做出新的价值评估，完成从快速增长社会向可持续发展社会的转变。

二、改革社会经济体制

在人类实现可持续发展的道路上，面临着许多需要通过改革社会经济体制才能解决的紧迫问题。

（一）消除贫困问题

社会经济发展应致力于解决贫困问题。贫困既违反自然资源利用中"满足需要"的概念，又导致资源利用中的短视行为，加重资源与环境限制；同时也是最大的不公平。因此，自然资源可持续管理的一个重要目标是消除贫困。

在全球尺度上，绝对贫困多发生在发展中国家，消除绝对贫困的途径是通过发展经济提高人均收入并调整国民经济的再分配方式，显然消除绝对贫困离不开经济增长。

（二）转变增长方式

可持续发展包括比增长更多的内容，要求改变增长的性质、降低原料和能源的密集程度及更公平地分配发展的成果。转变增长方式具体包括以下方面：

1. 保持自然资源储备。保持经济发展所必需的自然资源储备，是经济可持续发展的基础。但在迄今的经济增长机制中，无论是发达国家还是发展中国家都很少做到这一点。经济增长造成自然资源储备减少，这种增长是不可持续的。因此，在经济发展中必须在发展增加量中拿出一部分来弥补自然资源储备的减少量。

2. 改善收入分配。收入分配公平是发展质量的一个重要指标，社会收入"不患寡，患不均"，就是说发展迅速但分配不合理还不如发展缓慢但分配公平。例如，在许多发展中国家推行"绿色革命"的结果使大规模商品农业推广开来，使农业产量和收入迅速增加，但使大批小农的生计被剥夺，收入分配更加不公平。从长远看，这样的发展是不可持续的，它使农业过度商品化、小农贫困化，从而增加了自然资源的压力。相反，更多地依靠小农户的耕作可能发展较慢，但容易长期维持。

3. 提高增长的抗逆性。经济发展过程中会遭遇各种干扰，如自然灾害、市场波动等，如果抗御这些干扰的能力比较脆弱，这种经济发展就是不可持续的。例如，干旱可能迫使农民屠杀未来生产所需的牲畜、价格下跌可能造成农民或其他生产者过度开发自然资源以维持收入，这些都会危害今后的经济发展。但采用风险较小的生产技术，造成较能灵活地适应市场波动的经济结构和产品结构，增加储备特别是粮食和外汇储备，就可以提高抗逆性，把增长与提高抗逆性结合起来的发展道路显然具有更高的可持续性。

4. 提高人口素质。改进增长质量包括改进贫困地区和贫困人群取得经济增长的能力。增长的质量不仅指经济增长，还在很大程度上取决于人口的素质。消除贫困并不是单纯给贫困者提供物质救济，更重要的是通过提供机会和技术，提高他们脱贫致富的能力，在帮助贫困方面，"授之以鱼，不如授之以渔"。

可持续性要求人们对需求和福利的观点也要有所改进，即不仅包括基本的和经济上的需求，也应包括人们自身的教育和健康、清洁的空气和水，以及保护优美的自然景观等这样一些非经济的因素。

改变增长质量还要求人们改变思考方法，要将增长所涉及的全部因素和影响考虑在内。例如，不应把水力发电项目仅仅看成生产更多电能，还应考虑它对当地环境和社会的影响。由于一项水利工程会破坏稀有的生态系统，放弃这个项目可能是进步的措施，而不是发展的倒退。

（三）满足人类基本需要

满足人类需要是自然资源可持续管理的核心，也是生产活动和经济增长的目的，必须强调它的中心作用。满足人类需要存在着两种极端问题，一是贫困人口基本的生存和福利得不到满足，二是富人过度消费带来重大资源与环境后果。满足人类基本需要就是要限制过度消费，减缓资源和环境问题；同时，通过发展经济，制定政策，保证贫困人口的基本需要，其中包括：

1. 就业。就业是所有需求中最基本的，因为它是谋生之道，就业机会也就是生活机会。经济发展的速度和方式，必须保证创造出持续的就业机会。

2. 食物。不仅需要养活更多的人口，而且要改变营养不良状况，因此需要更多的食物，以提供人生存必需的热量和蛋白质。但是，食物生产的增长不应以生态环境的退化为代价，也不应危害粮食保障的长期前景。

3. 能源。最紧迫的问题是发展中国家贫困家庭的需求，在大多数发展中国家，能源需求只限于烹饪食物所用的燃料，这只相当于工业化国家家庭能源消费的小部分，而且他们的主要能源是薪柴。目前世界上约有30亿人生活在采伐速度超过树木生长速度或薪柴奇缺的地区，这不仅威胁着世界上过半数人口的基本需求，也威胁着森林植被。

4. 住房、供水、卫生设施和医疗保健。这些相互关联的基本需要对环境十分重要，这些方面的缺乏往往是明显的环境压力的反映。在发展中国家，不能满足这些基本的需要是造成许多传染病暴发的原因之一。人口增长和向城市迁移很可能使这些问题恶化。必须制定对策、找出方法。

（四）稳定人口数量

人口增长与发展的可持续密切相关。如果人口数量稳定在自然生态系统承载力之内，实现可持续发展就会比较容易。不过这个问题不单纯是全球人口数量的问题，也涉及人均资源消费量。一个出生在物质和能源使用水平很高的国家的孩子，对地球资源的压力要大于一个出生在较穷国家的孩子。各国内部不同地区之间、不同社会阶层之间也存在这种区别。

就全球来看，未来全球人口增加将主要发生在发展中国家。目前，发达国家人口总体上已经趋于稳定，有些发达国家已达到或接近零增长，甚至出现负增长。发达国家人口之所以稳定，是因为随着经济社会的发展，妇女地位上升、人均收入水平增加、社会福利完善和教育程度提高等原因造成的出生率下降。目前大部分发展中国家人口出生率仍然较高，因此，人口数量在未来一定时期内还将进一步增加。许多发展中国家不得不采用直接措施（如中国采取的计划生育政策）来降低生育率、减缓人口的过快增长，以免人口数量超过可以维持人口生存的生产潜力。

除人口数量外，发展中国家的人口负担还表现在人口城市化方面，城市人口的增长速度已超出了基础设施和资源环境的承载力，导致住房、供水卫生设施和公共交通的短缺。城市化是发展过程的一部分，因此问题是不可避免的，挑战性的任务在于管理好这个过程，以免生活质量严重下降。

（五）协调环境和经济的关系

现实世界中经济与生态的运转是结合在一起的，对眼前经济效益的追求常常与环境保护目标相冲突，但长期来看，经济效益与生态效益并不一定对立。例如，提高农田土壤质量和保护森林的政策是从改善生态环境质量着眼的，但其结果是改善了农业发展的长远前景，具有长期经济效益。而工业生产中提高能源和原材料的利用效率则既可以降低成本实现经济效益，又能减少污染物的排放而达到环境保护目标。因此，自然资源管理最重要的是将经济目标与环境目标结合。为了在决策中协调环境与经济的关系，至少应从以下几方面入手：

1. 政策上扩大人们的选择。当人们别无选择时，对自然资源的压力增大。例如，贫困地区的过度采伐、过度开垦掠夺矿产等，是因为当地群众除依赖自然资源外别无选择。发展政策必须扩大人们的选择去争得一种可持续的生机，对于那些资金贫乏的家庭及处于生态压力下的地区尤其应该如此。例如在山区，可将经济利益与生态效益结合起来，帮助农民把粮食作物改为经济林木，同时为他们提供咨询、设备、服务、销售等方面的支持。又如可在政策上保护农民、渔民、牧民、林业人员的收入不受短期价格下跌的影响，以减少他们对自然资源的过度开采。

2. 克服部门间职责分割的现象。各部门间客观上存在经济与生态的联系。如农业是工业原料的来源，工业为农业提供技术、装备、物资，又带来环境影响；矿产工业为加工工业提供原料能源等。应把这种联系反映在决策过程中。但各部门只追求其本部门的利益和目标，将对其他部门的影响作为副作用来处理，只有在迫不得已的情况下才去考虑。例如，政府常为经济部门支配，很容易专心于能源、工业生产、农牧业生产或外贸，而对森林减少的影响很少感到忧虑。我们面临的许多环境与发展问题都根源于这种部门间职责的分割，自然资源的可持续管理要求人们克服这种分割。

3. 改革法律和组织机构，以强调公共利益。按目前的法律和组织机构，负责公共利益的部分发言权是很小的。应该看到，生态系统健康对所有人类，包括子孙后代都是至关重要的，这是对法律和组织结构进行一些必要改革的出发点。

4. 公众参与决策。单靠法律和有关机构还不能加强公共利益，公共利益需要社会的了解和支持，需要公众更多地参与影响环境的决策过程。例如，把资源管理权下放给依赖这些资源生存的地方社会；鼓励公民的主动性，鼓励非政府组织（NGO）参与决策，加强地方民主；公开并提供有关信息，为公众讨论提供材料；环境影响特大的工程，要强制进行公众审议，如有可能可进行公民投票。

5. 国际的协调一致。各国对燃料和材料需求的增长，说明不同国家生态系统之间的直接物质联系在增加；通过贸易、财政、投资和旅游进行的联系相互作用也将增强，并加重经济和生态的相互依赖。因此，自然资源的可持续管理要求在国际关系中实现经济和生态的统一。各国把经济和生态因素统一到法律和决策体系中的做法，在国际上必须协调一致。

三、改进技术减缓资源危机

首先，要努力发展科学技术。科学技术是调节人与自然关系的关键环节，技术革新在解决自然资源稀缺中的作用主要有以下几种：科学技术能够扩大资源利用的范围，增加资源的供给量；科学技术能够提高资源的利用效率，减少资源的浪费。因此为了减缓资源危机，需要努力进行技术革新。

技术革新的能力在发展中国家需要大力加强，使它们能更有效地对资源的可持续利用的挑战做出响应。工业化国家的技术并不总适用于发展中国家的社会、经济和环境条件。资本资源密集型技术，发展中国家花费不起，也导致环境污染和资源枯竭，同时不利于就业。只有加强发展中国家的技术研究、设计、开发和推广，才能增强资源的可持续利用的能力。

其次，要改变技术发展方向，使其对环境因素给予更大关注。技术进步有利于人类的一面，常常也带来对自然的破坏，如化石能源和核能的适用。迄今的技术发展方向基本上只注意了前者，而未给予后者充分重视。因此，在所有国家，今后开发新技术、更新传统技术，选择并采纳进口技术的过程中应了解其对资源与环境方面的影响。同时，也要注意开发、更新、引入环境治理技术，如改善空气质量、污水处理、废物处置等技术。对重大的自然系统工程也要同样对待，如河流改道、森林开发、围垦计划。

第三节 非再生资源

非再生资源的总存量是固定的，今天开采得越多，明天可供开采的就越少。对非再生资源来说，问题不是"可持续地"开采和取得收益，而是以什么样的速率来开采和消耗资源才能使社会或企业的净效益最大。

一、非再生资源的分类

要解决开采量的决策问题，首先必须对资源的存量做出估计，或者说必须摸清"家底"。资源估算涉及地质学、工程学和经济学等多种学科。资源存量的概念是相对的。在资源存量问题上围绕"增长的极限"存在很多争论。为了澄清资源存量问题，我们使用三个概念来对非再生资源分类。

（一）当前储藏量（current reserves）

当前储藏量是能够在当前价格下开采而取得利润的储藏量。这一储藏量的最大值可以用数字来测量。当前储藏量类似探明储藏量（proved reserves）。当前储藏量主要是从经济学的角度定义的，而探明储藏量主要是从技术的角度定义的。

（二）潜在储藏量（potential reserves）

潜在储藏量指在可能价格下可以开采的储藏量。潜在储藏量是一个函数，而不是一个固定的数值。潜在储藏量取决于人们为取得这些资源而愿意支付的价格，它是价格的函数。价格越高，潜在储藏量越大。例如，在原油地层中使用注入溶剂等新技术可以开发更多的石油，但成本更高。在价格较低时，企业不会采用这些技术。一旦石油供不应求、价格上涨，企业就可能采用这些新技术，开发更多的石油。

（三）总储量或资源禀赋（resource endowment）

总储量指地球上该种自然资源的总量，亦称"资源"（resources），以区别于"储藏量"（reserves）。由于价格对自然资源总储量没有作用，所以资源总量是个地质学而不是经济学概念。这个概念代表可开采资源的上限。

由于对资源储量概念的理解不正确，计算资源量时常发生错误。计算资源量时常见的错误有以下几种：

1.使用当前储存量代表最大潜在储存量。例如，通常用静态储藏指数（static reserve index）来预测给定资源的使用年数。静态储藏指数是当前储量同当前消费的比例。静态储藏指数表示还有多少年该资源将被耗尽。该指数正确反映资源消耗情况必须满足以下假设条件：资源耗尽以前，资源的年消费量不变；资源储存量不增加，当前储量和潜在储量相等。这些假设通常都不能满足。而《增长的极限》一书使用指数型储藏指数（exponential reserve index），更加低估了资源使用年限。该指数假设资源消费以不变增长率增长，却没有考虑资源储量的增加，也没有考虑储量减少引起价格上涨对资源供给的影响。总的来说，静态储藏指数倾向于低估资源的使用年限。

2.把整个资源的储藏量当作特定价格下的潜在储藏量。如果价格可以无限上涨，那么，整个资源储量都可以当作潜在储量，任何资源都不会被开发。但是，对大多数资源来说，无限高的价格似乎是不可能的。但是，有些矿产的开采成本极高，人类在现在或可以预见的未来可能不会开采这些资源。

二、非再生资源的开采与霍特林定律

非再生资源的供给包含相互联系的三个阶段：勘探（exploration）、开发（development）和采集（extraction）。勘探指确定资源储存量，探明资源的地质特性；开发为采集准备场所和设备；采集即从地下取出资源。

供给过程的每一个阶段都是为了满足下一个阶段的引致需求（derived demand）。勘探的发现是开发的投入，新开发的矿山是采集的投入。最终开采出来的资源的价格不但影响采集决策，而且影响勘探和开发决策。也就是说，每一阶段的成本不但影响本阶段的决策，而且影响其他阶段的决策。

整个非再生资源的供给决策过程有着很强的不确定性。这是因为企业对于未来价格和各阶段成本没有完全的信息。供给过程还受政府政策、市场结构等因素的影响。

经济学家常常把资源的市场价格和开采成本之差称为"租"。企业或社会的目标是给定时间偏好和对矿权的需求函数，使各时期租的总和的现值最大化。

决策的约束条件是资源存量随开采过程而减少，资源初始存量给定，开采成本随资源存量的减少而上升，资源价格不能超过由替代品价格决定的一个价格上限。

第四节 可再生资源

可再生资源（renewable resources）是消耗速率低于再生速率的自然资源，即其存量可以持续地补充的资源。可再生资源可以自己再生产自己。空气、鱼类、森林及很多其他动植物都是可再生资源。从字面上理解，可再生资源是取之不尽、用之不竭的资源。然而，实际上，可再生资源如果管理不善，不用可持续的方式来开采，也是可能枯竭的。例如地下水，如果过量开采就可能枯竭。我们可以用水池来表示可再生资源的存量，这个水池不仅有流出还有流入，在流入和流出达到均衡状态时，水池里的水就保持不变。

可再生资源，或以鱼类和森林为代表的有生命的动植物群体的生存、发展和衰落，主要取决于其群体总数（population，对于人类也称人口）的规模或尺寸。如果群体总数低于某一临界水平，该物种就将灭绝。可再生资源或生物物种的群体总数取决于两个因素：生物学因素和人类社会行为因素。除了生物学因素外，人类行为是影响物种生存、发展和灭绝的重要因素。人类如何有效地使用可再生资源是一个重要的问题。

一、渔业资源的经济分析

鱼类是一种重要的可再生资源。美国学者 Lester Brown 早在 20 世纪 70 年代就向人类发出警告：世界捕鱼量已经开始下降。尽管后来事实证明捕鱼量的下降只是暂时现象，但是 Brown 的警告还是向世人提出了鱼类资源有效管理的问题。

鱼类资源的问题之所以有意义，不仅是由于鱼类是人类的一个重要食物来源，而且是由于对渔业资源的分析具有代表性。对渔业资源的分析可以大体上应用于其他生物性公共财产资源（biological common property resources）。鱼类资源遭到破坏的根本原因在于海洋是任何渔船都可以进入的"公地"（commons），这种现象被称为"公地的悲剧"（Tragedy of the Commons）。

严格地说，"公地"是社区拥有的财产，而海洋并没有真正的所有者，并不是社区拥有的财产。但鱼类资源遭到破坏的问题是由公开进入造成的。生物学家 Hardin 指出，如果一片牧场是对任何人开放的，那么每一个牧人都试图养尽可能多的牲口，不会在意其活动对社会造成的成本。这样，草就会被吃光，不会再长出来。海洋就是这样一块"公地"，鱼就像海洋里的草，若不加限制，鱼将被捕光。

二、森林资源的经济分析

森林是另一种可再生资源。地球上大片土地被森林覆盖。或者可以这样说，至少在几十年、几百年以前，在人们大量砍伐森林以前是这样。森林提供多种产品和服务。木材可以做建筑材料、燃料，可以造纸。树木吸收大气中的二氧化碳并放出氧气。森林为动植物提供生存场所，还起到水土保持的作用。

也许正是由于森林所蕴藏的巨大财富，贪婪的人类在发展过程中猛烈地破坏森林。据估计，全世界每年有 1300 万至 1500 万公顷热带雨林被破坏。在中国，森林的破坏也是一个重要的问题。森林的破坏加剧了全球变暖，减少了生物多样性，造成了水土流失。

（一）森林的有效开发

木材既是一种产出又是一种物质资本。被砍伐的木材是一种产出，出售木材可以得到收入。没有被砍伐的树木是资本，让树木继续生长，它就会长得更高更大，将来可以卖更多的钱。森林管理者需要做出的决策是，现在砍还是让它们继续生长。森林投资期很长，从种植到收获一般要 25 年。森林有巨大的外部性，它引起人们的开发欲，使有效管理森林资源难上加难。

树木的成长以体积来衡量。树木的成长分若干时期。幼年期树木的体积增长很慢。此后，树木进入壮年时期，树木的体积增长很快。当树木成熟以后，其体积的增长再次减缓以至停止。

（二）森林资源的破坏

森林是一种重要的自然资源。森林资源在全球范围遭到了破坏。首先，森林资源破坏的一个原因是产权。前面所讲的森林资源有效利用的前提条件是有明确的所用权。如果森林处于私有权的管辖之下，其他人可以被排除在资源的消费之外，就可以运用前面所讲的原则来管理森林。如果没有明确的产权，森林就成为一片无人照料的"公地"。尽管技术上森林比海洋更容易确定产权，实际中很多森林的产权是不明确的，或者尽管有产权，其监督和执行是困难的。这样渔业面临的"公地悲剧"对于森林也适用。其次，即使森林的私有权是明确的，所有者很难了解森林资源的社会价值，也没有激励在资源管理中考虑森林的社会价值。最后，个人所有者和政府都有迅速把木材转换为货币价值或者把林地转换为其他收益更高的用途的激励。渔业有一个自动保护机制，当存量减少时，捕捞量也会减少，边际捕捞成本急剧上升。森林基本上不存在这一自动保护机制，砍伐单一树木的成本与森林总量的关系十分薄弱。以上原因是针对世界各国而言的，对我国也很适用。

我国的森林资源集中在东北、云南等地区。这些资源在不同时期遭到了不同程度的破坏。近年来，在市场经济体制下，超限额采伐屡禁不止，无证采伐现象严重，盗伐、滥伐木材、非法收购和加工、非法运输木材、非法捕猎和倒卖野生动物等现象严重。建设项目在大量占用农地的同时，也大量非法占用林地。

我国目前森林资源的破坏，主要基于以下原因：产权不明确或产权难以实施。从计划经济时代开始，我国的森林资源形式上归国家和集体所有，实际上产权归属不明确，经营主体不落实，权利与责任不对称，监督不落实。集体林归乡、村所有，林农对资源保护不关心；国有林名义上归国家所有，实际上林业局和国有林场自管自用，缺乏有效的监督和管理。由于经济发展前景的不确定性，经营者行为短期化，为短期利益损害子孙后代的利益；由于把经济发展作为衡量地方政府政绩的主要指标，地方政府过度追求经济发展，通过过度开发森林资源来增加总产值。一些地方政府为当地的形象工程任意占用、毁坏林地；政府官员和经营者勾结，为牟取非法利益，违反森林保护法规；政府监督不力，管理不善。

一般来说，政府对森林资源保护的政策包括以下方面：第一，明确产权。第二，征收资源税，使生产者在砍伐树木时把所有社会成本考虑进去。第三，对森林资源保护采取一定的管制。如对树木砍伐周期做出规定，并进行有效的监督和检查。

第五节 水资源

水是人类生存不可缺少的物质。水是一种特殊的资源，是一种可以补充的但可能耗尽的资源。水以不同的物质形态在自然界巡回。水资源的供给有两个来源：地表水和地下水。地表水包括江河湖泊中的水，地下水是蕴藏在岩层中的水。

一、水资源的有效配置

微观经济学是这样描述生产者和消费者对水资源的配置所做出的决策的：生产者使用若干种投入品（其中包括水）生产产品，水和其他投入品与产出品之间的关系用生产函数来表示。给定投入品的成本和产出品的价格，生产者选择投入量使利润最大化。在每一种投入品（包括水）的边际成本等于边际收益的价值时，实现了利润最大化。根据边际成本与边际收益的关系，可以导出生产者对水和其他投入品的需求曲线。生产者对水的需求曲线在以价格为纵轴、需求量为横轴的坐标系中是一条向右下倾斜的曲线，价格越低，对水的需求量越高。这是因为随着水量的增加，水的边际生产率降低。

单个消费者给定收入和市场价格，在水和其他各种消费品之间做出选择。效用最大化的结果是每一种消费品的边际效用等于其边际成本即价格。根据这一关系，可以导出水和其他消费品的需求曲线。消费者对水的需求曲线也是一条向右下倾斜的曲线，它表示对应于每一个水价消费者对需求量的最优选择。

从整个社会的角度看，水资源的有效配置是使所有使用者的总的净效益最大。假定社会上有两组竞争性的使用者，没有重复使用，全社会水资源的资源配置问题可以表示为给定总水量，使两组使用者的净效益之和最大。

二、水资源定价

水价的制定是实现资源有效配置的重要工具。由于一些制度性原因，水价系统性过低使稀缺的水资源被浪费。

（一）水价构成

水价通常是由水表测量的，包括两部分：使用的水量的费用和不基于使用量的费用。基于水量的费用通常采取三种形式，递减水价、递增水价和统一水价。前两种也可以称为阶梯水价。

（二）不以使用量为基础的费用

水费中一般有两个不以使用量为基础的固定费用：水表费和连接费。水表费亦称服务费，一般按期收取。水表安装和运行需要供水企业的资本投入，这些投入应当得到补偿。水表费为供水企业提供了一项不受使用量影响的稳定的收入。

第二项固定费用是连接费，这是新用户连接到系统上时支付的一次性费用。这种费用一般是对新的服务地点收取的费用，而不是对原有地点的新用户收取的费用。把水送到一个新的地点（例如一座新建的公寓）需要建设管道和闸门，这些投资需要得到补偿。这些成本是连接新用户的边际成本。如果新用户不支付这笔费用，就会由老用户来分担，新地区的供水系统由于不需付费就会发展过快，原有地区的用户就会发展过慢。这样，水费的两个组成部分都有其原因，它们对有效地配置水资源都起着不可替代的作用。

（三）水价制定的经济学原则

在市场经济中，供水企业一般是在政府的管制下制定水价。传统的水价制定方法是平均成本法，即用总成本除以总水量。这种水价不能有效地配置水资源。

根据经济学的基本原理，水价是配置水资源的工具。水价是一个信号，它告诉水的消费者和生产者水资源的稀缺程度。生产者和消费者对价格信号做出反应，调整其生产和消费的数量。水价是否合理，关系到水资源的配置是否有效率。水价制定的经济学原则包括以下几点：

1. 水价必须反映水资源的边际成本。这一成本应当是水资源的社会成本，不仅包括供水企业的边际成本，还包括对社会的外部成本，如水资源的使用者成本。

2. 水价必须反映供水系统的基本建设的边际成本，这些成本主要体现在提供新地点用户的边际成本上。如果水价不能正确地反映这方面的边际成本，供水网络的基本建设的布局就会产生扭曲。

为了保护稀缺的水资源，我国正在进行城市和农村的水价改革。在城市正在逐步推广递增式阶梯水价，在农村进行农业水价综合改革，合理确定农业用水价格，实行定额内用水优惠价格、超定额用水累进加价，以促进水资源的节约和保障灌排工程的良性运行。

三、产权和法规对水资源配置的作用

除了价格不合理，产权缺位或产权不清晰是水资源配置低效率的重要原因。而法律和规则是界定、清晰产权的重要途径。

目前在世界各国，水资源的产权采取了各种各样的形式，包括私有制、社区私有制、地方政府所有制和中央政府所有制。这些产权形式是历史上逐步演变而成的，和当地水资源的稀缺程度关系密切。这些产权由水资源法规加以确认和保护，习俗也对产权的实施起着重要的作用。法规规定了谁是水资源的所有者，所有者对水资源有哪些权利及有关各方的行为规范。水资源法规的建立、修改和废除必须经过一定的法律程序。

总的来说，我国的水资源产权制度已经开始建立，但还存在许多问题。其中包括水资源产权的界定还不够明确、清晰。国家对水资源总体上的所有权缺乏具体的制度作为实施的基础。对水资源产权的各种形式及其相互关系缺乏具体的规定。

第六节 生物多样性

物种（species）是有着一组共同基因的相对独立的可再生的生物群体。在生物学中，物种的拉丁文名称由两部分组成，第一部分是与其他物种共有的属（genus），第二部分是某物种独有的名称。例如，现代人属的拉丁文名称是 Homo sapiens，其中，Homo 表示"人属"，包括已绝迹的人属。

生物多样性（biological diversity）指自然界中的植物、动物和微生物种类的数量的丰富程度和每一物种活动的丰富程度。物种保护指维持自然界中物种的多样性。每一种动植物或微生物都有其独特的基因。遗传密码储藏在基因中。生物多样性因此由遗传的、种类的，以及生态系统的多样性来衡量。科学家对物种的估计有很大差距，但一般都根据生态系统的多样性来衡量。

一、保护生物多样性的重要性

很多人把道德作为保护物种的理由。环境主义者认为，人类是自然的一部分，人类必须尊重和保护自然。不管生物多样性对人类有无好处，人类都有义务保护它。人类有保护物种的道德责任，还因为人类有能力破坏其他物种。能力带来责任。作为自然界大家庭的平等成员，其他物种和人类一样具有生存的权利。人类保护生物多样性不应基于功利的原因。这些道德观点得到了广泛的支持和同情，有时甚至以宗教的形式出现。

道德观点的一个问题是，从不同角度出发、侧重点不同的道德观点之间时常发生冲突。例如，动物生存的权利和人类维持基本生存的权利之间的冲突。换句话说，"人还没吃饱呢，还怎么保护其他生物呢？"这时就需要某种标准去评判哪一个道德观点在哪种情况下更有理，过分强调人类或自然界其他成员利益的观点似乎都有失公允。用经济学家的话来说，就需要在不同的选择之间进行某种"取舍"，兼顾人类和自然界其他成员的利益。

给人类带来的经济利益是保护生物多样性的又一个重要原因。

二、物种保护的经济利益和成本

生物多样性能给人类带来经济利益。这种经济利益也是我们保护生物多样性的原因之一。总经济价值包括使用价值和非使用价值。使用价值又包括直接使用价值、间接使用价值和选择价值。非使用价值包括存在价值和馈赠价值。存在价值是在没有使用意图的情况下人类赋予自然的价值。馈赠价值则可能包含未来使用的意图。在经济价值之外，还可以定义非人类价值（nonhuman value），这是物种自身具有的独立于人类的价值，来自物种自身的生存权利。但也有人对这种价值存在争议。

生物多样性有着多种经济价值。以热带雨林为例，直接使用价值包括提供制造药品的原料、旅游提供干鲜果品等。许多药物来自热带雨林。选择价值是人们为保护现存的热带雨林不被开发留待以后使用的支付意愿。延缓热带雨林的开发可能给社会带来收益。热带雨林还储藏碳，这是它的间接使用价值。如果雨林被砍伐，二氧化碳会被释放出来，加剧全球变暖的过程。此外，热带雨林的存在本身和未来使用的可能性对人类都具有非使用价值。生物多样性的最大价值可能是巨大的多样性的存在本身，人们愿意支付一定的价值以换取对这一存在的了解。

可以用意愿调查法估计生物多样性的非使用价值，即直接询问人们为保护某一自然资源的支付意愿。当然，人们还可以通过其他方法估计非使用价值。

三、物种保护的措施

物种保护可以采取两种方法：建立物种保护区，例如建立国家公园，把公园用栅栏圈起来，由国家或非政府组织保护；可持续地使用物种，使其存量不减少，如对森林和渔业资源的可持续使用。物种保护主义者不喜欢后一办法。因为他们认为这违反了道德观点，并且在实际中难以实行。

保护区是由政府或非政府组织管理的、有较大面积的、相对不受人类干扰的、接近自然状态的地区。保护区内禁止进行的活动应当公开宣布。保护区可以采取多种形式，包括生态保护区、国家公园或地方公园、野生动植物保护区、世界或国家历史遗址等。对进入和使用加以限制的保护区，已有几千年历史。印度在公元前4世纪就有森林资源的保护区，欧洲狩猎资源的保护区也有几百年历史了。人口压力和政治稳定性对保护区的成功关系重大。协调保护区与当地居民的关系也很重要。在一些前殖民地国家，保护区最先是由殖民当局建立起来的。殖民当局在建立保护区时，驱逐当地居民，不给或少给补偿。因此，保护区得不到当地人民的支持。这些都应当引以为戒。保护区的另一个问题是资金不足和管理不善。

第十章 自然资源利用

自然资源是人类生存和社会发展的物质基础，而且随着社会的发展，自然资源开发利用的强度越来越大、利用的范围也越来越广。所以，本章就如何充分而有效地对资源自然进行利用展开说明。

第一节 人类对自然资源需求的演进

一、人的需要与自然资源

自然资源是相对于人的需要而言的，美国社会心理学家亚伯拉罕·马斯洛在1954年出版的《动机与个性》一书中提出了需求层次论（need-hierarchy theory），将人的需求分为五个层次：生理需求（physiological needs）、安全需求（safety needs）、爱与归属的需求（love and belonging needs）、尊重需求（esteem needs）、自我实现的需求（self-actualization needs）。1970年新版书内，又改为如下七个层次：

生理需求（physiological needs），指维持生存及延续种族的需求；

安全需求（safety needs），指需求受到保护与免于遭受威胁，从而获得安全的需求；

隶属与爱的需求（belongingness and love needs），指被人接纳、爱护、关注、鼓励及支持等的需求；

自尊需求（self esteem needs），指获取并维护个人自尊心的一切需求；

知的需求（need to know），指对己对人对事物变化有所理解的需求；

美的需求（aesthetic needs），指对美好事物欣赏并希望周遭事物有秩序、有结构、顺自然、循真理等心理需求；

自我实现需求（self-actualization needs），指在精神上臻于真善美合一的人生境界的需求，亦即个人所有需求或理想全部实现的需求。

其中，第一种为基本的生理需求，其余的为心理需求。显然，生理需求是直接的物质需要，心理需求则是间接的物质需要。例如，要求满意的工作，要求自我实现，要求维护自尊心等，除了涉及个人能力、价值观、社会制度等非物质因素外，也必须有一定的物质装备和经济基础。追根溯源，满足人类需要的物质都来自自然界，即自然资源。

人类要生存，最基本的生理需求是对食物的需要，人体从食物中吸收营养物质，并利用储存在食物中的化学能完成自身的生理活动。人类的食物主要是植物和动物的各种组织，也就是生物产品。而生产食物需要有土地、阳光、水、生物等自然资源。人类的某些心理需求也要从自然资源中得到满足，如生态服务，包括环境质量和湖光山色等景观资源。从需求的角度来考察，人的欲望或需求通常被认为是无穷的。这些欲望或需求一个接一个地产生，一旦前一个欲望或需求得到满足甚至仅部分得到满足，就会接着产生后一种欲望或需求。然而，满足欲望或需求的资源却是有限的。

人的需求与自然资源的关系，以个人需求为基础，但是必须放在由个人组成的社会这个层次来考虑。

二、社会发展与自然资源演进

从狩猎－采集社会，经农业社会到工业社会，人类对自然资源的开发利用经历了漫长的历史过程，在这个过程中，自然资源的概念、开发利用的范围及深度、环境影响都在不断地演进着的。

（一）狩猎－采集社会的自然资源开发利用

1. 早期的采集与狩猎者。考古发现与人类学研究都证明，早期的人类大多数是以群居的方式生活在一起组成部落，通过一起劳动以获得必要的食物维持生存，获取食物的方式是从事狩猎和采集活动。在这种部落里一般是男人从事狩猎活动，女人从事采集活动。在热带地区，植被茂密且植物全年生长良好，因而女人的采集活动收获丰厚且稳定，提供了整个部落食物的60%~80%，而且女人还承担了养育孩子的工作，所以女人的社会地位高于男人，成为母系氏族社会。而在寒冷地区，植被稀少加上季节性变化明显，食物主要是从狩猎和捕鱼活动中获得的，这主要是男人从事的劳动，所以这些地区盛行父系氏族社会。

当一个部落的人口数量增加到一定程度后，在步行到达范围内能获取的食物不足以养活整个部落时，一般情况下，部落的一部分人会离开原地形成另一个新部落。因此早期的部落人口数量不会太大，即早期的部落都是以小群聚居的方式生活的，而且很多原始部落常常面临食物稀缺，为了获取食物可能随着季节变动或被捕食动物的迁移而流浪。

这些采集和狩猎者为了更好地生存，需要了解周围的自然环境，获取了关于通过观察风云变化等预测天气的知识，通过尝试和经验积累发现了多种可食用和药用的植物和动物，学会了制作工具，并用来改造自然，于是，人与自然开始了分离。但是，早期的人类人口数量不多，相对来说土地广阔，人类对自然环境的影响主要依靠体能，自然资源开发利用对环境的影响轻微且是局部性的。当对部落附近小范围区域自然环境的不利影响危及部落生存时，还有很多未受影响的区域可供其迁移定居，因而有回旋的余地。

2. 后期的采集者与狩猎者。人类在获取资源的过程中，逐渐改良了工具和武器。考古表明，大约12000年前出现了矛、弓、箭等工具，人类还学会了使用火和陷阱，使人类可以捕猎大型野兽,学会了焚烧植被以促进可直接食用的植物和猎物喜食的植物的生长。

工具的改良特别是火的使用,使后期的采集者和狩猎者对环境的影响加大,但采集者和狩猎者仍然属于自然界中的人,仍然主要通过适应自然来求得生存。

(二)农业社会的自然资源开发利用

农业社会大部分人以直接栽培作物和养殖动物作为获得食物的主要途径,通过驯化、挑选出来的野生食用植物,把它们栽种在居住地附近,这样人们就不用到很远的地方去采集它们,于是出现了种植业。在人类捕获的动物暂时不需要杀死食用的情况下,就会被圈养起来,于是出现了驯养野生动物的畜牧业。

对野生动植物的驯化大约发生在10000年前,考古显示,最早的植物栽培很可能是从热带森林地区开始的。那里的人们发现,把薯类植物的块根(茎)埋入土中,就能长出新的植株,提供更多的食物。为了准备栽种作物,人们先清除小片森林,首先把林地上的树木等植物砍倒、晒干、放火焚烧,然后在空地上种植作物,这种种植方式为刀耕火种。热带地区的气温高、水分条件好、微生物活性高,因而土壤中有机质分解快且彻底,养分含量低,一般种植3~5年就把土壤养分耗尽了。原有地块的土壤肥力耗尽后,人们就放弃该地块,到新的地块上开始新一轮的刀耕火种,所以这种种植方式又称游移种植。被放弃的地块休闲10~30年后,森林植被又发育了起来,土壤肥力也得到了恢复,为再次刀耕火种提供了条件。这种农业还只是农业的雏形,西方称之为生计农业(subsistence agriculture),一般只种植足以养家糊口的作物,仍依赖人的体力和原始的工具,因而,这种农业对环境的影响相对较小。

真正的农业是随着畜力和金属农具的使用而出现的,开始于大约7000年前。用被驯化的动物牵引犁耙等农具来耕翻土地,不仅大大提高了作物产量,也使人类能够开垦更多的土地。肥沃的草原土壤由于其土层深厚、土壤中植物根系丰富而难以人力耕种,有了畜力和金属农具后就可以开垦了。于是农业向草原地区扩展,这很可能是人类文明中心转移的原因之一。在一些干旱地区,人类学会了开挖水渠引水灌溉农田,人类对水资源的认识有了很大的发展,并进一步提高了作物产量。这种靠畜力和灌溉支持的农业通常能收获足够的食物满足日益增加的人口需要。

真正的农业社会,男性从事种植业活动,女性主要生育后代、操持家务,父系统治得以盛行起来。农业的发展对社会发展有以下几方面的影响:

1. 由于食物供给增多、供应稳定,人口开始快速增加。

2. 人类越来越多地清理和开垦土地,开始了对地球表层的控制和改造,以满足人类的需要。

3. 由于相对少量的农民就可以生产出足够的食物,除了养家糊口外,还有一些剩余用于出售,于是城市化过程开始了。很多原来的农民迁入了永久性的村庄,这些村庄逐渐发展成小镇和城市,并成为贸易中心、行政中心和宗教中心。

4. 专业化的职业和远距离贸易发展起来，村镇和城市中以前的农民学会了诸如纺织、制陶、制造工具之类的手艺，生产出手工制造的商品用以交换食物和其他生活必需品，于是资源得以流通，自然资源开发利用的环境影响也扩散开来。

5. 私有制出现。大约在5500年前，农民和城市居民之间贸易上的相互依赖，使得很多以农业为基础的城市社会在先前的农村聚落附近逐渐发展起来。食物和其他商品的贸易使得财富不断地积累，并促成了对管理阶层的需要，以调节和控制商品、服务和土地的分配。土地所有权和水资源的占有权成为很有价值的经济资源，于是争夺资源的冲突增加。

以农业为基础的城市社会对环境已经有了明显的影响，农业社会阶段，世界各地出现了若干农业文明中心，人口日益增加，需要更多的食物、木材和建筑材料。为满足这些需求，大片森林被砍伐，大片草地被开垦，许多野生动植物的生境被破坏而退化，导致某些物种的灭绝。已开垦地区经营管理不善常常使土壤侵蚀大大加速，森林进一步遭到破坏；牧区出现过度放牧，使曾为肥美草原的地方变成沙漠。水土流失导致河流、湖泊和灌溉渠道的淤塞，很多古代著名的灌溉系统就是这样遭到毁灭的。

（三）工业社会的自然资源开发利用

17世纪中叶开始于英国的工业革命是自然资源开发利用史上的一个里程碑。工业革命使小规模的手工生产被大规模的机器生产所取代，以牲畜为动力的马车、犁耙和以风为动力的帆船被以化石燃料为动力的火车、汽车、拖拉机、收割机和轮船所取代。

这些技术的革新和发明，在几十年内就使欧洲和北美以农业为基础的城市社会转变为城市化水平更高的工业社会。工业社会阶段，农业、制造业、交通运输业等都大量使用依赖化石燃料提供动力的机器，这在提高生产力、促进商品流通和贸易的同时，也使能源消耗量增加，对环境影响的不利后果也大大加剧。

工业发展使向城市输入的矿物原料燃料、木材、食品等物质大大增加，一方面为城市提供这些资源的农村地区生态系统退化、环境污染、资源损耗；另一方面，接受资源利用形成的废弃物排放的城市地区因污染而使环境质量下降。工业社会阶段的农业生产活动采用农业机械化肥等技术，使农业生产力得到提高，农作物单位面积产量增加，从事农业的人数减少，农村剩余劳动力增加，于是大批农村人口迁入城市，城市化进一步扩展，废气、废水、废渣和噪声在城市里蔓延开来。工业社会具有以下特点：生产得到了极大增长，对不可更新资源（煤炭、石油、天然气、金属矿产）的依赖性大大增加，新材料（化工合成的）部分地替代了天然材料，人均能源消耗急剧上升。这些特点使人类享受工业化、城市化带来的福利的同时，也使资源环境问题更加突出，并且越来越明显地威胁到人类自身的生存和发展。

工业化使人类与自然的矛盾突出，人类越来越脱离自然、脱离土地，农业的工业化、不断扩展的采矿、城市化等也使得表土、森林、草原、野生生物等可更新资源不断退化，不可更新资源渐趋耗竭。

(四)人类对自然资源开发利用的演进

在人类社会的发展过程中,人口数量增加,在人均自然资源消费量不变的情况下,自然资源的总的需求量将会与人口数量呈正比例地增加;而在历史发展进程中,人类生活水平不断提高,因而人均的自然资源消费量也增加。这样,整个社会的自然资源总需求量不断增加。这必然导致人类对自然资源的需求量达到和超过地球上自然资源的总量,即达到绝对稀缺。

但是,人类对自然界的认识越来越全面和深入,关于自然资源的概念也不断发展,导致自然资源的种类和数量都在增加,使得自然资源在历史上没有出现过绝对稀缺,甚至某些种类的自然资源越来越丰富。

一方面,在人类社会早期,阳光、空气不被看作资源,甚至连土地、水等也不被看成资源,因为土地和水的数量相对于人的需要来讲是巨大的。随着农牧业的兴起和灌溉技术的利用,土地、水也就成为资源了。在人类生活水平较低的时期和地区,人们主要注意温饱资源的概念是物质性的;而当生活水平提高后,人们就把风景、历史文化遗产、民俗风情等审美性的事物也当作资源了。20 世纪 50 年代以前,石油都采自陆地;现在人类已在海洋中开采石油。其他资源的开采范围也在向海洋扩展,未来的人类很可能到月球、火星上去开采资源。"洪水猛兽"曾被看作灾难,但当人类有能力控制它们以后,也可以变为资源。

另一方面,正如今天大部分十分珍贵的资源在几个世纪以前被认为是毫无价值一样,当年很有价值的资源在今天看来可能没有什么价值。例如,某些作为燃料用的植物,在染料化工发展起来以前曾经是很宝贵的资源,但现在已无太大价值了。

总之,人类社会发展过程中对自然资源的认识和开发利用能力是不断发展的,因此,有些学者(主要是历史学家和经济学家)对资源和环境问题的前景持乐观态度,他们认为技术进步能不断改变或扩展资源和环境的极限。

(五)未来的挑战

1. 对技术丰饶论的挑战。从人类历史看,科技进步保证了自然资源没有出现绝对稀缺,但也导致了人类对未来的乐观,形成了自然资源问题上的技术丰饶论。但是科技进步在解决资源稀缺问题上到底能有多大的作用,或者未来的技术进步能否保证矿产资源探明储量的增加量或发现新的矿产资源来满足人类的需要,这是人类在资源问题上对技术丰饶论的主要担心。

实际上,科学技术是一把双刃剑,每一种技术都有副作用。例如,金属冶炼技术的发明和应用,给人类带来了使用金属产品的便利,但也引起了矿产资源过度消耗和环境污染等问题。伐木机械的发明和改进大大提高了伐木的工作效率,但也造成了快速无林化,并引起物种多样性降低、水土流失加剧等生态问题。化肥生产技术的产生,提高了耕地粮食产量,但化肥的大量使用也是土地退化的主要原因。同样,医学中器官移植技术的产生与发展，使得一些人长命百岁的愿望得以实现，但也催生了贩卖人体器官的犯罪行为。

不仅如此，技术不是万能的。例如，城市扩张造成世界上许多大城市面临的噪声、空气污染、分配不公和贫困、城市居民的生活质量下降、人际关系淡漠、精神压力增大等问题，以及世界文化冲突等社会问题并非技术都能解决的，而需要在人类价值观和道德观念等方面做出努力。

2. 对全球性问题的挑战。目前，人类面临着一系列更复杂、更隐蔽、分布更广泛、影响更持久的资源环境问题，其中很多是全球性的大问题。如全球变暖、臭氧层破坏、海平面上升、大气酸沉降、持久性有机污染等。要降低全球变暖的程度，就必须急剧减少 CO_2 和其他温室气体的排放，要制止臭氧层的破坏，就必须逐步禁止使用氟氯烃；要减少酸性沉降对陆地和水生生态系统的危害，就必须急剧减少 SO_2 和 NO 等的排放。此类问题就涉及限制使用某些资源和开发这些资源的替代品，其中很多重大策略都需要制定国际协议和进行国际合作。

为了保护不可更新资源，使之能持续利用，需要加强矿物资源的循环利用和重复利用，节约能源，加速开发利用恒定的和可更新的能源。人类必须改变目前的生活方式和消费习惯，凡直接或间接导致资源浪费、环境污染或退化的，都应当抛弃。

野生生物保护应更加重视大型自然保护区，而不是仅像现在这样重视在动物园和避难所内保护少数濒于灭绝的物种。一个很迫切的重要任务是制止（或至少要减缓）世界上现存热带森林的迅速破坏。人类还必须尽最大努力来恢复已退化的森林、草地、土地，应该积极开展并大力加强恢复生态学的研究。

对人口控制、环境治理和资源保护的研究，迄今大部分都是互相独立地进行的，解决一个领域的问题可能引起其他领域的新问题。人类应加深认识这些问题的相互关系，迫切需要对这些问题做综合研究，进行综合治理，制定协调的策略。

人的世界观、态度和行为是造成资源、环境问题的关键，也是解决这些问题的关键。人类必须在思想方式上有大的变革，把与自然对抗、从自然中夺取的态度，改变为与自然协调、利用自然的同时也保护自然的态度；把重视事后治理污染变为重视事前制止污染，防止潜在污染物进入环境，防患于未然。

迄今为止，在对待资源和环境施加于增长过程的自然限制上，技术进步及其应用是如此成功，以至于全部文明都是在围绕着与极限作斗争而不是学会与极限相适应而发展的。今天，我们肯定技术进步在克服资源环境极限中仍有极大意义，同时必须反对盲目的技术乐观主义。社会欢迎每一项新的技术，但在广泛采用这些技术以前，必须对以下问题有较为清晰的认识：如果大规模引进和推广这些新技术，会产生什么物质上和社会上的副作用？怎样克服这些副作用？在这种发展完成以前，需要进行什么样的社会变革？如何完成那些社会变革？完成那些社会变革需要多长时间？如果这种发展完全成功，并排除了增长的自然极限，那么增长着的系统下一步将会面临什么新的极限？怎样克服新的极限？在排除现有极限和面临新的极限之间如何权衡？

第二节 自然资源的开发与再开发

一、自然资源开发与再开发原理

广义的自然资源开发包括初始开发和再开发两种情况，狭义的自然资源开发是指初始开发，即对原来没有开发利用的自然资源进行开发利用，特别是对本来未受人类影响的区域进行的开发活动。例如，在把农区的未利用地改造成农田或林地、把无人区的沼泽排干开垦成农田等农业开发活动。但是，人类发展到现阶段，地球上未受人类影响的区域已经很少，人类的自然资源开发活动大多是对已开发的资源进行追加开发或替代开发，即自然资源的再开发。例如，把原来经营着的森林开垦成农田、农场转变为工业区、旧城区改造等把原有土地利用方式改变为新的利用方式的开发项目都属于再开发。

人类对自然资源的开发和再开发都是为了满足人类对各种产品和服务的需要。这种需要既包括对人类维持生存的基本物质（如食物等）的需求，也包括对精神（如审美享受、尊严维持）的需求。自然资源开发的决策者希望通过对自然资源的开发利用，满足社会对产品和服务的需要，并由此获得效益。因而在开发前他总会预先权衡自然资源开发的成本与效用，只有在确信总效用大于总成本时，才会实施开发计划；而再开发只有在自然资源的新用途比继续目前的用途能带来更大效用的情况下才会发生。当然，决策者考虑的自然资源开发效用既包括物质效用，也包括精神效用，如各种精神享受、个人满足和社会价值等。尽管不同的自然资源开发者对成本与效益的权衡的精确程度不同、对未来存在的风险的预测能力不同，但几乎所有自然资源开发利用活动都力图实现效益最大化。

在市场机制下，人们愿意支付的价格通常决定谁得到什么和得到多少。一方面，如果资源的供给相对于当前的需求是短缺的，那么人们通常可以通过支付比他们的竞争者更多的钱来获得资源以保证其需求；另一方面，对资源需求的上升又常常导致价格上涨，这又会刺激资源的供给。因此，在整个经济学思想中都充斥着"价格支配生产并决定资源配置"这个一般假设。根据这个假设，自然资源趋于向那些出价最高的经营者手中转移。一般农业土地的经营如此，城市土地的经营也是这样。这种自然资源利用的总趋势表现出所谓"资源利用更替性"原理。按照这个原理，每当不同资源用途的有效需求变化，导致适于这些用途的资源的经济潜力也发生变化时，所涉及的资源就趋于向最高层次和最有经济效益的用途转移，除非这种转移为制度所不容许，或者有非营利的其他目标，或者经营者反应迟钝。

人类利用自然资源的历史是一个长期的资源利用更替历史。大多数自然资源，特别是那些通达性好、具有较高经济利用潜力的自然资源，已被人类开发和改善。这个开发过程绝不是一件一劳永逸的事情，随着时间的推移，一些已经被开发的资源，必然会在一定时间被再开发，改作其他更高效益的用途。例如，生长有原始森林的土地被开发成经济效益更高的农田；森林采伐后自然生长的灌木林被再开发成商业性林地；曾经是沙漠的土地上开辟出灌溉农业或农场；与世隔绝的大自然奇景被开发为旅游胜地等。

城市土地利用更替过程表现得更为显著、更为生动。例如，一些城市中心商业区以前可能还是一片荒野，然后开始成为地区贸易集散地村落，再后来成为繁荣的商业社区，最后成了飞速扩展中的城市商业中心。在这个更替过程中，开始时的小路，后来变成了横贯商业区喧嚣的交通要道；昔日居民的平房也让位给大银行、商店和摩天大楼；当初以很低的价格可能还难以卖出的土地，现在已是寸土寸金。

资源利用更替过程是一个动态过程，会随需求和技术的变化而不断做出调整。例如，随着城市的发展，昔日的牧场和耕地上会建起房屋和商店；个别水井和简陋的卫生设施为公共供水和地下水道系统所代替；公共设施建立起来了，新街道出现了。随着城市的发展和繁荣，旧城区被不断再开发，原来的道路必须加宽，重新铺设，下水道需要扩展和拓宽，商店要翻新，旧平房被推倒让位给新的高楼大厦，有条件和有必要的地方还要建设城市公园和开放空间……

资源利用更替性往往要求做出长远的决策。多数自然资源开发都需要相当数量的投资，因此要求进行仔细的投资核算，要求计算新开发所必需的经营成本、投资成本、时间成本、替代成本和社会成本，以及扣除上述成本后的期望效益，以便平衡收支，并能获利。这往往要做出一些重要抉择。例如，不同开发计划之间的抉择，不同规模与比例的可比项目之间的抉择，使个人利润最大化的项目与强调社区和社会目标的项目之间的抉择。

二、自然资源开发中可能产生的问题

（一）造成资源闲置和资源的低效利用

若自然资源开发者一开始过高估计了预期收入，或过低估计了开发成本，就会造成自然资源开发的预期回报不能实现。这时如果经营者不接受较低的效益继续原有设计的开发活动，就有可把自然资源暂时闲置起来，或把自然资源转到一种投资较少的"低效"用途上去。例如，房地产开发商购买一块土地后，由于房价降低或建设成本升高（人工费、建材价格上涨等）等新情况的出现，发现按照原来的项目规划建成商品房效益太低，他就可能暂时把这块土地闲置起来，等将来房价上涨或建材价格下降后再开发，也有可能把这块地种上树，作为林地经营一段时间。

如何对待不盈利的自然资源开发项目，在很大程度上取决于总效益、经营成本和投资成本等的相对关系。只要总效益超过总成本，经营者就会倾向于继续原设计的开发项目，但如果总效益低于总成本，经营者就会放弃开发。

历史上预期效益不能实现的资源开发活动经常发生。例如，在一些并不适宜耕种的地方开荒种地，不仅经济效益低下，还有可能引起生态灾难。

（二）引发土地投机活动

"投机"是指为预期获利目标而进行的冒险投资，土地投机可定义为持有通常处于非最佳和非最高层次利用状态的土地资源，其主要经营目标着重于通过转售获得资本效益，而不在于从目前的利用方式中谋取利润。土地投机者很少关心从目前的土地资源利用方式中可能获得多少利润，而只是把土地看成一种可以通过买卖而获利的商品。土地投机者有时也会在土地改良方面进行一些投资，以提高土地资源的等级，但他最感兴趣的还是尽快把土地卖出去，使其资本投资有利可图，并尽快周转，而不是长久地持有、经营土地资源。

土地投机冒险可能给投资者带来巨大效益，也可能带来严重损失。土地投机是在土地资源开发历史上较为普遍的现象，特别是在农村用地正在向城市用地、工业用地转移的地区。

在土地价格上升时，土地投机往往最活跃，而在价格走低时土地投机者会将持有的土地留在自己手里待价而沽。由于投机者并不积极开发土地，这将会造成土地资源的长期闲置。

如果土地投机者的投资成本要支付较高的利息，或者政府采取让持有土地者交纳较高的财产税等措施，使土地投机者承受的压力增大，则土地投机者就可能以其可得到的任何价格出售其持有的土地，也可能放弃投机梦想而进行土地资源的开发和再开发，这有利于土地资源进入市场得到开发利用。当然，土地投机者也可能采用折中的方法，将土地资源用于一些低效益的利用，如作为停车场、临时集市、临时货栈等，这些用途的收入足以弥补持有成本，并仍保留日后有机会向更高层次和更高效益的土地用途转移的选择余地。

（三）导致个人利益和社会利益冲突

自然资源开发过程中常常会出现个人目标与社会目标相冲突的情况。例如，在城市化和工业化过程中，农业用地不断向城市用地和工业用地转移。在市场经济体制下，从效益最大化目标看，农业土地利用效益比较低下，向城市用地和工业用地转移更符合经济规律。尽管作为耕地的土地利用方式效益低下，但耕地被大量占用后，将威胁到一个地区的农业发展和粮食安全，从长远来看会对社会利益造成损害。

在此类情况下，应该将个人利益和社会利益统筹考虑，在某些情况下，个人利益可以最大限度地得到保障，但在大多数情况下，个人利益应让位于社会利益。

从使用者的角度看，资源用途的更替往往是对市场价格的反映，只要资源所有者或出价最高的投标者将资源用于社会许可的用途，那么冲突不会发生，使用者能追求利润最大化。然而，如果经营者为了使其利润或其他效用最大化，将资源改作他用时损害或剥夺了其邻居乃至整个社会的利益，那么冲突就不可避免。

此类受损害的社会利益往往在市场上体现不出来。例如，可能涉及私人土地上的林木、湖泊、溪流以及地质构造等所能为公众提供的美学享受、环境质量等，或者涉及将这些资源作为娱乐用地的机会；也可能是指某个经营者的活动对自然环境质量可能造成的不良影响，如因经营导致土地退化、水土流失、空气和水污染、噪声污染等。这些影响构成了重要的负外部性和社会成本。然而，它们很难在传统市场上评价，因而对某些使用者的成本——效益核算没有影响。在这种情况下，为保护社会利益，有必要采取社会措施，其中包括区域土地利用规划、对个人土地利用的社会控制措施等。

社会控制（管理）是否用来指示、引导，有时乃至限制个人土地开发决策，既取决于社会利益和个人利益之间冲突的程度，也取决于当时对社会干预的流行观念，更取决于一定的社会体制和政策。需要建立适合的政府机构并切实履行其职能，还需要确定必要的控制手段并得到公众舆论的支持，这样就可以制止危害社会利益的土地滥用现象。但是，政府和社会管理部门往往贬低和反对使用者为谋取最大利润而进行的资源开发，往往出台一些未经斟酌的社会控制政策，不仅使社会效益不能实现，还会损害本来可以实现的土地开发效益。

第三节　自然资源的可持续利用

世界环境与发展委员会在1987年发布的《我们共同的未来》中第一次正式提出了"可持续发展"的概念，其定义是："既满足当代人的需要，又不损害后代人满足其需要的能力的发展。"其后，关于"可持续发展"和"可持续性"的定义如雨后春笋般涌现，迄今已有上千个。虽然这些定义不尽相同，但都包含以下几个方面的含义：

理想的人类生存条件：满足人类需求的可永续存在的社会，尤其是世界上贫困人民的基本需要必须特别优先得到满足。

持久的生态系统状况：保持自身承载能力以支持人类和其他生命的生态系统。

公平性：不仅在当代人与后代人之间，也在各代人内部，平等地分配利益和平等地承担代价。如果在发展政策中忽视资源分配问题（代际分配和代内分配），则不能实现可持续发展。可持续发展在很大程度上是资源分配问题，狭义的可持续性意味着对各代人之间社会公平的关注，同时还必须合理地将其延伸到对任何一代人内部的公平的关注。

一、人类的需求

发展的主要目标是满足人类的需求，但目前世界上存在应当扭转的两种倾向。

（一）发展中国家大多数人的基本需求没有得到满足

发展中国家的大多数人连粮食、衣服、住房、就业等都没有得到满足，他们有要求这些基本需求得到满足并提高生活质量的权利。

（二）发达国家很多人的生活消费大大超出了基本的需求

例如能源消耗和其他消费，如果按目前美国的人均标准，世界只能维持10亿人口，其余 60 亿人口生存的权利就被剥夺了。人们对需求的理解是由其所处的社会条件、经济条件和文化背景决定的，只有各地的消费水平控制在长期可持续限度内，全体人民的基本生活水平才能维持。资源的可持续利用要求促进这样的观念，即鼓励在生态可能的范围内的消费标准，鼓励所有的人都可以合理地向往的标准。

满足基本的需要在一定程度上取决于实现全面发展的潜力。显然，在基本需求没有得到满足的地方，资源的可持续利用则要求实现经济增长（主要表现为人均国内生产总值 GDP 的增长）。在其他地方，若增长的内容反映了可持续利用的一般原则，又不包含对他人的剥削，那么这种经济增长与资源的可持续利用是一致的。但在有些地方，经济增长并非就是可持续发展，当高度的生产率与普遍的贫困共存、经济增长以破坏资源和环境为代价时，就谈不上是可持续发展了。因此，可持续发展要求社会从两方面满足人民需要：一是提高生产潜力，二是确保每个人都有平等的机会。

二、可持续的限制因素

（一）人口

人口增长会给资源增加压力，并在掠夺性资源开发普遍发生的地区影响生活水平的提高。这不仅仅是人口规模的问题，也是资源分配的问题。只有人口发展与生态系统提供的服务功能中的生物生产潜力相协调时，可持续发展才能够进行下去。

（二）环境

人类社会发展，尤其是技术发展，能解决一些迫在眉睫的问题，但会导致更大问题的出现。社会经济的盲目发展可能会危害许多当代人的利益，也可能在许多方面危害后代人满足其基本需要的能力。在发展过程中，人类对自然系统的干扰是越来越大的，从原始的狩猎、采集，到定居农业、水道改向（灌溉）、矿物提炼、余热和有害气体排入大气、森林商业化、遗传控制、核能利用等，都是人类干扰自然生态系统的例子。不久以前，这类干扰还只是小规模的，其影响也是有限的。但现在的干扰在规模和影响后果两方面都更加强烈，并从区域到全球各种尺度上严重威胁生命支持系统。这已经对发展的可持续性构成了严重的威胁。可持续发展不应危害支持地球生命的自然系统：大气、水、土壤和生物。

（三）资源

可再生资源的开发利用要有一定限度，超过这个限度就可能引发生态灾难。生物产品、水、土地等资源的利用强度都有自己特定的限度，其中许多以资源基础的突然丧失的形式表现出来，有些则以成本上升和收益下降的形式表现。知识的积累、科学技术的发展等会加强资源基础的负荷能力，但最终仍有一个限度。可持续性要求，在远未达到这些限度以前，全世界必须保证公平地分配有限的资源，并调整技术上的努力方向，以减轻资源压力。

对可再生资源来讲，经济增长和发展显然会引起自然生态系统的变化。对森林中的树木的砍伐强度、对水体中的鱼类的捕捞强度、对草原上牧草的放牧强度，以及对耕地的利用强度等都应该控制在一定的限度内，否则就会导致森林、草地退化，耕地地力下降，鱼类资源趋于耗竭等后果。如果利用适度、用养结合则不会使资源枯竭，甚至有可能使资源的数量更多。例如，对耕地资源的合理使用和土壤培肥，就能使耕地的土壤肥力增加；对草地的适度放牧，能使草地上的草生长更好、产草量更高，而且草地上植物的物种组成对畜牧业更有利；对海洋渔业的捕捞强度进行限制、规定网眼的尺寸、制定合理的休渔期，就能使海洋鱼类产品持续地获得较高的产量。但是，利用强度的把握比较困难，要对资源进行动态监测，防止生态系统退化导致的资源枯竭。

对不可再生资源来讲，显然是用多少就少多少。但这并不是说不可再生不能利用，而是应该确定一个持续的损耗率。例如，对煤炭、石油、天然气等化石燃料矿物，要在其耗竭速度、节约利用等方面制定一定的标准，以确保这类资源在找到社会可接受的替代物之前不会枯竭。

三、平等与共同利益

（一）国际不平等

在这个唯一的地球上，存在着230多个国家和地区，每个国家和地区所处的自然环境不同，自然资源的丰饶状况悬殊，发展历史不同，最终表现为当前的贫富状况不一。目前，每个国家和地区都在为自己的生存和繁荣而努力，但是，在发展本国经济的过程中，很少会考虑对其他国家的影响。总体来看：当前世界发达国家消耗了过多的地球资源并向环境排放了过多的废物；发展中国家的人们为了生存又不得不过度砍伐本国的森林、过度放牧、过度利用耕地，依此生产出满足自己基本生存需要的初级产品，同时，还要大量开采本国的矿产资源并以相对低廉的价格出售以换取一些高新技术产品。这样，不论是发达国家还是发展中国家都在损害着人类共同生存所必需依赖的地球环境。

就目前的国际、国内政治经济秩序看，要维护共同的利益是很难的。因为行政管辖权限的范围与环境影响所及的范围常常是不一致的。在一个国家管辖范围内的能源政策会造成另一个国家管辖范围内的酸性沉降，一个国家的海洋捕捞政策也会影响另一个国家的捕捞量。

商品的对外贸易通常使环境容量和资源匮乏成为国际性问题，如果能平等地分配经济成果和贸易收益的话，共同利益就能普遍地实现。但目前国际贸易秩序是不平等的，发展中国家出售的木材、矿产资源等初级产品价格低廉，不仅影响这些生产部门，也影响主要依赖这些产品的发展中国家的经济发展水平和生态保护效果。

（二）国家内部不平等

国家内部不同人群（不同地区的人群或不同阶级）之间的不平等也很普遍。例如，在一个流域上游的人群能够在一定程度上控制下游地区的人群获得水资源的数量和水质，而且这种控制可能是无意识的，如上游地区的土地利用方式影响到下游的径流量，上游地区农业化肥、农药的使用强度影响下游的水质。这样就会造成地区之间的矛盾。

不同阶级之间资源利用的不平等更加普遍。一个企业排放了浓度超标的废气而污染大气，或者排放未经处理的废水而污染水体，但企业主可能不被追究，因为受害的是企业周围的穷人，他们不能有效地申诉，而且政府部门会采取一定的措施保护企业主。因为，企业主与政府职能部门的主要人员之间可能有着密切的利益关系，例如通过贿赂政府人员，使其违法行为能得到庇护。

（三）不平等是限制资源可持续利用的主要障碍

资源利用的不平等能产生许多问题。不平等的土地所有制结构使部分土地过度开发，这不仅使资源基础受损，也对环境和发展两方面造成不利影响。而当某一系统临近生态极限时，不平等会更加尖锐。这样当流域环境恶化时，贫苦人由于居住在易受危害的地区，而比居住在环境优美地区的富人更易遭受危害；当矿产资源枯竭时，工业化过程的后来者丧失了取得低成本供应的利益；在对付可能的全球气候变化影响上，发达国家在资金和技术上处于有利地位。

因此，我们没有能力在资源的可持续利用过程中促进共同的利益，往往是国家内部和国家之间忽视了经济和社会平等的结果。资源的可持续利用的概念不仅支持"只有一个地球"的口号，还提出了"只有一个世界"的口号，以倡议平等，维护可持续发展。世界环境与发展委员会的总观点就是"从一个地球到一个世界"。

"可持续发展"或"可持续性"已成为世界各国制定经济和社会发展目标的共识，无论是发达国家或发展中国家，也无论意识形态和社会制度如何。

第十一章 自然资源与经济管理常见问题处理

对自然资源与经济管理进行了诸多研究之后，也发现了其中存在的一些亟待解决的问题。本章针对其问题提出合理的处理建议。

第一节 自然资源开发对经济增长作用的区域差异

"中国明确把生态环境保护摆在更加突出的位置。"因此如何以不牺牲环境为前提的情况下，进行经济发展成了我们亟待解决的难题。而与之相对应的我国自然资源丰富，但在国家的经济迅猛发展的形势下，对自然资源进行了不合理的使用，对环境造成了不可修复和挽回的破坏。而当下矛盾日益加重，经济发展过程中仍会遇到与自然资源相关的诸多问题，因此，对自然资源和经济增长的关系仍需深入研究和分析。

（一）影响自然资源与经济增长关系的因素

1. 自然资源利用成本对经济增长影响的差异。自然资源利用成本的差异会导致自然资源丰富程度与经济增长呈反比状态。中东地区被称为世界石油的宝库，任意挖口井就有石油往外冒出，其开发成本低，而其国家人口相较俄罗斯少，妥妥的富二代；而俄罗斯油田身处高纬度冻土带，开采成本高，国家人数相较中东地区多。同是在自然资源丰富程度相当的地区，中东地区过着富豪的生活，而俄罗斯却经济低迷。因此，在不同国家的不同国情、不同政策方针下，自然资源利用成本的差异会在一定程度上限制经济的增长。

2. 自然资源所处时期对经济增长影响的差异

自然资源所处时期的差异会导致自然资源数量与经济增长呈反比状态。在工业革命发生之前，长期上各国间生活水平没有太大差异。但当经济增长模式逐渐转变为技术导向性增长模式后，越来越多资源丰裕的国家经济发展滞后，如资源丰富的中东、南美洲以及非洲地区的经济发展水平远远落后于资源匮乏的日本、韩国等地区，即所谓的"资源诅咒"。从供给方面来说，当技术发展速度快于自然资源开发速度时，自然资源就会是经济增长的限制。假设需求一直能够满足供给并且一直在增长，技术发展够快，生产者能够更有效地利用自然资源，但是自然资源的开采满足不了需求的增长，就会阻碍经济增长了。

3. 自然资源利用率对经济增长影响的差异。自然资源利用率的差异同样会使自然资源与经济增长呈反比状态。不同国家对创造或者接受新观念、新知识的能力不同，且其对自然资源的利用能力也不同。因此随着时间的推移，越来越多的国家认识到一个很现实的问题，就是自然资源的价值再大都不如使价值发挥最大效益的人才。科学才是第一生产力，越来越多的国家深刻认识到自然资源的不断开发和利用和经济增长的矛盾所在，让自然资源不再限制经济的发展。

4. 不同种类自然资源对经济增长影响的差异。资源按照不同的划分口径可分为很多种，其中狭义上可将自然资源分为可再生资源和不可再生资源。可再生资源即在其使用过程中可以不断地产生新的资源；不可再生资源即在使用过程中数量会逐渐减少，无法"再生"。由于可再生资源开发成本较高、使用率较低，不可再生资源开发成本低、使用率高，可能就导致不可再生资源被过度开发利用，甚至对环境造成不可弥补的伤害。

（二）对于自然资源与经济增长关系得到的启示

1. 合理开发和利用自然资源。有形资源并非无形资源，可以随着时间的流逝逐渐发展、逐渐壮大，甚至可以在原有基础上进行新的创造，最终造福于人类。其特点为：有限，如果使用者在使用时不对有限资源进行一定的保护和限制，最终只会导致资源的枯竭，自然资源亦是如此。在给人们带来可观利益的同时，数量逐渐减少，而当人们意识到问题时，造成的损失已经无法挽回。因此在利用自然资源时，不能始终以经济发展为首要，要注重经济发展与自然资源开发利用的平衡。

2. 提升自然资源利用率。在经济增长的较低阶段，资源投入对经济增长的驱动效应较大；当经济增长达到一定阶段以后，资源对经济的正向驱动效应逐渐减弱，随之带来的负面约束效应会增强。因此对经济增长影响拥有自然资源固然好，使用时合理控制更佳，但若在使用时利用率极低，无疑是对自然资源的浪费。怎样做到对资源最大限度的利用以及回收利用，是各个国家现在正面临的重大问题。而解决这一问题的答案就是：不断提升国家自身科研水平，培养高精尖人才。科学合理地运用自然资源，才能使自然资源与经济增长处于一个长期平衡发展的状态，而其根本做法就是提升对自然资源的利用率，使其"物有所值，物超所值"。

第二节 不同自然资源对经济增长影响的差异性研究

一、自然资源与经济增长的概述

自然资源，即为天然资源，其对应的概念是人造资源。自然资源就是不以人工制造为前提而自然存在于自然界的可利用的物质。自然资源主要可以分为可再生资源以及可耗竭资源。可再生资源中存在相对意义与绝对意义两种，相对意义下的资源包括水能、风能，绝对意义下的资源包括自然风光、美景等。可耗竭资源主要分为传统类型的可耗竭资源以及开采成本较高的可耗竭资源。其中传统可耗竭资源有煤炭、石油等物质，而开采成本较高的可耗竭资源有天然气等。

经济增长是全球各个国家共同追求的发展目标，其在国家发展各项事业过程中处于优先发展的地位。具体来说，经济增长就是在一个时间段内国家的国民经济收入实现持续的增加。

二、自然资源对经济增长的推动力

（一）经济增长的基础

人类所进行的生产活动可以分为初级加工与深加工两种不同的形式。初级加工的对象主要就是资源，而深加工的对象就是经过再生产的半成品。然而初加工与深加工对象的初始原理都是自然资源。某一区域中的自然资源相对充裕，其就可以在短时间内凭借着丰富的自然资源获得质的飞跃，该区域容易形成以该种自然资源为主的链接传递，形成稳定发展氛围，带动当地经济增长。

（二）影响劳动生产率

劳动生产率就是指生产某一产品所需要的时间，如果生产产品所需要的时间越少，则劳动生产率越高。自然资源的富裕程度会对社会劳动生产率产生较大的影响。例如耕地、森林、矿产等都会影响劳动生产率。

（三）影响产业结构

自然资源对国家第一产业的发展有着最为直接的影响，对第二产业的发展也有着重要的影响。国家的工业想要得到发展需要长时间的资源累积，而这一过程就需要自然资源给予支持与保障。

（四）影响资本积累

国家在发展过程中大多数都是选择自然资源来作为资本累积的基础，不论是英国工业革命时期，抑或是新中国成立以后通过压缩初级产品价格来扶持工业发展的行为都是自然资源在资本累积过程中所发挥的作用。

三、不同自然资源对经济增长影响的差异

（一）自然资源的经济增长历程

1.经济增长较低时期。在经济增长初期的时候可耗竭资源的相对更为充裕，煤炭与石油对经济增长有着明显的贡献，是支持国家经济增长的主要支出，与经济增长之间有着正

相关。天然气属于开采成本较高的资源，在利用过程中容易受技术与资金的限制，其经济利益甚至低于投入成本。因此天然气在经济增长初期与经济增长之间呈现负相关。综合来说，在经济增长较低时期，经济增长对煤炭、石油等传统可耗竭资源的依赖性更大。

2.经济增长较高时期。在经济增长较高时期煤炭与石油的利用伴随着时间的推进已经消耗枯竭。自然资源的不可再生性提升了其消耗的成本。同时，其不断枯竭的现状与经济发展的需求现状产生矛盾，需要投入更大的成本与技术来进行开采，因此开采成本显著提升，资源的价格也随之上涨。此时，可耗竭自然资源与经济增长之间呈现负相关。而该时期，由于经济增长已经相对成熟，天然气的技术成熟、投资成本相对更小，并且天然气资源存储丰富，边际使用成本上升。当天然气的总边际成本低于煤炭与石油的时候，则天然气对经济增长的推动关系更加显著。综合来说，在经济增长较高时期，经济增长更加依赖天然气资源的投入。

（二）可再生资源的投入与经济增长的关系

1.国家。可再生资源的投入与经济增长之间呈现负相关。我国在经济发展初期，可耗竭资源更加充裕，没有必要大规模地投资可再生资源，因此在经济增长较低时期可再生资源对经济的负相关十分显著。在经济增长较高时期，可耗竭资源的枯竭让人们转而重视可再生资源的使用，可再生资源的利用量逐步上升，但是由于受技术与投资的限制，其仍然无法实现大规模推动经济增长的优势，因此在经济增长较高时期可再生资源依然无法发挥其经济增长的推动效应。

（2）地区。在经济增长较高时期天然气虽然能起到一定推动经济增长的作用，但是其仍然是开采成本比较高的可耗竭资源，相对于绿色、环保、循环的可再生资源来说劣势十分明显。因此在经济增长的更高时期，天然气的利用成本也将不断上升，同时人们更加趋向于开发风能、水能等可再生资源，并且在可再生资源的总边际成本比天然气等可耗竭资源的总边际成本更低的时候将会取代可耗竭资源的使用。

第三节　资源环境约束下经济增长模式的转型研究

一、资源环境对经济增长的约束分析

（一）资源环境与经济增长的一般关系分析

1.资源环境的内涵及其相互关系。资源环境内涵的界定。资源有广义和狭义之分。广义的资源包括自然资源、经济资源、人力资源、社会资源等各种资源；狭义的资源仅是指自然资源（natural resources）。在狭义的范畴上使用"资源"一词，即指自然资源。在行文中，将会用"资源"和"自然资源"交互使用，如果没有特别指出，均指同一意思。

自然资源是指广泛存在于自然界的能为人类利用的自然要素。从其生成机理、生成条件、稳定性和蕴藏量来看，分为有限的自然资源和无限的资源。其中有限的自然资源根据其在更新性和再循环等方面存在的差异，又可分为可再生自然资源（renewable natural resources）和不可再生自然资源（non-renewable natural resources）两种。如森林、草原、农作物、野生动植物、土壤、区域水资源等都属于可再生自然资源，其特点是能借助自然循环或生物生长，不断进行自我更新。另外，如金属矿物和许多非金属矿物，以及煤、石油、天然气等能源矿物都属于不可再生自然资源，这些资源不能够再生长或自我更新，但其中有一些如金属和某些非金属可以通过再回收对其进行循环利用。

可耗竭资源的储备状况可分为三种：现有资源储备；潜在资源储备；资源禀赋。现有资源储备是一种按目前价格开采，能够产生利润的已探明的资源。潜在资源储备与人们为获得这些资源而愿意支付的价格紧密相关：价格越高，潜在储备量越大。资源禀赋表示地壳中本身所包含的自然资源，它只是一个地理学概念，而不是经济学上的概念，因为它的数量与资源价格毫不相干。它决定了人类可得到的自然资源的最大数量。

环境是围绕着人类的空间以及直接或间接影响人类生存和发展的各种天然的和经过人类加工改造过的各种自然因素的总和。

一般而言，环境具有以下几个主要特点：一是环境的有限性，虽然有些环境是取之不尽、用之不竭的，但是随着人口的增长和生产的发展，环境的稀缺性将会越来越凸显；二是环境的不可逆性，当对环境的破坏因素超出了其自身的生态承载能力时，就会导致生态系统的失衡与退化；三是环境危害的长期性，有些对环境的负面影响往往需要较长的时间才会表现出来，因此会造成未来利用环境的成本大大增加；四是环境要素的整体性，一种环境要素的变化往往会牵动另一种或几种环境要素的变化，因而对环境的破坏会造成关联或连锁反应。

自然资源、环境与自然。自然资源与环境是密不可分、相互交织及融为一体的关系。这是因为，首先，自然资源总是以某种形态寓于特定的环境之中，并充当着环境的载体和质能交换的媒介。而当环境的某个因素（如土壤环境、水、生物群落、森林生态环境、海洋）为人类所使用时，它们同时也成为一种资源（土地资源、水资源、生物资源、森林资源、海洋生物、矿产资源等）。因而，各种自然资源都是构成环境的要素，环境也是一种自然资源。另外，自然资源的流失和衰竭、环境的污染和退化往往相伴而生或者先后出现。比如人类大量开采铜、铅、锡、锌等金属物，会造成土壤和水体污染，进而对人类健康造成危害。江河湖海等水体的污染同时也会造成水资源的紧缺。

这样看来，自然资源与环境其实是一个事物的两个侧面，自然资源和环境之间存在着连带性和孪生性。只不过资源的概念强调开发利用性（经济性）；而环境的概念强调整体性和生态联系性。我们在这里将自然资源和环境的结合，称之为"自然"。虽然自然的内涵可能更广阔，但根据研究需要，我们在自然资源和环境这个意义上使用"自然"这个词。

2. 资源环境问题的产生。既然自然资源和环境是我们赖以生存的基础，为什么资源耗竭和环境退化的问题持续在发生呢？从经济学的角度来看，资源环境问题的产出有如下三个原因：

（1）充裕性。自然环境有一定的容量，吸收和隐藏了我们施加的影响。然而，环境的容量是有限的。全球每年向环境中排放大量的废水、废气和固体废物，这些废物排放到环境中之后，有的能够存在很长时间，甚至是上百年，因而使得全球环境发生许多显著的变化。例如，全球的气温在人类文明的几千年的时间里几乎没有什么变化，而近一百年里由于人类工业文明的兴起，二氧化碳、甲烷、一氧化二氮这些温室气体的排放，地球表面温度大约上升了 0.3 摄氏度。这些变化是很难逆转的，甚至是不可逆转的。另外，自然资源的补给和再生速度是缓慢的。一旦在较短的时间内过度地利用自然资源，也可能造成不可逆转的后果。近年来，海洋资源遭到过度利用，使得近海捕捞收获寥寥，人们不得不考虑到越来越远的海域去获得资源，同时，人们也将自己推向了渔业资源匮乏和海洋生态破坏的危机之中。

（2）外部性。在商品的生产过程中，存在着社会成本与私人成本不一致的情况，这造成了市场外部性的产生。外部性一般发生在一个经济行为人或个人企业的利益不仅由其自身行为决定，也由其他外部事物控制的情况。因为外部性的存在，资源环境受损的部分并不总是有人来负责。也就是说，我们不是总会承担对我们的污染行为的结果。

（3）市场失灵。资源环境服务没有交易的市场，我们没有办法评估其价值。在资源环境开发利用的过程中，还存在市场价值没有被评估或者是评估不完全的资源。这些资源包括生物多样性、生态系统的功能、还没有被开发利用的动植物品种等等。这些资源是没有市场价值的，然而，它们有间接的使用价值和存在价值。另外，由于市场对资源环境的稀缺性评价不足，也造成了技术创新对提高资源的利用率、开发新的替代产品和保护环境污染的倾向不足。

3. 资源环境与经济增长的一般关系。对环境与经济增长关系的分析，较有名的一个假说就是环境库兹涅茨曲线（EKC）。环境库兹涅茨曲线传达的含义是，从一个国家的经济发展过程来看，一般情况是，在较低发展水平上，环境状况比较好，自然资源和生态环境基本上保持原始状态。伴随经济的发展，工业化、城市化和国际化进程的推进，经济体对资源的利用强度增大（特别是重工业对能源资源的需求日益增大），工业生产和交通工具所排放的废弃物对生态环境的破坏加重。当经济发展到较高水平时，环境退化引起人们的健康状况和生活环境不断恶化，致使人们对改善环境的呼声增高，要求改善环境的压力增大；而外，由于经济实力的增强、技术手段的进步、经济结构改变、经济积累的增加，改善环境的能力亦扩大了。这时，环境状况逐渐趋于好转。环境的这种先恶化而后改善的变化趋势曾经是工业化国家在经济发展过程中走过的道路。

然而，环境库兹涅茨曲线并不是揭示环境与经济增长关系的真理。它只是一种经验的说法，还有很多值得质疑的地方，具体来说有以下几点：

EKC 是一个经验研究，可能是个别工业化国家在经济发展过程中走过的道路，而不一定是环境污染的普遍规律;即使在某些情况下,环境污染和经济发展确实成倒 U 形关系,但没有理由相信这一过程会自发产生,或者说经济发展到一定阶段环境恶化问题会自然得到解决;有可能在 EKC 曲线没有开始下降时,即环境质量还没有开始改善时,环境退化已经突破了生态阈值,那么环境退化将不可逆转,我们将为此付出昂贵的代价;既定形式的 EKC 反映的是特定时期的经济、政治和技术条件,但它不是一成不变的,而是一个动态变化。EKC 可能由于我们的努力而变得更平缓,也可能因为我们的不作为而变得更陡峭。

资源和经济增长之间到底存在什么样的关系,经济学家之间并没有一致的看法。但是从现有文献来看,可以分成两类观点:一类是认为资源对经济增长具有正效应;一类是认为资源对经济增长具有负效应。

(1)资源对经济增长的正效应。19 世纪晚期钢铁产业发展的前提条件是煤炭和铁矿的储量。因此,资源丰裕的国家,如英国和德国,在 19 世纪末成长得特别迅速。相反,第一次世界大战以前意大利经济的不景气,可以用其煤炭储量不足导致生产结构倒退来解释。对美国的研究发现,美国工业化的成功,很大程度上要归功于国家充分发挥了范围广大的矿产资源的作用。另外,Wight(1990)对美国 20 世纪初制成品的技术领先原因的研究还发现,美国出口的制成品的显著特征,是它们属于不可再生资源密集型产品。这样的资源密集型产业在大萧条之前,持续增长了半个世纪。对挪威的一项研究也证实了自然资源的这种正效应。挪威因成功管理了丰富的自然资源而实现了经济繁荣,挪威的资源开发方式提供了一种周密计划的发展模式:几乎 80% 的石油租通过税费来收集,然后投资于外国债券以避免收入出现大幅的巨额增加,实现石油租在代际的公平分配。

(2)资源对经济增长的负效应。资源也许可以创造财富,但这些资源本身却不能创造就业机会,而且很不幸,这些资源的存在还会对其他经济部门产生挤出作用。因此,有些学者认为资源对经济增长具有负面效应。Sachs & Warner 使用"荷兰病"模型来说明这种负效应,其将经济划分为三个经济部门:可贸易的自然资源部门、可贸易(非资源)部门和非贸易部门。他们认为,自然资源禀赋越大,对非贸易商品的需求量就越高,因而分配到制造业的劳动力和资本的量也就越少,制造业的增速下降,经济增长率下降。"荷兰病"模型的提出,从贸易的角度分析了自然资源如何限制经济增长,但对其中的运行机制并未详加说明。另外,也有些学者认为,自然资源丰裕国家,恶劣的政治环境会限制经济增长。首先,敛财的贪欲会使得一些政府官员致力于争抢现有的财富,其结果往往是战争,或者是在局外人的帮助和怂恿之下政府官员的寻租行为。毕竟,通过贿赂政府官员,让他们以低于市场价来出售资源,要比投资和开发一个工业的成本低得多,因此某些企业屈服于这种诱惑也不足为奇。跨国数据的分析也发现,资源丰裕国家,将"资源租"用于公共投资的已消除了"资源诅咒",而将"资源租"用于消费的几乎都出现了"资源诅咒"。而且,遭受"资源诅咒"的资源丰裕的国家,都有低的或负的实际储蓄。资源丰裕国家的储蓄和投资要增长,有赖于包括公共部门质量在内的大量因素,它们会影响投资效率,增加资源投于未来的经济风险。一般而言,具有高质量公共部门的资源丰裕国家,享有较高的投资率和储蓄。所以说，经济和资源环境是相互影响和决定的，任何只包含单方面影响关系的模型是不完全的，必须从理论上更全面地分析资源环境和经济增长之间的关系。

（二）资源环境对经济增长的约束机制

首先，从系统论的角度来看，可以把经济和自然看作是两个不同的系统，分别是经济系统和自然系统。根据现代生态经济学的视角，经济系统应该属于自然系统的一个部分。经济系统通过各种形式与自然系统保持着物质和能量的交换，因而维持着经济系统自身的运转。

经济系统对于自然系统来说，不是完全封闭的，因为封闭的经济系统缺乏自组织的活力，其自身就难以发展运转；但经济系统又不能是完全开放的，因为如果经济系统全然向环境开放，就没有相对于自然系统的边界，系统本身也就不复存在了。经济系统与自然系统是共塑共生的关系。一方面，自然系统对经济系统的塑造表现为两种相反的作用或输入：给经济系统提供生存发展所需的空间、资源及其他条件，是积极的作用、有利的输入，我们把它称为资源；另外，自然系统也会给经济系统施加约束、压力甚至危害系统的生存发展，是消极的作用、不利的输入，我们把它称为压力。这两种作用都会在经济系统的形态、特征、行为等方面打上自然的烙印。另一方面，经济系统对自然系统也有两种相反的作用或输出：一是给环境提供功能服务，是积极的作用、有利的输出，我们称之为功能；一是经济系统自身的行为，与其他系统为争夺资源而展开的竞争，有破坏环境的作用，即不利的输出，我们称为对自然系统的污染。自然系统向经济系统提供资源的能力，称为"源能力"；自然系统吸纳、同化经济系统排泄的能力，称为"汇能力"。二者构成不合理则对环境造成破坏；行为合理，则能起到保护甚至发展自然系统支撑能力的作用。

一般来说，在实际经济活动当中，经济增长对自然的影响，不管是直接的还是间接的，最终是通过三个因素：经济规模、产出结构和排放强度共同作用的。这三个因素又分别对应着三个效应：规模效应、结构效应和技术效应。经济增长就是通过这三个效应对自然系统发挥作用的。

1. 规模效应。规模效应是指随着经济规模的扩大，对资源环境的压力也增加，对自然的损害也就越大。这是因为，在其他条件不变的情况下，经济规模的扩大需要消耗更多的资源，向环境排放更多的废物。但同时经济规模扩大时，人民收入增加，提高了对环境质量的需求。

2. 结构效应。结构效应是指在经济发展过程中，产出结构的自然演进呈现这样的趋势：在经济增长的早期，第二产业迅速增长，第二产业中污染较重的矿产资源开发、金属冶炼、重工业等产业增长速度较快，产出结构就偏向于污染加重的方向。而在经济增长后期，第三产业迅速增长，第三产业中污染较轻的金融、通信等服务业的增长速度较快，产出结构就偏向于污染减轻的方向。在其他条件不变的情况下，产出结构作用的效果是使污染先上升后下降，自然系统的资源环境状况呈现出"先恶化，后改善"的趋势。

3. 技术效应。技术效应是指通过技术进步、环境政策等手段使经济产出的污染排放强度下降。技术效应可以通过两个方面发挥作用：一是提高投入—产出的效率；二是使用更清洁的技术。如果经济活动中投入—产出的技术转化系数能不断提高，单位经济产出的资源环境投入随时间减少，那么经济规模的扩大就不一定会增加对资源环境的消耗，从而有可能使污染量下降，环境质量得到改善，这也是实现可持续发展的一条重要思路。由此可以看出，经济增长对自然系统的作用取决于经济增长的经济规模、产出结构和排放强度的力量对比。一般情况下第一种因素影响面比较大。然而，如果两个因素能够善加利用、控制得当的话，就会对自然系统产生积极的正面的影响。

以上阐述了经济系统如何对自然系统作用的情形。那么，自然系统以何种方式对经济系统发生作用的呢？关于这方面也许是复杂的，但有一点很清楚，那就是环境污染会对社会造成损失，这种社会损失的造成总体来说，是由于两个方面：环境污染和退化直接影响了家庭效用从而使社会福利蒙受损失；环境污染和退化间接地使最终产出减少从而影响了家庭效用。

一方面，人类从自然环境中享受福利是显而易见的，我们吸入生命赖以生存的空气，我们从江河湖泊中获取水源，我们从粮食中吸收营养……我们直接或间接地从环境中得到好处。另外，登山旅行给人带来了愉悦感，野外散步让人感到心情宁静放松，丛林冒险更是刺激新鲜，凡此种种无不让人赞叹环境给我们带来的体验是如此弥足珍贵又不可替代。相反，当空气污染、噪声污染或水质污染发生时，不仅会让环境的美观被破坏，使人失去对各种美好环境的体验，还可能使人们的身体健康受到损害。由污染造成的各种疾病越来越多，不仅防治这些疾病需要花费大量的金钱，造成直接的经济损失，而且疾病本身给人们带来了巨大的痛苦，减少了他们的幸福和快乐，甚至造成生命的危险和寿命的缩短。

另一方面，资源的过度开采和自然环境的大量破坏还直接限制了经济发展。环境污染使人们身体健康受到损害，降低了劳动者的生产能力和生产率；环境退化和环境破坏削弱了人类直接利用自然资源的生产力。"例如，水污染使渔业生产率下降；土地的盐碱化、沙漠化和土壤肥力的下降使农作物产量下降；森林的过度采伐不仅减少了木材的生产率，而且造成洪涝灾害频繁发生，使农业生产受到严重损失；地下水的过度抽取使水源枯竭，使干旱的耕地得不到充分的灌溉，造成农业生产力下降；环境污染使有些动植物濒危甚至完全消失，造成大自然生态平衡系统的破坏。由此可见，环境的破坏对发展的消极影响和阻碍作用是巨大的。反之，保护环境却能提高资源和劳动的生产率，促进增长和发展。"

另外，自然系统的演变也会对经济系统的制度层面产生影响。从制度产生的角度来看，资源环境是一切制度存在和变迁的基础。人类对自然的直接依赖性决定了人类在对资源占有、利用和管理的过程中，以及人类对环境的抗争和适应过程中，形成了相应的行为规则。这些规则逐渐演化成为社会群体共同遵守的正式制度，并且由此派生出其他许多相关制度形式。从制度变迁的角度来看，随着资源条件和环境条件的不断变化，人们占有、开发、利用和管理资源环境的经济行为方式也需变化，这就需要在资源环境制度上做出变动和重新安排。这种重新安排和变动，就是资源环境制度变迁和创新的过程。因而，自然系统的变化对经济系统产生反作用，当自然系统恶化时，国家会调整经济政策和资源环境政策，进而间接调整经济规模、产出结构和排放强度。

经济制度可以通过改革效应或开放效应对经济规模、产出结构和排放强度产生影响，从而影响自然系统。环境政策的变化通过影响产出结构和排放强度对自然系统产生影响，这种影响主要是通过改变对资源环境的激励进行的，或是通过诱导技术创新、技术扩散进行的。

因此，经济制度、环境政策是影响经济与环境协调发展的两个重要外部因素，经济规模、产出结构、排放强度是影响经济与环境协调发展的三个重要内部因素。

二、资源环境约束下中国经济增长模式的转型

（一）中国资源环境约束的现实状况

中国经济维持了长达40年的高速增长，成为令世界瞩目的新兴经济体。然而，依靠资源高消耗来维持中国经济的高速增长，在未来长期发展中将受到日益枯竭资源的约束。长期以来，中国经济发展过多地依靠扩大投资规模和增加物质投入，给资源和环境带来压力，资源的过度使用和环境的退化又给经济增长本身带来了巨大的成本。从国民账户核算的角度分析，资源环境对经济增长的约束主要表现在会给经济体带来资源耗减成本、环境恶化成本和环境保护支出。

（二）资源环境约束下中国经济增长模式转型的思路

从资源环境约束下经济增长模型中可以看出，经济增长和资源环境并不是简单的对立关系。其实二者之间是相互促进、相互依存的关系，存在着大量"双赢"的机会：自然资源保护管理得更好，将有更多的资源进入经济系统，从而有更多的产出；环境质量越好，产出也越高，而且人们的福利水平也越高；经济发展水平越高，可用于投资于资源管理和环境保护的资本也就越多，人们的环保意识也越强，从而对资源和环境产生积极的正面的影响。因此，在这里提出发展的可持续性，不是只是简单地抑制经济增长或者是实现零增长，而是要以一种不同的模式来发展经济，实现经济与资源环境的协调增长。下面将具体分析中国未来经济增长过程中面临的资源环境挑战，并在此基础上给出中国经济增长模式总体转型思路。

1.中国资源环境面临的挑战。（1）经济规模持续扩大。仅仅是原材料依赖进口严重可能并不能表达中国资源约束的紧迫性，因为人们会认为，在全球化的今天，和平与发展是世界的主旋律，我国可以通过外部贸易的方法来实现资源持续供给。但一些研究认为，外部供给可能无法满足我国的持续高速增长，我国粗放式增长路径必然是不可持续的。中国经济增长的持续扩大将给资源环境造成巨大的规模效应，给资源的可持续利用和环境质量的保护带来严峻的挑战。（2）工业重化工化和地方政府GDP竞赛。新中国建立以来一直

实行"赶超型"工业化战略，将重化工业的发展放在了经济发展的重要位置。而根据工业发展的"霍夫曼定律"，我国工业发展到今天也开始进入重化工阶段。重化工业在工业增长值中的比重逐年上升。由于发展重化工业对应着更高的 GDP 增长速度，各级地方政府热衷于在辖区内发展重化工业，但由于重化工业的规模收益递增性质，小型重化工企业存在污染大、能耗高等问题。这就造成了重化工业的发展对应着环境污染和能源浪费问题。中国对能源和原材料等传统工业产品的需求量仍将不断上升，这些传统重化工业部门对自然环境的压力都比较大。在今天的全球化时代，随着产业在全球范围内的转移，中国可能成为世界制造业的一个集中地，这就是说如果中国成为"世界工厂"，那么在未来二三十年内中国的工业化过程会对资源环境继续产生压力。（3）消费主义文化影响人们的消费行为。文化差异是国家经济增长绩效差异的重要原因，这一点已经成为共识，消费文化对经济增长方式和资源环境也产生了重要影响。近年来，随着消费水平的显著提高，我国居民的消费观念、消费方式、消费结构发生了重大变化。目前，我国居民消费正处在新旧消费结构和方式交替转换时期。消费结构变化的主要表现为：生活资料和享受资料的消费比重过大，发展资料的消费比重过小；物质性消费比重过大，精神文化性消费比重过小。即使在精神文化性消费中，人们也更注重娱乐、享受和消遣性消费，忽视发展性和智能性消费。同时，不合理的消费方式依然在社会上存在，各种奢侈型消费、炫耀性消费和陋习型消费也比较普遍。

2. 中国经济增长模式转型的总体思路。新中国成立以来，我国依靠高积累率的经济增长方式取得了高速经济增长的伟大成就，但同时还应当看到，这种高速经济增长的成就是以经济波动、资源使用和环境污染为代价的。基于这一认识，学术界和经济政策逐渐认识到要科学发展、和谐发展、双好双快发展的重要性，提出要转变经济增长或经济发展模式，实现新型工业化和可持续发展。

转变经济增长模式，从狭义上就是要转变粗放式经济增长到集约式经济增长，实现环境污染少、能源消耗低、附加值高的经济增长。基于总产出的不同表达形式，可以分为以下几种转变经济增长模式的思路：

（1）转变生产函数，提高要素生产率，改变要素间相对地位。新古典增长理论在研究经济增长时，一般将总产出表达成生产函数的形式，如上文的 $Y=F(KY, R, E)$，其中 KY, R, E 分别表示生产最终产品的物质资本、资源和环境成本。在这里，将资源和环境作为产出的要素。转变经济增长模式就可以从以下角度考虑：提高要素生产率。也就是在现在要素使用量上，提高单位要素的产出和全要素生产率。在生产过程中，由于价格的扭曲，有些要素对个人而言成本很低，甚至几乎没有，但这种要素的使用对社会的成本很大，后患无穷。这就要求建立资源和环境要素的定价机制，改变资源和环境与物质资本的相对价格，从而改变各要素在生产过程中的相对地位，使生产过程更多地依靠可循环要素。

（2）延长价值链，促进产业升级，增加产品附加值。从初级产品到最终产品的过程还可以写成价值链的形式，初级产品在成为最终产品前的每一个生产交换过程中都存在着价值增值，可以写成 Y=P+V1+V2+...+Vn 的形式，其中 P 表示产品初值，Vn 表示后面环节的价值增加值。

一般而言，初级产品的生产过程对资源的消耗和对环境的破坏最大，占总产出的比重也很小。如美国市场上的芭比娃娃玩具，由中国玩具工厂生产，出口价格在 1 美元左右，经过运输包装、品牌运作，最终在美国市场上售 10 美元左右。其中物质资本和资源环境的消耗几乎全部发生在生产环节，由中国和中国企业负担。转变经济增长方式就要尽量占据价值链的高端，一味从事初级产品生产和原始设备制造（Original Equipment Manufacture，OEM）在使中国成为世界工厂的同时，也付出了更多的资源环境代价，并且中国并不具备资源环境方面的比较优势。

（3）优化产业结构，发展服务业。研究经济增长的另一个重要方法是结构方法，经典理论有刘易斯的二元经济理论、钱纳里的工业化阶段理论等。一般认为经济增长对我国而言就是要实行工业化和推动二元经济结构转化。但越来越多的比较研究证明，我国经济增长一方面需要增加非农产业的比重，另一方面还需要平衡工业和服务业的关系。与国际经验相比，中国存在着工业比重较大、服务业比重较小的偏差，而工业对资源的消耗和环境的破坏较大，服务业是一种更加"清洁"的产业。针对我国经济增长模式中产业结构的偏差，可以从经济结构上进一步加大服务业比重，尤其要发展能够为工业提供科技创新的服务业。

不论是转变总量生产函数、延长价值链，还是优化产业结构，都需要相应的技术和制度支持。这是因为：总量生产函数的投入产出关系和价值链中附加值大小都是由技术水平决定的，由生产工艺和产品的创新能力决定的。因此，转变经济增长模式就要求更高的技术水平，要求国家和企业创新能力的提高。

制度也是影响生产函数各要素相对地位的重要因素，因为制度决定了要素的相对价格，要素的相对价格决定了对要素的使用。对资源环境的滥用和破坏是相对价格错误的结果，而相对价格错误又是制度错误的结果。只有正确的制度才能产生正确的资源环境价格，才能消除对资源环境滥用破坏的现象。

（三）资源环境约束下中国经济增长模式转型的实现途径

资源环境与经济增长其实不是天然的盟友，也不是天然的敌人。经济增长往往给资源环境带来负面影响，但与此同时也会给资源环境状况的改善带来新的机遇。这里的问题不是是否要增长，而是怎样增长，关键是选择何种经济增长模式。明显的是，资源消耗过快和生态环境危机显示，传统的工业化模式和增长方式是中国的资源环境基础无法承受的，如果继续以现有的方式发展下去，经济增长必然会遇到瓶颈因素，甚至对资源环境造成不可逆转的影响。

在这种情况下，就需要建立一种新的增长模式以替代传统的增长模式。这需要我们摒弃传统的自然观念，重新认识人与自然的关系；完善自然资源有偿使用机制和价格形成机制，建立环境保护和生态恢复的经济补偿机制；积极发展循环经济，使直线型的生产方式向循环型的生产方式转变，尽可能降低工业化过程中的资源消耗；引导合理的消费，提倡健康文明的可持续性消费模式；积极调整和优化产业结构，摆脱传统的工业化的模式，走出一条新型的工业化道路；提高环境的投资效率；促进资源环境科学技术的进步。

1. 大力发展循环经济。循环经济是相对线性经济而言的。传统的生产方式是大量地生产、大量地消费，然后大量排放废弃物的过程。而循环经济是一种建立在物质不断循环利用基础上的经济发展模式，它要求把经济活动按照自然生态系统的模式，把传统经济的"资源—产品—废弃物"单向流动的开环式经济系统转变成一个"资源—产品—废弃物—资源"的闭环式经济系统，其特征是低开采、高利用、低排放（所谓两低一高）。循环经济的本质是对人类生产关系进行调整，追求可持续发展。这种调整包括生产模式和消费模式两方面的内容。目前，循环经济的发展主要侧重于生产实践的层面，如生态工业园、生态农业园的建立。

从经济发展的意义上来看，循环经济是一种新的经济形态和增长方式。它是以资源节约和环境友好为基本特征的经济社会运行（包括生产、流通、交换、消费和废弃的全过程）方式。它重视经济发展的质量和效益，而非仅仅是数量。它重视生产方式的根本转变。从线性式向循环式发展转变，从粗放型增长向集约型增长转变，从依赖自然资源开发利用的增长向依赖自然资源和再生资源的增长转变。

循环经济可以充分提高资源和能源的利用效率，最大限度地减少资源的使用，减少废弃物的排放，使资源得到合理有效的利用，使生态环境得到保护。循环经济以协调人与自然的关系为准则，模拟自然生态系统的运行方式和规律，实现资源的可持续利用，使社会生产从数量型的物质增长转变为质量型的服务增长。同时，循环经济还拉长了生产链，推动环保产业和其他新型产业的发展，增加就业机会，促进社会发展。因此，发展循环经济、建设循环型社会，是当前经济发展和资源环境保护有机结合、转变经济增长模式的重要途径。

2. 提倡可持续型消费模式。消费是人生存和发展的基础，没有必要的消费，人就无法生存，更不可能得到发展。然而，消费并不能无限制地发展，这是因为一方面消费要受人口、资源和环境的约束，如果忽略了消费对自然资源和生态环境的影响，恶劣的消费环境会反过来阻碍人们福利水平和消费能力的提高。另一方面，消费的目的应该是人的全面发展，消费的非理性不利于人的进步。消费本来是满足人们需要的手段，但是工业社会带来的"异化"消费却使人脱离了真正需要，失去了主动性、创造性，产生"被动人格"，扭曲了人们的幸福观。

因此，仅仅从生产角度考虑经济增长模式的转变是片面的，因为这忽视了消费和生产互动的关系。生产的目的是满足人们的消费，消费促进和指导着生产。特别是在市场经济条件下，消费者的选择作用更大。消费需求是其他一切需求的最终调节者，对经济发展具有导向作用。因此消费模式的选择对经济社会发展具有至关重要的影响。可持续消费在一定程度上比生产更为重要。可持续消费模式可以促使生产者放弃传统的高能耗、粗放型、高污染的生产模式，注重节约资源，提高资源利用率，推行清洁生产，加强对资源和废弃物的回收利用，采用更加绿色的生产。绿色生产又会促进开发节能技术、无污染技术和采用清洁工艺，从而带动产业结构升级和经济增长方式的转变。

可持续消费是一种旨在减少人类因消费产品和服务对经济、社会及环境带来的不利影响的消费模式，它试图用生态伦理来约束人类的消费观念和行为。笔者认为可持续消费是一种社会理想化的目标消费模式，作为一种目标消费模式它具有以下几个方面显著的特征：

（1）绿色的消费理念：它要求公众在决定购买某种商品的时候，更多地考虑对环境的影响，愿意购买对环境和人体无害、符合环保要求、带有环境标志的绿色产品。另外，人们对废弃物的处理遵循循环经济的"SR原则"。

（2）适度的消费规模：它要求消费不是以消耗更多的物质资源为目标，而是注重其知识和智慧价值含量，人均消费产品和服务的数量既不能偏高也不能偏低，既要满足生活需要，又不过度欲求。

（3）合理的消费结构：它要求消费结构要合理，重视发展性资料的消费，在消费结构中适当提高各类精神文化的消费的比重，使消费水平与经济、社会、自然的发展相适应，从而达到消费结构的合理化。

（4）科学的消费行为：它要求人们在消费商品服务时用科学知识来指导、规范消费，使人们的消费行为满足科学、健康以及对资源节约和有效保护环境的要求，使消费向有利于可持续发展的方向转变。

（5）健康的消费方式：它要求消费者按照自己的主观要求和爱好，追求满足身心健康的更高的消费层次，而不盲目随从、迷信各种奢侈型、炫耀性、污染型等不合理的消费方式。

（6）积极的消费结果：它要求消费结果不但可以满足人的基本需要，还可以丰富人的精神生活，在消费中体验自己的创造能力、想象能力和鉴赏能力，激发人的思想、意志和情感，启迪人的智慧、潜能和崇高的精神，并在这个过程中实现人的全面自由发展。同时消费要有利于家庭生活、人际关系和社会关系的融洽。

因此，要想促使经济增长模式的转变，必须建立一种新的消费模式，这种新的消费模式就是可持续消费模式。通过提倡和引导可持续消费模式的发展，使人们的消费观念、消费结构和消费方式向循环式、节约型转变，最终推进经济增长模式的转变。

3. 加强资源管理与环境保护体制的改革与创新。我国一直把环境问题的职责放在环境部门，但是环境部门常常很难或者根本不能控制由农业、工业、城市发展、林业和运输政策即活动所引起的破坏。比如，在城市化的推进过程中，城市的生活源污染和交通污染将大大提高，这类污染的产生与城市交通规划和区域规划有着密切的关系。而社会没有把防止环境破坏的职责给予制造污染的这些部门和机构，因此我们的环境管理实践还是在先破坏后修补的层面，而这种环境管理的思路使我国付出了更大的环境成本和治理成本。因而，如何将环境保护和规划的意识和职责"下放到"各个有关国计民生，特别是对资源利用比较大、对环境破坏比较大的部门就显得至关重要。

政府在制定经济、社会、财政、能源、农业、交通、贸易以及其他政策时,要将资源环境因素与经济发展因素作为一个整体,贯穿于各个发展领域进行考虑。然而,在我国负责环境保护的最高部门生态环境部只是一个部级单位,缺乏协调各部门政策的权力和手段。资源环境问题涉及多个部门的损益,不可能由环境主管部门或资源管理部门一家承担,需要多个部门合作,在部门之间建立协调机制。这也就是说要通过改善和改变决策程序,调整现政府部门的职能,加强部门间的协商与合作,建立协调的管理运行机制和反馈机制,使各部门间采取协调一致的行动。例如,将能源建设与控制城市大气污染结合起来,在城市基础设施建设中,优先安排与污染控制有关的工程,对重大项目进行环境影响评价分析等都可以在经济建设的同时促进资源的有效利用和环境的保护。

　　中国过去对资源环境的管理更多的是依赖于中央的行政命令,环境管理部门基本上是唱"独角戏",其他相关部门和利益相关者的参与程度不高。在这种管理体制下,信息表现为单向流动,即环境管理部门处于信息发出方,而企业和大众则是被管理者,是信息的接收方和接受方。这种"自上而下"的管理方式忽略了被管理对象和基层的意愿表达,使管理缺少民主参与、资源配置难以优化,被管理者的需求无法满足。并且,这种管理方式需要政府对资源环境状况具有充分信息,并具有广泛的监督能力。然而实际上,任何一个机构(不管是作为公共部门的政府还有私人部门)都不可能有足够的知识和资源,单独解决所有的资源环境问题。因此,在经济增长模式转型的过程中,既需要有公共部门的作用,也需要有私人部门和社区的参与。将政府、企业和NGO协同起来行动,针对某个资源环境问题共同来寻求解决方案。这样,政府的作用由原来单纯的控制作用转变为议程设定,把合适的利益相关者集中到谈判桌上一起来磋商,解决公共事务中的问题。例如,农村地区、当地居民掌握着当地资源环境信息,而受环境污染的社区成员可以弥补环境监督信息的不足,因而使当地居民和民间组织参与到资源管理和环境治理的体系中是十分有效的方式。目前,政府、企业和NGO协同参与某些领域的公共事务是解决许多公共问题的一个趋势,然而在我国这三个部门之间的协同合作的机制还需要有一个不断磨合与创新的过程。

　　4. 积极调整和优化产业结构。不同产业的污染排放强度不同,在相同的经济规模下,不同的产业结构会带来不同的环境后果。因此,产业结构的调整和优化对一个国家和地区的环境质量影响很大。目前中国经济的结构性问题日益凸显,第三产业发展滞后,第二产业缺乏高加工度产业的带动作用,重工业比重持续提高,这种粗放、低度化的产业结构对资源环境造成了巨大压力。在经济增长的过程中,如果能实现由资源消耗型、污染密集型向知识密集型和清洁型产业转换,资源消耗量和污染总排量就可能保持稳定甚至下降。

　　第一,要促进服务业的发展。世界各国的产业结构一般都遵循先从农业向工业,再由工业向服务业的转变路径。发达国家目前服务业产值占GDP的比重在60%以上,基本上实现了经济的服务化。一般而言,与工业生产活动相比较,服务业对资源的消耗和环境的损害较小。新兴的高科技部门使用自然资源和物质的强度也大幅度减少。发达国家环境质量的改善在很大程度上应归功于产业结构的优化。在计划经济体制下,中国在工业上实行

"赶超型"的战略措施，形成了工业尤其是重工业超前发展的产业结构，而作为第三产业的服务业长期滞后。

第二，促进环保产业的发展。环保产业是防治环境污染和保护生态环境的技术保障和物质基础。一方面要调动社会公众参与的积极性，鼓励多种所有制企业进入环保产业生产经营领域。加强环保市场的监督管理，打破地方和行业保护，促进公平竞争，营造环保产业健康发展的市场环境。在这里，特别是要加快环保技术装备的成套化、系统化、标准化和国际化的步伐，加强和国际上先进技术的交流和合作，发挥后发优势，积极引进和改良国外的先进技术和设备。另一方面，就是对环保产品、环保工程设计和承包、环境污染防治、设施运营资格这些问题要有相应的法规和措施，来规范环保产业市场。

5.提高环境投资的使用效率。环境保护投资是指社会各有关投资主体从社会的积累资金和各种补偿资金中，抽出一定的数量用于防治环境污染、维护生态平衡及与其相关联的经济活动。环境投入是改善环境质量的物质基础，没有一定的投入，环境规划和环境目标就无法实现。目前中国统计的环境保护投资范围主要是指污染防治的投资，包括新项目防治污染的投资、老工业企业污染治理的投资、城市环境基础设施建设的投资三个方面，通常不包括生态保护和恢复的投资。

环境投资效率需要通过改革环境的基础设施运营和工业污染质量的模式来提高。通常是由政府指定或市场竞争产生的企业，在一定的产权关系约束和政府监督下，根据相对独立经营和自负盈亏的原则，生产、销售和提供环境公共服务和基础设施服务，经营收入来自消费者的购买，如居民和企业交纳的污水处理费。鼓励独立的环保服务公司的产生，由环保服务公司负责企业的污染防治工作，克服由于单个企业自己建立污染防治设施，环保资金分散使用，不能产生规模效应的情况。

结 语

　　进入21世纪以来，高速发展的中国经济面临更加严峻的资源环境挑战，水资源、土地资源日益紧缺，石油、煤炭、铁矿等重要能源矿产资源的国内保障程度下降，原油进口依存度已突破50%。近年来，反映能源消耗与经济增长之间关系的电力消费弹性系数指标的变化，意味着经济增长要以消耗更多的能源资源为代价。自然资源的紧缺带来了资源价格的全面攀升，充裕的资本纷纷转向盈利空间巨大的矿业及资源加工业，这为我国资源丰富的地区实现经济赶超和跨越式发展带来了契机。

　　与此同时，在新形势下，重新审视我国自然资源开发与经济发展的关系，具有十分重要的理论价值和现实意义。在当前和未来一段时期内，自然资源经济发展既要抓住机遇，尽快将区域资源优势转换为产业优势、竞争优势和区域经济优势，又必须避免重蹈老工业区和资源枯竭城市生态破坏、矿竭城衰的"资源依赖"陷阱，这就需要我们从理论到实践，认真研究探索资源开发、资源补偿、资源收益分配的新模式、新机制和新体制。

　　另外，自然资源的不合理开采不仅仅对自然资源造成浪费，更不利于经济的持续稳定发展。故而，在自然资源经济的发展过程中，对自然资源经济进行科学化、合理化管理势在必行。

参考文献

[1] 王远主编. 环境经济与管理 [M]. 北京：中国环境出版集团，2020.

[2] 王宛濮，韩红蕾，杨晓霞编著. 国际贸易与经济管理 [M]. 北京：航空工业出版社，2019.

[3] 王关义. 经济管理理论与中国经济发展研究 [M]. 北京：中央编译出版社，2018.

[4] 史万兵. 教育经济与管理研究 [M]. 沈阳：东北大学出版社，2016.

[5] 刘宏. 民营经济管理研究 [M]. 长沙：湖南大学出版社，2016.

[6] 李永峰主编. 矿业经济与管理 [M]. 徐州：中国矿业大学出版社，2016.

[7] 陈建明. 经济管理与会计实践创新 [M]. 成都：电子科技大学出版社，2017.

[8] 严陆根主编. 中国社区经济与管理 [M]. 北京：中国发展出版社，2014.

[9] 武育秦，张西平主编. 建设工程经济与管理 [M]. 重庆：重庆大学出版社，2014.

[10] 方宝璋. 宋代经济管理思想及其当代价值研究 [M]. 北京：经济日报出版社，2017.

[11] 张占斌主编. 政府经济管理 [M]. 北京：国家行政学院出版社，2015.

[12] 唐娟，周海荣，朱靖华编著. 企业经济管理的信息化研究 [M]. 长春：吉林文史出版社，2017.

[13] 董彩霞，张涛编. 矿业环境保护概论 [M]. 北京：冶金工业出版社，2021.

[14] 殷博益主编；许彩国主审；温春玲，葛吉霞副主编. 21世纪经济与管理精品丛书 市场营销学：第3版 [M]. 南京：东南大学出版社，2018.

[15] 蒋硕亮主编. 公共经济与管理：政策分析系列公共政策学 [M]. 上海：复旦大学出版社，2018.

[16] 厉无畏主编. 创意经济与管理：2015年第1卷 [M]. 上海：东华大学出版社，2015.

[17] 鲁群岷，邹小南，薛秀园主编. 环境保护概论 [M]. 延吉：延边大学出版社，2019.

[18] 黄中华，孙秀云，韩卫清. 环境模拟与评价：第2版 [M]. 北京：北京航空航天大学出版社，2019.

[19] 罗岳平. 环境保护沉思录 [M]. 中国环境出版集团，2019.

[20] 王金南. 中国环境规划与政策 [M]. 中国环境出版集团，2019.

[21] 胡荣桂，刘康主编. 环境生态学 [M]. 武汉：华中科技大学出版社，2018.

[22] 王东阳，刘瑞娜，李永峰主编；杨倩胜辉副主编. 基础环境管理学 [M]. 哈尔滨：哈尔滨工业大学出版社，2018.

[23] 孟苓妍，葛蓓，吴兰主编；王毅副主编.商业环境概论 [M].西安：西北工业大学出版社，2018.

[24] 李金惠，贾少华，谭全银编著.环境外交基础与实践 [M].北京：中国环境出版集团，2018.

[25] 胡劲召，卢徐节，徐功娣编著.海洋环境科学概论 [M].广州：华南理工大学出版社，2018.

[26] 张艳梅.污水治理与环境保护 [M].昆明：云南科技出版社，2018.

[27] 罗进著.新经济环境下企业财务管理实务研究 [M].北京：中国商业出版社，2019.

[28] 林茂兹编.环境管理实务基础 [M].北京：中国环境科学出版社，2018.

[29] 胡道玖主编.能源经济管理经典案例解析 [M].上海：上海交通大学出版社，2015.

[30] 赵长启编著.经济管理的实践与创新 [M].西安：西安出版社，2010.

[31] 杨宜主编.经济管理热点问题研究 [M].北京：知识产权出版社，2013.

[32] 陈思思.环境押金制度的实施研究 [M].陕西师范大学出版总社，2019.

[33] 董战峰编著.中国省级环境绩效评估 [M].中国环境出版集团，2019.

[34] 徐艳辉，全毅文，田芳主编.商业环境与人力资源管理 [M].长春：吉林大学出版社，2019.

[35] 王平，徐功娣.海洋环境保护与资源开发 [M].北京：九州出版社，2019.

[36] 赵刘威.中国企业环境行为分析 [M].镇江：江苏大学出版社，2019.

[37] 龙凤，葛察忠，高树婷，等.环境保护市场机制研究 [M].中国环境出版集团，2019.

[38] 曾广能，王大州主编.建设项目环境影响评价 [M].成都：西南交通大学出版社，2019.

[39] 吴春山，成岳主编.环境影响评价 [M].武汉：华中科技大学出版社，2020.

[40] 陶良虎，张贵孝主编.政府经济管理教程 [M].北京：国家行政学院出版社，2013.

[41] 律严励等.环境发展与资源利用 [M].长春：吉林人民出版社，2019.

[42] 郭苏建，方恺，周云亨主编.环境治理与可持续发展 [M].杭州：浙江大学出版社，2020.